生产性服务促进农业
高质量发展研究

彭柳林　余永琦　等　著

中国农业出版社

北　京

图书在版编目（CIP）数据

生产性服务促进农业高质量发展研究 / 彭柳林等著.
北京：中国农业出版社，2024. 11. -- ISBN 978-7-109-
32696-5

Ⅰ. F323

中国国家版本馆 CIP 数据核字第 2024K4T145 号

中国农业出版社出版

地址：北京市朝阳区麦子店街 18 号楼
邮编：100125
责任编辑：潘洪洋　　文字编辑：蔡雪青
版式设计：杨　婧　　责任校对：吴丽婷
印刷：北京印刷集团有限责任公司
版次：2024 年 11 月第 1 版
印次：2024 年 11 月北京第 1 次印刷
发行：新华书店北京发行所
开本：700mm×1000mm　1/16
印张：13.5
字数：260 千字
定价：75.00 元

　　本书出版受到国家自然科学基金项目（72163015、72063018）、江西省智库研究项目（24ZK12）、江西省农业科学院基础研究与人才培养项目（JXSNKYJCRC202413）和国家重点研发计划项目（2022YFD1600604）的支持。

本书著者名单

彭柳林　余永琦　唐　望

袁婷婷　黄　微　张敏芳

P 前 言
REFACE

　　强国必先强农，农强方能国强。随着中国特色社会主义进入新时代，我国社会主要矛盾已经转化为人民日益增长的美好生活需要和不平衡不充分的发展之间的矛盾，经济由高速增长阶段转向高质量发展阶段，进入转方式、优结构、换动力的攻关期。党的二十大报告指出，实现高质量发展是中国式现代化的本质要求，是全面建设社会主义现代化国家的首要任务。作为国民经济的重要基础，农业高质量发展是经济社会高质量发展的重要组成部分。立足新发展阶段，完整、准确、全面贯彻新发展理念，加快构建新发展格局，着力推动高质量发展，是我国当前和今后一个时期做好"三农"工作的主旋律。自党的十九大首次提出"高质量发展"以来，历年中央1号文件都从不同角度对农业高质量发展的目标和任务做出明确部署。当前，我国农业高质量发展已经从理念倡导、政策实践阶段转入深化推进阶段。

　　党的十八大以来，我国农业现代化步伐明显加快，发展方式逐步转变，产业结构不断优化，农业多功能性日益彰显，粮食及重要农产品稳产保供能力不断增强，农民收入持续快速增长，农业绿色发展步伐加快，农业生态环境持续改善，充分证明我国正在走出一条不同于其他国家的、符合"大国小农"基本国情的、不断向农业高质量发展迈进的中国式农业现代化道路。科学认识中国能不能走出一条农业高质量发展道路以及为什么能走出一条农业高质量发展道路的问题，既有利于把握中国农业发展的规律，也有利于坚定推进中国式农业现代化建设的信心。鉴于此，本研究立足小农生产格局、劳动力老龄化加剧以及农业生产性服务业和高标准农田建设快速发展等复合背景，基于农业生产性服务视角，深入分析农业生产性服务促进农业高质量发展的作用机制，探索回答中国农业高质量发展"能不能"和"为什么能"两个重要问题。本研究共分为 10 章，按照"问题提出—理论分析—实证研究—政策建议"的思路逐次展开，主要研究内容和结论如下：

第 1 章和第 2 章为绪论、概念界定与文献回顾。本部分主要介绍了研究背景及问题的提出、相关理论基础、研究内容与研究方法及创新点，重点对农业生产性服务和农业高质量发展的概念与内涵进行界定，并围绕农业生产性服务业与农业高质量发展两者的关系进行文献综述。

第 3 章为我国农业生产性服务业与农业高质量发展的现实考察。本部分以新中国成立为起点，梳理我国农业生产性服务业支持政策的演变历程，分析了我国农业生产性服务业的发展现状和区域差异。同时，基于新发展理念构建农业高质量发展综合评价体系，运用熵值法、Dagum 基尼系数法、变异系数法与空间收敛模型等方法，测度评价我国农业高质量发展水平与时空演变特征。分析发现：①我国农业生产性服务支持政策的演变经历了萌芽阶段（1949—1978年）、初始阶段（1979—1984 年）、起步阶段（1985—2005 年）、快速发展阶段（2006—2015 年）和逐渐完善阶段（2016 年至今）5 个阶段。②进入新时期以来，我国农业生产性服务发展规模和速度持续扩大，但地区间发展差距显著。在市场需求与政策的双重驱动之下，新型农业经营主体已成为农业生产性服务的重要提供者。③2011 年以来，我国农业高质量发展水平呈现不断上升的趋势，区域农业高质量发展存在非均衡的特征。从农业高质量发展水平来看，东北地区最靠前，其次为东部地区，中部地区和西部地区相对靠后；从农业高质量发展速度来看，西部地区的增速位居四大区域之首，其次是东北地区、中部地区、东部地区；从时序特征来看，东部地区、中部地区、西部地区的区域内差异呈现缩小趋势，东北地区的区域内差异呈现扩大趋势。④除东北地区外，我国农业高质量发展

均存在 σ 收敛、空间绝对 β 收敛、空间条件 β 收敛，分区域与分时期的收敛性具有明显的时空差异特征。

第 4 章为农业生产性服务对农业高质量发展影响的实证研究。利用第 3 章农业高质量发展水平的测算结果，实证探究农业生产性服务与农业高质量发展的关系机制，并运用门槛效应模型揭示农业生产性服务与农业高质量发展的非线性特征。研究表明：①农业生产性服务对农业高质量发展具有显著的促进作用，这一点在粮食产销平衡区、中部和西部地区更为显著。②农业生产性服务对农业高质量发展的影响呈现出非线性特征。在农业生产性服务水平较低的地区，农业生产性服务水平对农业高质量发展的推动作用不明显，但随着农业生产性服务服务水平的不断提升，其推动作用逐渐增强。当农业生产性服务水平跨越一定门槛后，其对农业高质量发展的影响变得显著。③农业生产性服务对农业高质量发展的影响随着农业高质量发展水平的提高而增强。在不同的农业高质量发展水平区间内，农业生产性服务对农业高质量发展水平的影响系数均显著为正，且在更高的农业高质量发展水平区间内，其影响系数更大，显著性水平也更高。

第 5 章至第 7 章从农业高质量发展的 3 个具体方面展开分析，实证分析农业生产性服务对农业内部结构优化（农村产业结构升级和种植结构"趋粮化"）、农业绿色发展以及农民增收的影响。研究发现：①农业生产性服务政策的实施对农村产业结构升级有显著的促进作用，并且随着时间的推移，政策的效果越来越大。政策影响机制主要包括 3 个方面：从供给侧促进农业生产效率提升、从需求侧促进农民收入增长与促进规模经营。②农业生产性服务政策对种植结构"趋粮化"有显著的促进作用，且在粮食主产区、机械化水平较高的地区和服务组织数量较多的地区，政策的带动作用更强。此外，试点地区种植结构"趋粮化"效应在政策实施后的第三年才开始凸显，主要是通过推动农业服务组织培育、促进土地流转和引致农业投资等 3 条中介路径产生积极影响。③农业生产性服务政的实施对农业碳排放强度具有抑制作用，主要通过降低化肥施用强度、促进土地流转和促进种植结构"趋粮化"等3条路径实现。其中，在农业碳排放强度较高的地区、粮食主产区和非西部地区，农业生产性服务政策的碳减排效果更显著。④农业生产性服务对农民总收入、农业经营性收入和工资性收入的影响均是正向且显著的。从作用路径来看，农业生产性服务既可以直接作用于农民的经营性收入增长，又可以通过劳动力转移这一中介变量作用于农民的工资性收入增长。

第8章和第9章为拓展性研究，主要考察农业生产性服务的中介作用和调节作用。本部分将高标准农田建设、劳动力老龄化、劳动力转移纳入农业生产性服务与农业高质量发展的研究框架中，实证研究发现：①高标准农田建设政策对粮食绿色生产具有显著的正向影响，农业生产性服务起到了中介作用。相较于土地流转程度高的地区，高标准农田建设政策的实施对土地流转程度较低地区的粮食绿色生产促进效应更大；相较于非粮食主产区，高标准农田建设政策的实施对粮食主产区的粮食绿色生产促进效应更为显著。②高标准农田建设政策的实施能够显著促进农民增收，但存在一定的滞后性。农业机械化水平在高标准农田建设政策的增收效应中起到中介作用。③农村劳动力老龄化对农业绿色发展具有显著的抑制效应，农业生产性服务起到调节作用。其中，农村劳动力老龄化与农业绿色发展之间呈现显著的 U 形非线性关系，且当前的研究样本均落在U 形曲线转折点的左侧，表明农村劳动力老龄化对农业绿色发展的边际影响以负向为主。④农村劳动力转移会正向影响农业面源污染，且存在单一门槛效应，其正向影响呈现"由强转弱"的非线性特征。农民收入在农村劳动力转移正向影响农业面源污染的过程中起到中介作用，农业生产性服务在农民收入正向影响农业面源污染中起到调节作用。

第10章为政策建议及研究展望。本部分基于以上理论分析和实证研究结果，从促进农业生产性服务业与农业高质量融合发展的视角提出政策建议。同时，提出本研究的局限性和进一步的研究方向。

　　本研究是国家自然科学基金项目"劳动力老龄化、农业生产性服务与粮食绿色生产行为：影响机制、经验证据及政策优化研究——以江西为例"（项目编号：72163015）等课题的研究成果。参与研究的人员还有湖南人文科技学院的唐望博士，江西省农业科学院的余永琦、袁婷婷、黄微、张敏芳等。特别感谢江西省农业科学院党委书记池泽新教授为本研究设计提供的宏观指导。本研究参阅了大量国内外相关文献资料，吸收和借鉴了众多专家学者、媒体、网站的一些观点和数据资料，在此一并表示衷心的感谢。我们力求在文中和参考文献中全部注明资料来源，若有遗漏之处，敬请批评见谅。由于作者学识有限，书中存在不足及疏漏之处，敬请学界同仁和广大读者给予批评指正。

彭柳林

2024 年 6 月

C 目 录
ONTENTS

第1章 绪 论

1.1 研究背景及问题的提出

立足新发展阶段，完整、准确、全面贯彻新发展理念，加快构建新发展格局，着力推动高质量发展，这是由我国经济社会发展的理论逻辑、历史逻辑和现实逻辑所决定的，具有鲜明的中国特色和时代特征，体现了科学性与人民性、长远战略性与现实针对性的高度统一，对我国现代化建设具有重要的理论意义和现实意义。

（1）推动农业高质量发展是中国式农业现代化的本质要求，是当前和今后一个时期做好"三农"工作的重中之重

随着中国特色社会主义进入新时代，经济由高速增长阶段加速向高质量发展阶段转变，党中央做出一系列重大决策部署，推动高质量发展成为全党全社会的共识。通过"质量变革、效率变革、动力变革"驱动经济高质量发展成为我国经济社会发展的主题。

党的二十大报告明确提出，实现高质量发展是中国式现代化的本质要求，是全面建设社会主义现代化国家的首要任务。其中，农业现代化是现代化经济体系的重要支柱之一，也是基础性支柱。经济要高质量发展，首先需要实现农业高质量发展（钟真等，2021）。"加快建设农业强国"的提出就是要推动农业高质量发展的重要标志（杜志雄和胡凌啸，2023）。2021 年中央 1 号文件明确要求，在坚持农业现代化与农村现代化一体设计、一并推进中，要以推动高质量发展为主题。2023 年全国两会期间，习近平总书记在参加江苏代表团审议时指出，农业强国是社会主义现代化强国的根基，推进农业现代化是实现高质量发展的必然要求。由此可见，农业是国民经济的重要基础，建设社会主义现代化强国离不开农业的高质量发展。推动农业高质量发展是经济由高速增长阶段加速向高质量发展阶段转变的应时之策（徐光平等，2021），是主动适应我国社会主要矛盾变化和遵循经济发展规律的必然要求，也是加快推进农业农村现代化和农业强国建设的必然选择。加快推动农业高质量发展，具有稳住"三农"基本盘、更好发挥农业农村作为经济发展的"压舱石"和稳定就业的"蓄水池"的重要作用。

（2）农业高质量发展已经从理念倡导阶段转入深化推进阶段，深入贯彻新发展理念是推动农业高质量发展的关键

自从 2017 年党的十九大报告首次提出"高质量发展"后，历年中央 1 号文件都从不同角度对农业高质量发展的目标要求和重点任务做出明确部署。例如，2019 年中央 1 号文件强调做好"三农"工作，要在实施乡村振兴战略中"落实高质量发展要求"；2020 年中央 1 号文件则明确提出"推进农业高质量发展"；2021 年中央 1 号文件提出"以推动高质量发展为主题"，"深入推进农业供给侧结构性改革……全面推进乡村产业、人才、文化、生态、组织振兴……加快农业农村现代化"；2022 年中央 1 号文件进一步从全力抓好粮食生产和重要农产品供给、强化现代农业基础支撑、持续推进农村一二三产业融合发展、推进农业农村绿色发展等方面对农业高质量发展做出明确部署；为全面推进乡村振兴，畅通国内大循环，2023 年中央 1 号文件具体提出"推动乡村产业高质量发展"；2024 年中央 1 号文件又提出"推动农村流通高质量发展"。这充分表明我国农业高质量发展已经从理念倡导阶段逐步转入政策实施和深化推进阶段，以加快推动未来农业全面转型升级。

近年来，全国各地因地制宜，高位推进农业高质量发展，以质量与效益为基本价值取向，以新发展理念为基本遵循，着力构建以创新成为第一动力、协调成为内生特点、绿色成为普遍形态、开放成为必由之路、共享成为根本目的的农业高质量发展格局。

（3）当前及今后一段时期，农业高质量发展面临小农生产格局、劳动力老龄化加剧以及农业生产性服务业和高标准农田建设快速发展等复杂背景

党的十八大以来，中国农业高质量发展成绩斐然。围绕保障农产品供给、促进农民增收、保持农业可持续性"三大目标"，实现了粮食及重要农产品稳产保供、农民收入持续快速增长且结构优化、农业绿色发展步伐加快和农业生态持续改善，建立了现代农业经营体系、现代农业生产体系、现代农业产业体系、农业支持政策体系"四大体系"，生产主体培育、服务主体培育、科技装备支撑、数字技术赋能、产业组织优化、农业功能拓展、农业支持保护"七大手段"已成为保障农业高质量发展目标实现的"核心解释变量"。

尽管如此，当前国内外发展环境发生了复杂深刻变化，农业高质量发展面临多重挑战和机遇。一方面，"大国小农"的基本国情农情，决定了从事传统种养业的小农户依然长期存在，小农生产格局仍是农业生产的基本面。党的十九大报告指出："巩固和完善农村基本经营制度，深化农村土地制度改革，完善承包地'三权'分置制度。保持土地承包关系稳定并长久不变，第二轮土地承包到期后再延长三十年。"可以预见，在相当长的时期内，以小农户为主的家庭经营还是基本经营方式。另一方面，随着现代农业加快发展，农村劳动力非农转移、老龄化问题日渐突出且在未来很长一段时期依然严峻（蔡昉，2018）。在此背景下，普通农户在生产过程中面临许多新问题，一家一户办不了、办不好、办起来不合算的事越来越多。当前农业生产面临诸多现实挑战，例如小农经济成本高、生产效率低下、可持续性差和综合竞争力弱等（王曙光，2020），迫切需要发展农业生产性服务业，解决普通农户在适应市场、采用新机具新技术等方面的困难，帮助小农户节本增效，解决小农户分散生产经营过程中遇到的一些共性服务问题。这有助于将一家一户小生产融入农业现代化大生产之中，构建以家庭经营为基础的现代农业生产经营体系。同时，伴随高标准农田建设政策的加快实施，土地流转和农业生产条件得到改善，促进了农业生产性服务业发展，推动小农户与现代农业发展相衔接（沈兴兴等，2020）。此外，数字经济的加速兴起，正通过技术创新效应推动农业发展在动力、效率和质量等方面的全方位变革（李本庆和岳宏志，2022）。

当前，我国农业生产性服务业快速发展，已成为我国建设农业现代化的第三次动能（冀名峰，2018）。"新型农业经营主体＋农业服务主体＋小农户"成为推进农业现代化的重要选择（姜长云等，2020）。鉴于此，在新时代，农业生产性服务能否突破规模经济和人力资本的约束，促进小农生产与现代农业发展有机衔接，进而驱动农村劳动力老龄化严重、小农户占较大比重的中国农业进入高质量发展的轨道？具体路径是什么？从农业高质量发展的具体方面来看，农业生产性服务是否会对农业绿色发展、农村产业结构和种植结构、农民收入等产生影响？产生这种影响的作用机制是什么？是否存在区域异质性？进一步看，高标准农田建设和劳动力变化对农业高质量发展有何影响？农业生产性服务是否会起到中介作用或调节作用？这些都是值得深入探讨的问题。梳理已有文献发现，目前学术界对这些方面的研究还不够系统、全面、深入，尚无明确、一致的结论。因此，"大国小农"背景下农业生产性服务与农业高质量发展之间的关系机制有待进一步深入考察和检验；基于农业生产性服务的视角，对中国农业高质量发展"能不能"和"为什么能"两个重要问题有必要进行深入研究。相关研究结论将有望为完善中国特色农业现代化政策体系提供理论支撑和经验证据。

1.2　理论基础

1.2.1　交易成本理论

交易成本理论也称为交易费用理论。其中，交易成本包括搜寻成本、协商成本、契约成本、监督成本及执行成本，也可按照交易的时间分为事前交易成本、事中交易成本及事后交易成本。交易成本引入经济学是对新古典经济学的挑战，它让"无摩擦力"的新古典经济学分析框架转变为"有摩擦力"的新制度经济学分析。科斯（R. H. Coase）于 1937 年在其发表的经典论文《企业的性质》中分析企业产生的原因与企业边界时，首次提出了交易成本的概念，将交易成本定义为"使用价格机制的成本"。科斯的交易成本理论认为，当一项交易的外部交易成本高于其内部交易成本时，企业应当扩展边界，将交易纳入企业内部，即"以企业代替市场"，减少交易费用，从而降低成本；反之，当在市场中完成交易的交易成本低于企业内部的交易成本时，应当将交易放在市场，用市场代替企业。1960 年，科斯在《社会成本问题》一文中对契约形成问题进行了进一步探讨，他认为形成交易和签订契约需要经历谈判、讨价还价、拟订契约、监督等过程。1969 年，张五常在科斯的交易成本理论基础上发展了佃农理论和企业的契约性质，他认为交易成本普遍存在于涉及两人或两人以上的产权交易中，因此他将广义的交易成本定义为达成一笔交易所要花费的所有成本，包含信息费用、监管费用及制度结构变化引起的费用。在科斯的交易成本理论基础上，阿尔钦和德姆塞茨（Alchian and Demsetz）于 1972 年提出了企业产权结构理论，指出交易成本是创建企业的关键。威廉姆森（O. E. Williamson）在 20 世纪 70 年代末 80 年代初提出了交易成本的研究范式及包含的内容，他从以下 3 个维度考察交易成本：交易不确定性、资产专用性及交易频率。通过这 3 个维度的分析，更加明确了交易成本产生的原因。

农业生产性服务是在农业生产分工中进行的服务交易，不可避免地会产生交易成本。从交易成本的角度来看，服务供给主体会给不同类型的农户提供服务，以减少交易成本的产生，从而影响了规模经营主体和小农户获取服务的差异。对于土地经营者来说，是购买农业生产性服务，还是自购农机，抑或使用自家劳动力，相关选择也是基于交易成本的考虑。因此，交易成本会影响农户对农业生产性服务使用的决策。

1.2.2 分工理论

亚当·斯密（Adam Smith）作为古典经济学的代表人物，非常重视对分工的研究。他在《国民财富的性质和原因的研究》（即《国富论》）一书中明确提出分工可以提高生产力水平，认为一个国家的产业发展和劳动生产力水平与行业分工程度成正比。主要原因在于：首先，分工使得劳动者长期固定从事某一项工作，劳动者的劳动熟练程度得到有效提高，进而促进技术不断进步；其次，分工有利于劳动者改进劳动工具（如发明机械），通过机械简化或缩短劳动，从而使个人的生产效率得到提高；最后，分工使劳动者可以不用转换工作，避免了转换工作带来的时间损耗，从而节省了劳动时间。

马克思的政治经济学也对分工理论进行了研究阐释。在马克思对经济学的研究过程中，分工理论贯穿始终。马克思曾指出，分工理论是政治经济学研究的重要基础和前提。当生产力水平发展到一定程度时，分工便会产生。在资本主义制度产生之前，分工主要以社会内部分工的形式存在。进入资本主义社会以后，商品生产和流通迅速发展，社会内部的分工不断扩大和深化。

以杨小凯、罗森以及黄有光等为代表的新兴古典经济学，运用现代经济学分析工具研究分工和专业化问题。新兴古典经济学认为，分工和专业化水平的提高能够带来生产效率的提高，生产效率的提高又能促进分工和专业化的发展，形成一种良性循环动态机制，从而促进经济增长。影响分工内生演化的两个重要变量是分工收益和交易费用。分工一方面促进生产效率的提高，带来专业化收益；另一方面带来交易费用的上升。当专业化收益高于交易费用，人们会选择更高水平的专业化，所有人的自由决策加在一起，使整个社会的分工水平不断提高。随着分工和专业化的发展，个人的知识学习积累带来生产效率的提高和技术的进步，进一步促进专业化收益的提高。正是这种经济主体在权衡收益和交易费用后做出的选择和分工之间的动态机制决定了分工自发演进的过程。

在实践中，基于比较优势、成本收益和竞争力提升考虑，企业或其他机构将过去自身从事的一些工作转移给外部供应商，或将一部分附加值较低的非核心业务通过合同契约的形式分担给其他专业性更强的企业，而自身则主要从事具有比较优势的、能够带来高附加值的生产和销售等活动，从而形成外包分工。市场环境的多样化和全球化使得竞争加剧，这迫使企业不再单独依靠自身的力量进行生产，而是采取某种分工模式来整合各地的资源，从而有效降低成本和提升核心竞争力。

1.2.3　规模经济理论

规模经济理论是微观经济学的基础理论之一。在既定的技术条件下，生产的平均成本随着规模的扩大而不断下降，进而实现规模经济。规模经济和规模报酬实际上是同一个问题的两个方面，是与成本有关的概念。在某些条件下，规模报酬递增（或递减）可以等同于规模经济（或规模不经济）。导致规模经济（或规模报酬递增）产生的原因在于生产的专业化、科学技术的进步、管理水平的提升、价格上的谈判优势、学习效应等。固定成本可以随着生产规模的扩大而分摊到增加的产出上，从而使得总成本下降。如果主要从技术的角度考察，侧重研究投入规模加大后不同生产要素的组合及其效率，则最佳的生产要素组合及其效率称为"规模经济"；如果主要从价值的角度考察，侧重研究投入规模加大后经济活动的经济效益，则最佳的经济效益称为"规模报酬"。

一般认为，规模经济的思想是由亚当·斯密在《国民财富的性质和原因的研究》一书中提出的。他阐述了规模经济的变化规律：规模报酬递增、规模报酬不变、规模报酬递减。马歇尔（A. Marshall）区分了"外部规模经济"和"内部规模经济"的概念。其外部规模经济理论指出，在其他条件相同的状况下，整个行业的相对集中形成外部规模经济，有利于单个厂商的规模收益递增，从而行业规模较大的地区比行业规模较小的地区生产更有效率。其内部规模经济理论指出，随着企业生产规模的扩大，得益于专业化程度的提高或固定资产的充分利用，平均生产成本逐渐下降，当其降至最低时，达到最佳规模；当规模扩大到超过最佳规模时，平均生产成本又会随着生产规模的继续扩大而上升。

农业的规模经济有其独特的表现形式。在农业生产中，独立经营的各类农业经营主体要维持现有技术条件下最基本的一整套农业生产设施，必须有充分的土地或其他劳动对象。由于农业土地的有限性，单个农业经营主体的现实生产能力往往由土地这一短缺资源决定，土地不足导致农业经营主体的其他固定生产设施闲置（在家庭经营场合还导致家庭劳动力闲置），是实现农业规模经济的主要障碍。扶植骨干农业经营主体，扩大他们的农用土地占有面积，优化人地比例，增加农业生产的聚集程度，提高农业的社会化服务水平，提供更多的公共设施和服务，使每个农业经营主体通过共同利用设施和服务减少对自备设施、自我服务的需要，这是实现农业规模经济的主要途径。农业规模经济的实现同样可以区分为内部规模经济和外部规模经济。具体而言，农业内部规模经济是指农业经营主体在生产过程中，通过增加要素投入数量和改变要素投入结构实现产出规模的扩大，从而引起经济效益的增加；农业外部规模经济是指一定区域内的农业经营主体通过彼此之间的联合或者与产业链不同环节经营者的合作实现分工程度的提高，从而带来整体效率的提升。土地规模经营是建立在规模经济理论的基础上的。根据规模经济的内涵可以知道，在技术等其他条件不变的情况下，农业生产者的土地经营规模与其生产所花费的平均成本存在相关性。当农业经营主体扩大土地经营面积时，其生产所花费的平均成本将会降低。

1.2.4　农户行为理论

农户行为理论以行为经济学为基础，关注农户的特殊性，分析农户在农业生产生活中涉及的生产行为、消费行为、投资行为等。农户作为农业生产经营活动中的基本单元，是生产者也是消费者，其行为受到外部制度的约束和资源条件的限制，在客观条件下，农户为了实现自身目标而采取一系列行动。在大多数的发展中国家，农户进行的生产经营活动是半商业化的，大多数农户需要购买农业生产中所需要的种子、化肥等投入品，并将农业产出以及家庭的劳动力向市场供给以获得收益。也就是说，农户行为包含了多种目标的决策。

根据既有研究资料，农户行为理论可被归纳为理性小农、剥削小农以及综合小农 3 种类型。理性小农的理念由美国学者西奥多·舒尔茨（Theodore W. Schultz，1964）在其著作《改造传统农业》中首次提出。他强调农民作为理性的经济主体，依据成本收益原则进行生产决策，以追求利润最大化为生产目标。剥削小农的理念则源于马克思主义理论。该观点指出，小农具有分散性和孤立性的劳动特点，仅拥有有限的小块土地，生产力水平较低，生产效率不高。综合小农的理念由黄宗智提出，是对 1949 年以前中国小农状况的一种总结和解释。他认为小农既是理性的生产者，又受限于社会阶层的底层地位，受到地主的剥削，从而表现出追求利润、维持生计与受剥削的综合特征。上述 3 种农户行为理论的核心在于探讨农户经济行为背后的动因和目标。不同理论框架下的农户行为差异，源于农户在追求自身效用最大化过程中，受到自然、经济、社会、文化等多方面综合环境的制约。因此，从不同视角对农户行为进行研究会得出不同的结论，这些结论在一定程度上都具有合理性。

1.2.5　改造传统农业理论

改造传统农业理论是 1964 年舒尔茨在《改造传统农业》中提出的，舒尔茨把农业经济学与人力资本理论相融合，对发展中国家的农业问题进行专题研究。改造传统农业的核心问题是如何提高农业生产效率、推动经济发展，将"无法促进经济增长"的传统农业转变为"经济发展的源泉"。

在《改造传统农业》中，舒尔茨提出了传统农业的基本特征：一是技术状况长期保持低下，农业生产的要素投入在较长时间内没有变化，利润率极低；二是农户没有革新进步的动力，传统的生产要素一味保持不变，形成了一套墨守成规的制度；三是农民储蓄的欲望较低，没有投资的途径，也没有投资的能力，金融知识匮乏，农民的收入、消费、储蓄、投资在一段时间内达到一种均衡状态，缺乏企业家对农业的投资。舒尔茨还指出，那种认为传统农业生产要素配置效率低下的观点是错误的，并且传统农业中不存在大量的富余劳动力。针对农业目前存在的现象，舒尔茨提出了改造传统农业的办法：一是要从外部加大新的生产要素投入，打破原来固有的平衡，促进技术革新，推动技术进步；二是要加大对农民的人力资本投入，提高农民的技术水平和受教育程度，让农民掌握现代化技术、拥有现代化管理能力，从而提高生产效率。

改造传统农业理论为我国追求农业高质量发展提供了许多具有可行性的发展思路。例如，改造传统农业，应该引进现代农业生产要素进行技术、机制革新，建立适应现代化市场发展的制度体系，引入农民能接受的新生产要素和新生产方式，对农民进行人力资本投入。这些观点为我国农业高质量发展的理论研究和实践提供了借鉴。

1.3 研究内容与研究方法

1.3.1 研究内容

本研究旨在厘清农业生产性服务与农业高质量发展之间的关系机制，并基于农业生产性服务视角，探索回答中国农业高质量发展"能不能"和"为什么能"两个重要问题。本研究按照"问题提出—理论分析—实证研究—政策建议"的思路逐次展开，主要内容包括：

(1) 概念界定和现实考察

本部分包括第1章至第3章。通过系统梳理文献，阐述本研究的相关理论基础，重点对农业生产性服务、农业高质量发展的概念与内涵进行界定，考察农业生产性服务的历史演进与发展现状，并运用熵值法、Dagum基尼系数法、变异系数法、空间收敛模型测算了农业高质量发展水平，揭示我国农业高质量发展的时空演变特征与收敛特征。

(2) 分析农业生产性服务对农业高质量发展的影响

本部分包括第4章至第7章。首先，从理论上阐释农业生产性服务与农业高质量发展的关系机制与作用机制，提出一系列研究假说；其次，利用第3章农业高质量发展水平的测算结果，从整体上实证考察农业生产性服务对农业高质量发展的直接影响；最后，在此基础上，进一步从农业高质量发展的3个具体方面展开分析，探究农业生产性服务对农业内部结构优化（农村产业结构升级和种植结构"趋粮化"）、农业绿色发展和农民增收的影响及作用路径。

(3) 探究农业生产性服务的中介作用和调节作用

本部分包括第8章和第9章，为拓展性研究内容。将高标准农田建设、劳动力变化纳入农业高质量发展的研究框架中，考察高标准农田建设、农村劳动力老龄化与农村劳动力转移对农业高质量发展的影响，实证检验农业生产性服务是否起到中介作用或调节作用。

(4) 提出政策建议和进一步的研究方向

本部分包括第10章。基于理论分析和实证研究结果，从促进农业生产性服务业与农业高质量融合发展的视角提出政策建议，为政策制定和实践提供科学依据和决策支持。此外，提出本研究的局限性和进一步研究方向。

本研究的框架和技术路线如图1-1所示。

1.3.2 研究方法

本研究综合运用经济学、管理学、农业学等多学科知识，采用定性与定量相结合的研究方法，通过构建理论框架和实证分析模型，对农业生产性服务对农业高质量发展的影响进行深入研究，力求提高研究的科学性和准确性。

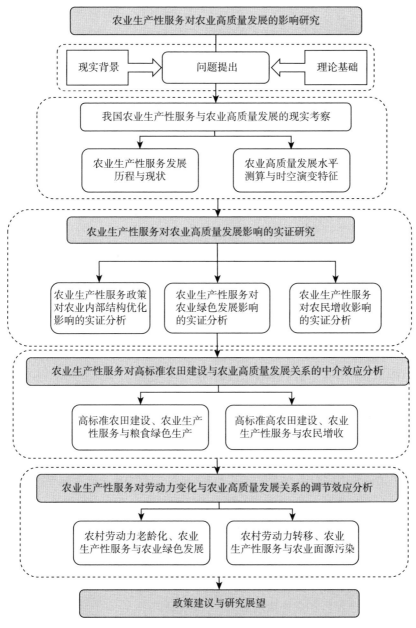

图 1-1 研究框架和技术路线

（1）文献研究法

系统梳理国内外相关研究文献，科学界定农业生产性服务与农业高质量发展的概念与内涵，针对我国农业生产性服务业、农业高质量发展历程与现状进行考察，为后续理论构建和实证研究奠定基础。

（2）理论分析法

首先，构建农业生产性服务与农业高质量发展的理论框架，分析农业生产性服务对农业高质量发展的直接影响机制。其次，将高标准农田建设、劳动力变化纳入农业高质量发展的研究框架中，分析高标准农田建设、农村劳动力老龄化与农村劳动力转移对农业高质量发展的影响机制，以及农业生产性服务的中介作用和调节作用。

（3）实证分析法

利用相关统计数据，运用熵值法、Dagum 基尼系数法、变异系数法与空间收敛模型等方法测度评价我国农业高质量发展水平、时空分异与收敛特征；运用门槛效应模型探究农业生产性服务与农业高质量发展的非线性特征；采用渐进双重差分法、PSM－DID 模型、合成双重差分法和中介效应模型，从政策评估视角探究农业生产性服务政策对种植结构"趋粮化"、农村产业结构调整升级、碳减排效应等的因果效应、区域异质性及其作用机制等。

1.4　拟解决的关键问题及创新点

1.4.1　拟解决的关键问题

总体来看，本研究基于小农生产格局、农村劳动力老龄化加剧以及农业生产性服务业和高标准农田建设快速发展等复合背景，以农业生产性服务为突破口，探索农村劳动力老龄化严重、小农户占较大比重的中国农业进入高质量发展轨道的"暗箱密码"。从理论和实证两个视角，厘清农业生产性服务与农业高质量发展之间的关系机制，揭示农业生产性服务的直接效应、调节效应和中介效应，力求回答中国农业高质量发展"能不能"和"为什么能"两个重要问题。

具体而言，本研究拟解决的关键问题主要包括以下几个方面：

（1）农业生产性服务与农业高质量发展的关系机制

本研究将深入探讨农业生产性服务如何影响农业高质量发展，揭示其背后的作用机制和路径依赖。通过分析农业生产性服务的不同维度对农业高质量发展的影响，明确农业生产性服务在推动农村产业结构优化升级、农业种植结构调整、农业绿色发展和农民增收等方面的积极作用。

（2）农业生产性服务的多维度效应分析

本研究将综合探讨农业生产性服务的结构效应、绿色效应和收入效应。通过分析农业生产性服务对农村产业结构升级、农业种植结构、农业绿色发展和农民收入的影响，揭示农业生产性服务在推动农业现代化进程中的多维度效应。同时，还将探讨农业生产性服务影响农业高质量发展的区域异质性。

（3）高标准农田建设、农村劳动力老龄化和农村劳动力转移等因素对农业生产性服务与农业高质量发展关系的影响

本研究将纳入高标准农田建设、农村劳动力老龄化和农村劳动力转移等要素，对农业生产性服务与农业高质量发展之间的关系进行深入探讨。通过分析这些因素如何通过农业生产性服务发挥作用，揭示农业生产性服务在农业高质量发展过程中的制约条件和机遇。

（4）推动农业高质量发展的政策建议

基于理论分析和实证研究结果，本研究将提出通过促进农业生产性服务发展来推动农业高质量发展的政策建议。这些建议将针对农业生产性服务的不同效应以及不同地区的实际情况，因地制宜提出政策措施和实施路径，为政策制定者提供科学依据和决策参考。

1.4.2　可能的创新点

（1）研究视角上有新延伸

农业转型升级背景下，本研究立足小农生产格局、劳动力老龄化加剧以及农业生产性服务业和高标准农田建设快速发展等复合背景，基于农业生产性服务视角，从理论和实证视角深入探究农业生产性服务与农业高质量发展的关系机制，探索回答中国农业高质量发展"能不能"和"为什么能"两个重要问题。梳理已有文献发现，目前学术界在农业生产性服务能否以及如何推进农业高质量发展方面的研究还不够系统、全面、深入，且尚无明确、一致的结论。因此，本研究在研究视角方面具有一定的创新性，丰富和深化了该领域的研究。

（2）研究内容上有新拓展

本研究突破了传统的单一视角，在从整体上揭示农业生产性服务对农业高质量发展直接影响机制的基础上，从农业高质量发展的 3 个具体方面探究农业生产性服务的结构效应、绿色效应和收入效应。进一步，将高标准农田建设、农村劳动力老龄化、农村劳动力转移纳入农业高质量发展的研究框架中，探究农业生产性服务的中介作用和调节作用。这种综合性、多层次的研究视角有助于更全面、更系统地挖掘农业生产性服务对农业高质量发展的作用机制，深化农业生产性服务与农业高质量发展关系的理解，为政策制定提供更为具体的指导。

（3）研究观点上有新发现

①农业生产性服务对农业高质量发展具有显著的促进作用。这种促进作用

在粮食产销平衡区、中部和西部地区更为显著，且会随着农业高质量发展水平的提高而增强，呈现出非线性特征。在农业生产性服务水平较低的地区，农业生产性服务对农业高质量发展的推动作用不明显，但随着农业生产性服务水平的不断提升，其推动作用逐渐增强。当农业生产性服务水平跨越一定门槛后，其对农业高质量发展的影响变得显著。

②从农业高质量发展的 3 个具体方面实证检验了农业生产性服务的结构效应、绿色效应和收入效应。首先，农业生产性服务政策实施对农村产业结构升级有显著促进作用，主要通过促进农业生产效率提升、需求侧促进农民收入增长与促进规模经营等 3 条路径实现。其次，农业生产性服务政策对种植结构"趋粮化"有显著促进作用，主要是通过推动农业生产性服务组织培育、促进土地流转和引致农业投资等 3 个方面的中介路径产生积极影响，且在粮食主产区、机械化水平较高的地区和服务组织数量较多的地区，农业生产性服务政策的促进作用更强。再次，农业生产性服务政策的实施对农业碳排放强度具有抑制作用，具体通过降低化肥施用强度、促进土地流转和促进种植结构"趋粮化"来间接降低农业碳排放强度。最后，农业生产性服务对农民增收的影响是正向且显著的。农业生产性服务既可以直接作用于农业经营性收入增长，又可以通过劳动力转移这一中介变量间接作用于工资性收入增长。

③高标准农田建设政策对粮食绿色全要素生产率和农民增收具有显著的正向影响，农业生产性服务起到了中介作用。农村劳动力老龄化对农业绿色发展具有显著的抑制效应，农村劳动力转移会显著正向影响农业面源污染，农业生产性服务在其中均起到了调节作用。

第2章 概念界定与文献回顾

2.1 概念界定

要深入考察农业生产性服务与农业高质量发展的关系机制，探索基于农业生产性服务视角，回答中国"能不能走出"以及"为什么能走出"一条农业高质量发展道路两个重要问题，有必要对农业生产性服务和农业高质量发展两个核心概念及其内涵进行事先界定，以避免概念上的争议，也为后文实证研究部分科学地选择指标和变量提供参考。

2.1.1 农业生产性服务的概念与内涵界定

农业生产性服务的定义可以追溯到 20 世纪 80 年代，当时美国学者提出了"农业服务业"的概念。农业服务业是指为农业生产提供服务的各种企业、组织和个体，其服务涵盖了农业技术服务、农产品流通服务、农业金融服务等多个方面。这一定义得到了国际社会的广泛认同和应用，为我国农业生产性服务业的发展提供了理论基础。

国外学者 Kenneth A. Reinert（1998）研究认为，农业生产性服务主要包括农资配送、农技推广、农业信息收集与提供、农机作业、农产品质量与安全监控、疫病防控、农产品营销、基础设施管护、劳动力转移以及金融保险等服务。

在我国，历年的中央 1 号文件对于"为农业生产提供的相关服务"曾经使用过好几个表述，例如"农业社会化服务""农业专业化社会化服务""农业生产性服务"等，这些实际上都是对"农业生产性服务"这一概念的不同表述。党的十八大以来，强化农业社会化服务被提高到了一个新的高度，它不仅是促进农业适应经济新常态的必然选择，更是促进农业经营体制机制改革、实现中国特色农业现代化的关键举措。2013 年至今，每年的中央 1 号文件都对发展农业社会化服务提出新要求和新部署，《国务院关于加快发展生产性服务业促进产业结构调整升级的指导意见》（国发〔2014〕26 号）、《农业部 发展改革委 财政部关于加快发展农业生产性服务业的指导意见》（农经发〔2017〕6 号）和农业农村部印发的《新型农业经营主体和服务主体高质量发展规划（2020—2022 年）》更是对加强农业社会化服务及其体系建设做出详细安排。2021 年 3 月，第十三届全国人民代表大会第四次会议审议通过《中华人民共和国国民经济和社会发展第十四个五年规划和 2035 年远景目标纲要》，其中明确提出，要"发展多种形式适度规模经营……健全农业专业化社会化服务体系，实现小农户和现代农业有机衔接"。这表明，在农业政策的顶层设计上，实现农业现代化的思路正从以土地流转为主要抓手逐步朝着以强化社会化服务为重点的"多种形式适度规模经营"方向转变。

2017 年 8 月，农业部会同国家发展和改革委员会、财政部联合下发了我国首个专门对农业生产性服务工作做出部署的文件——《农业部 发展改革委 财政部关于加快发展农业生产性服务业的指导意见》，旨在加快推动农业生产性服务业发展，促进小农户与现代农业的有机衔接。依据该文件的表述，农业生产性服务业的服务领域主要包括：农业市场信息服务、农资供应服务、农业绿色生产技术服务、农业废弃物资源化利用服务、农机作业及维修服务、农产品初加工服务、农产品营销服务等。国内学者韩坚（2006）、姜长云（2010，2016）、庄丽娟（2011）、董欢（2013）、郝爱民（2015）、芦千文（2019）等从农业产业链的视角出发，认为农业生产性服务是个体或组织为农业全产业链（产前、产中和产后）提供的中间投入服务。

鉴于此，本研究结合上述政府文件精神和专家学者的观点，将农业生产性服务业界定为：从农业生产部门分离出来，将更多的专业技能和资本导入农业生产过程中，为农业提供中间服务的新兴产业。农业生产性服务业作为中间投入，嵌入农业产业链的产前、产中、产后各环节中，与农业在总体上表现出相互促进、彼此依赖的关系。参照《农业部 发展改革委 财政部关于加快发展农业生产性服务业的指导意见》（农经发〔2017〕6 号）中对农业生产性服务领域的阐释（表 2-1）、《农业农村部办公厅关于开展农业生产性服务业专项统计的通知》（农办经〔2018〕9 号）及其附件《农业生产性服务业统计口径说明》的内容（表 2-2），以及《中国第三产业统计年鉴》关于生产性服务业的统计口径，本研究认为，农业生产性服务以现代农业技术为支撑，贯穿农业生产作业全链条，直接完成或协助完成农业产前、产中、产后各环节作业的社会化服务，具体包括种植业生产服务、畜牧业生产服务、渔业生产服务、农机作业及维修服务、农产品初加工和仓储保鲜服务、农业信息和营销服务、农业绿色生态服务。此外，广义的农业生产性服务还应包括农业科技培训和推广服务、高素质农民教育和培训服务以及农业金融保险服务等。

表 2-1　农业生产性服务领域及其内容

服务领域	具体内容
农业市场信息服务	围绕农户生产经营决策需要，提供重要农产品价格信息、国内外市场供需状况、市场运行风险等信息服务，推进农业信息化等
农资供应服务	提供集中育秧（苗）、供种、用种技术，进行兽药、农药和肥料集中配送等
农业绿色生产技术服务	提供深翻深松、秸秆还田、测土配方施肥、有机肥替代化肥等技术，喷灌、滴灌、水肥一体化等农业节水技术，病虫害绿色防控服务，专业化动物疫病防治服务
农业废弃物资源化利用服务	提供病死畜禽收集处理，畜禽养殖废弃物收集、转化、利用，地膜回收、秸秆收储运、循环利用等服务
农机作业及维修服务	提供粮棉油糖作物、特色作物农机作业服务，养殖领域农机作业服务，耕种防收、产地烘干等农业生产全程机械化作业服务
农产品初加工服务	提供农产品储藏、烘干、保鲜、清选分级、包装等初加工"一条龙"服务
农产品营销服务	提供农产品预选分级、加工配送、包装仓储、信息服务、标准化交易、电子结算、检验检测等物流服务，产销对接、农产品电子商务、质量安全追溯等服务

资料来源：《农业部 发展改革委 财政部关于加快发展农业生产性服务业的指导意见》（农经发〔2017〕6 号）。

表 2-2　农业生产性服务业统计分类

类别	范围	说明
种植业生产服务	种子种苗活动	对种子种苗的培育、批发和技术指导
	灌溉活动	对农业生产灌溉排水系统的经营与管理
	病虫害防治活动	从事农作物重大病虫害防治等活动
	其他农业专业及辅助性活动	代耕代种代收、大田托管等其他农业活动
畜牧业生产服务	畜牧良种繁殖活动	提供牲畜繁殖活动
	其他畜牧专业及辅助性活动	提供圈舍清理、畜产品生产、初级加工、动物免疫接种、标识佩戴和动物诊疗等活动
渔业生产服务	鱼苗及鱼种场活动	鱼苗及鱼种场、水产良种场和水产增殖场活动
	其他渔业专业及辅助性活动	渔用饲料生产、水产品初加工、病害防治等活动
农机作业及维修	农业机械活动	为农业生产提供农业机械并配备操作人员的活动
	农业机械维修、租赁服务等活动	提供农业机械维修、租赁、农机具存放等活动

（续）

类别	范围	说明
农产品初加工和仓储保鲜服务	农产品初加工活动	对各种农产品（包括天然橡胶、纺织纤维原料）进行脱水、凝固、打蜡、去籽、净化、分类、晒干、剥皮、初烤、沤软或大批包装以提供初级市场的服务，以及其他农产品的初加工。其中，棉花等纺织纤维原料加工指对棉纤维、短绒剥离后的棉籽以及棉花秸秆、铃壳等副产品的综合加工和利用活动
	农产品仓储保鲜	谷物、棉花、中药材及其他农产品仓储保鲜
农业信息和营销服务	农业信息服务	农产品、农业生产资料的信息采集、分析、发布服务，电子商务服务
	农资批发	种子批发、畜牧渔业饲料批发、化肥批发、农药批发、农用薄膜批发、农业机械批发等
	农产品物流服务	农产品配送
	农产品营销服务	农产品品牌培育、应急促销服务，农产品质量安全检验检测、追溯服务
农业绿色生态服务	畜禽粪污处理活动	
	农膜、秸秆等废弃物回收利用	废旧农膜回收利用，农作物秸秆收集、存储、运输和利用等服务
	其他农业绿色生态服务	病死禽畜处理，肥料统供统施，病虫害统防统治，高效低风险农药和先进施药技术，土壤治理等技术服务

资料来源：《农业农村部办公厅关于开展农业生产性服务业专项统计的通知》（农办经〔2018〕9号）。

2.1.2 农业高质量发展的概念与内涵界定

2017年，党的十九大报告首次提出"高质量发展"的概念。2018年，习近平总书记在湖北考察时指出，推动高质量发展是做好经济工作的根本要求。2018年，农业农村部对农业高质量发展的内涵做出阐释，即"推动农业由增产导向转向提质导向，不断提高农产品质量安全水平，不断提升农业质量效益竞争力，加快推进农业转型升级"。2021年第十三届全国人民代表大会第四次会议青海代表团审议现场，习近平总书记提出，高质量发展是"十四五"乃至更长时期我国经济社会发展的主题，要坚持以人民为中心的发展思想，坚持创新、协调、绿色、开放、共享的发展理念，各地区要结合实际情况，走出适合本地区实际的高质量发展之路。

当前，学术界对农业高质量发展的内涵进行了广泛讨论，但并未达成共识。大多学者研究认为，农业高质量发展应该具有高标准、高效益与可持续的特征，体现为农业生产产量高、产品质量好、效益优，农业产业经营者素质高、收入高、效率高以及竞争力强等特点（黄修杰等，2020；杨建利等，2020；徐光平，2021）。从本质内涵来看，我国农业高质量发展侧重提升土地生产率、增加劳动生产率、保护资源环境和拓宽农业功能，其主要特征体现在绿色发展引领、供给提质增效、规模化生产、产业多元融合等方面。从发展实践来看，农业高质量发展主要表现为产业体系完备、市场竞争力增强、资源配置趋优、产能结构合理、各类主体活力十足。从发展路径来看，农业高质量发展应实现产品质量、生态质量和结构质量的统一，即提供高品质的安全食品，坚持农业可持续发展，实现农业产品结构、区域结构、要素结构、组织结构以及贸易结构的协调平衡。

结合农业产业发展特征，依据农业农村部对高质量发展的内涵阐释，在各位学者研究成果的基础上，本研究将农业高质量发展定义为：以创新、协调、绿色、开放、共享的新发展理念为引领，为满足人们日益增长的物质需求，不断提高农业的经济、社会和生态效益，积极促进农业向绿色、安全方向发展，并且持续推动农业基础设施和农业生产效率的提升，从而使农业结构不断优化、农业经济稳步增长的发展过程。农业高质量发展的特征主要表现在以下几方面：

①规模化生产。从供给看，规模化生产可提高农业物质装备水平，有效提升产业创新力、品牌影响力、核心竞争力，构建比较完整的农业产业体系，是农业高质量发展的核心动力。

②创新化驱动。从投入产出看，创新化驱动可有效提高劳动、资本、土地、资源、环境等生产要素的利用效率，加快推进资源利用方式从粗放型向集约型转变，进而提升农业科技进步贡献率，不断提高全要素生产率和农业附加值，是农业高质量发展的新动能。

③绿色化引领。从农业生产方式看，绿色化引领是践行"绿水青山就是金山银山"发展理念、实现农产品优质化和"舌尖上的安全"的有效保证，是农业高质量发展的鲜明底色。

④融合化发展。从需求看，融合化发展能更好地满足消费者的个性化、多样化、品质化需求，这种需求加速农业供给侧结构性改革，从而不断催生新产业、新业态和新模式，拓宽农业增值空间，是农业高质量发展的新优势。

⑤优质化增效。从分配看，优质化增效能有效实现产业价值，充分反映产业链各主体所做的贡献，在增进"三农"福祉的同时，有效提高各主体参与农业生产的积极性，是农业高质量发展的目标所在。

⑥市场化开放。从宏观经济循环看，市场化开放是实现农业产业发展从粗放型、数量型向创新型、质量型转变的强大推动力和机遇，能进一步满足更高层次、更大范围、更宽领域的市场需求，推动农业合理布局，畅通生产、消费、分配和消费，是农业高质量发展的有效途径。

2.2 文献回顾

基于农业生产性服务视角，为科学认识中国"能不能走出"以及"为什么能走出"一条农业高质量发展道路，本研究重点从以下3个方面进行文献综述：首先是关于农业生产性服务业发展研究，其次是关于农业高质量发展研究，最后是关于农业生产性服务对农业高质量发展的影响研究。

2.2.1 关于农业生产性服务业发展研究

长期以来，工业化占主导地位，生产性服务业的主要服务对象是制造业，导致有关生产性服务业方面的研究文献更多集中于制造业。近年来，随着我国高度重视农业生产性服务业发展，在《国务院关于加快发展生产性服务业促进产业结构调整升级的指导意见》（国发〔2014〕26号）、《农业部 发展改革委 财政部关于加快发展农业生产性服务业的指导意见》（农经发〔2017〕6号）等文件推动和指引下，我国农业生产性服务业在广度和深度上都取得重要进展。农业生产性服务方面的研究热度快速提升，引发学者的广泛关注和深入研究。

（1）有关农业生产性服务内涵的研究

农业生产性服务业是推进乡村产业振兴、实现小农户与现代农业发展有机衔接的战略性产业，发展农业生产性服务业成为中国特色农业现代化的重要特征（芦千文，2019）。国外专家学者对生产性服务方面的研究相对较早。格林菲尔德（H. I. Greenfield，1966）最早提出"生产者服务"的概念，经过一些学者的推进，该概念逐渐成熟。格鲁伯和沃克（Grubel and Walker，1989）最早用奥地利学派的生产迂回学说阐述了生产性服务业的实质，认为其充当了人力资本和知识资本的传送器，并将人力资本和知识资本导入生产过程中。Reinert（1998）科学地界定了农业生产性服务的范围，认为其主要包括农资配送服务、农技推广服务、农业信息服务、农机作业服务、农产品质量与安全服务、疫病防控服务、农产品营销服务、基础设施管护服务、劳动力转移服务以及金融保险服务等。生产性服务业是社会分工的结果，是生产企业中间投入服务从"内部化"向"外部化"和"市场化"分工演进的过程（Goe，1991），通过服务外包可以获得更高质量的服务，降低经营风险、提高经营效率

(Gillespie and Green，1987)。Alesina 等（1994）研究发现，随着生产中服务内容的不断增加，农业和工业会将一些内部的服务功能分离出去，由专业化的服务组织来完成。

国内众多学者从农业产业链的视角出发，认为农业生产性服务是指为农业全产业链提供的中间投入服务，即服务于农业产前、产中、产后的各种服务，也可以理解为各种农业生产性服务经营活动的集合。农业生产性服务具体包括农技服务、农机服务、植保服务、市场和流通服务、农资配送服务、农业金融服务等（姜长云，2011；庄丽娟，2011）。基于现代农业价值网络，农业生产性服务业包括农业生产单一环节服务、农业产业服务链、农业产业服务平台或集成服务商、农业生产经营区域服务体系等 4 种模式，不同模式有其阶段匹配和适用范围（刘楠，2017；芦千文等，2017）。

（2）有关农业生产性服务业产生逻辑的研究

学者们普遍认为，农业生产性服务是联结现代农业与小农户的重要载体，是实现乡村振兴的重要手段。刘文霞和杜志雄（2018）认为，家庭农场既是农业生产性服务的供给者，也是需求者。张宗毅和杜志雄（2018）认为，农机作业服务是连接传统小农户和现代农业之间的重要纽带和工具。张红宇（2019）认为，农业生产性服务要解决为谁服务的关键问题，着眼于新产业和新业态，助推乡村建设。芦千文（2019）认为，农业生产性服务业是推进乡村振兴、实现小农户与现代农业有机衔接的战略性产业，是推进农业现代化的战略重点和农业适度规模经营的主要推动力量。徐勤航等（2019）认为，土地托管制度创新的激发和实现机制使得当地供销社、农业服务企业、村集体、农户四大行为主体依据自身目标函数，达成了集体行动，实现了小农户与现代化农业生产的对接。王颜齐和史修艺（2019）认为，农业生产性服务是解决农业组织衔接存在困境的关键，适度发展农业生产性服务的组织化，将有助于壮大并完善农业市场化体系，进而实现小农户与现代农业的有机衔接。罗明忠等（2019）从管理性服务交易装置、生产性服务交易装置、市场性服务交易装置出发，阐述高素质农民、专业服务合作社、加工销售部门在农业社会化服务中的作用，并对其衔接的路径和逻辑进行了阐述。

（3）有关农业生产性服务影响因素的研究

宋海英和姜长云（2015）研究认为，影响农业社会化服务选择的因素主要有户主特征、服务价格、种植特点。其中，农场类规模大户对农业生产性服务的需求较强，并且主要集中在生产环节，对资金信贷服务等综合服务的需求最强（罗小锋，2016）；小农户更倾向于选择本组、本村的熟人服务（李虹韦等，2020）；张燕媛等（2016）研究发现，较高的农业生产性服务价格和土地细碎化程度会显著降低农户对农业生产性服务的需求。王志刚等（2011）认为，家庭劳动力人数、劳动力老龄化、土地细碎化等是影响农业生产性服务选择的关键。申红芳等（2015）研究发现，户主年龄和家庭收入水平对农业生产性服务需求也会产生影响，同时服务价格、服务专业化程度对处于不同生产环节（例如劳动密集型环节和技术密集型环节）的农业生产性服务也会产生不同的影响。此外，不同的农业种植情况对农业生产性服务的需求不一样，其中荔枝种植户对农业技术服务的需求远高于其他种类种植农户（庄丽娟等，2011）。

马九杰等（2019）研究认为，土地细碎化和信息不对称所带来的交易成本，将诱发农业社会化服务组织由提供农机社会化服务转向自行流转土地和从事农业生产经营，从而实现农机服务的内部化。秦天等（2018）认为，农业生产性服务业的发展存在显著的区域差异且总体呈现收敛态势，东部、中部和西部地区的区域差异程度呈显著的梯度递减特征。梁银锋等（2018）认为，我国农业生产性服务业存在投入率较低、发展不平衡、结构差异等现实问题，并发现外商投资对我国农业生产性服务业具有正向影响。芦千文和高鸣（2019）认为，农业生产性服务联结机制的演变主要受公益性服务与经营性服务的边界调整状况、农业经营兼业化和专业化的二元分化趋势、农业生产性服务主体类型和服务地域的选择格局、农业生产性服务要素市场的完善程度、涉农第二和第三产业联结农业生产经营的需要等因素的影响。彭新宇（2019）认为，通过引导农业生产性服务业本地化和集聚化发展、构建农户和服务商之间的激励相容机制、加强农业生产性服务规模经营的需求侧管理，支持农业生产性服务企业做大做强。

2.2.2 关于农业高质量发展研究

随着我国经济发展步入新时代，经济发展开始由高速增长阶段向高质量发展阶段转变。自从党的十九大报告首次提出"高质量发展"这一表述以来，高质量发展已经成为当前经济、社会、治理领域的高频热词，农业高质量发展问题引起学术界的广泛关注。

（1）有关农业高质量发展内涵的研究

农业高质量发展是伴随着经济高质量发展概念的提出而产生的概念，这是一个极具中国特色的概念。总体来看，农业高质量发展是以生产优质农产品为目的的、以生产方式绿色化为路径、以质量标准体系为指导、以国内外市场为导向的发展方式（于法稳，2019）。具体表现为，发展的方向是绿色，目标是构建现代化农业体系、实现"农业增效、农民增收、农村增绿"（漆雁斌，2020），保产、高效、减量和增收是农业高质量发展的主要特点；农业高质量发展要求提升土地生产率、提高劳动生产率、保护资源环境、改善农产品的品质，走生态环境友好的现代化道路（张露，2020）。汪晓文等（2020）认为，农业高质量发展的内涵包括农业生产及消费结构的调整与优化、农产品质量与农业生产效率的提升、农民收入的增加以及农业可持续发展能力的增强。农业高质量发展的主要特征包括绿色发展引领、供给提质增效、实现规模生产、产业多元融合等。高强等（2020）认为，农业高质量发展应具有较高的市场化、品牌化水平，较高的特色化、融合化水平，较高的精准化、智能化水平，较高的生态化、绿色化水平以及较高的职业化、专业化水平 5 个方面的特征。农业高质量发展的内涵还包括农业机械装备完善、农业与其他产业融合发展、农业科技提升等（焦琳惠，2021）。钟钰（2018）认为，农业高质量发展还应具有生产经营体系高质量、产业高效益等特点。

从产业融合发展的角度来看，农业高质量发展作为一个综合性概念，所涉及的产业融合情况较为丰富，主要以农业企业化、产业化、信息化、数字化、规模化生产等为主（郑星等，2003；夏显力等，2019）。从农业生产系统的角度看，韩长赋（2018）认为，农业高质量发展是在农业发展中实现与环境和谐共处，是低碳的、循环发展的，绿色发展是农业高质量发展实现的有效途径，要不断推动农业产品质量高、产业效益高、生产效率高、经营者素质高、国际竞争力高、农民收入高。从数字化角度来看，农业高质量发展是一个不断数字化的过程，在现代信息技术的加持下，不断对农业发展进行数字化、信息化和可视化的变革，将数字化技术运用到农业全产业链当中，实现农业发展的高生产效率、高科技水平、高产业融合度以及高质量、高效益等（肖艳，2022）。

（2）关于农业高质量发展水平测度的研究

众多学者从构建农业高质量发展评价体系及指标选取角度开展了相关研究。何红光等（2017）从农业经济增长、农业经济结构、农村社会发展水平和农业可持续发展 4 个维度构建了农业经济增长质量综合评价指标体系。辛岭和安晓宁（2019）从绿色发展引领、供给提质增效、规模化生产、产业多元融合等 4 个角度构建我国农业高质量发展评价体系。黄修杰等（2020）从产品质量、产业效益、生产效率、经营者素质、国际竞争力、农民收入、绿色发展等 7 个维度构建农业高质量评价指标体系。

（3）有关农业高质量发展的实现路径研究

农业高质量发展需要在新发展理念的引领下才能实现。其中，创新为农业高质量发展的第一动力，协调是农业高质量发展的内生特点，绿色是农业高质量发展的普遍形态，开放是农业高质量发展的必由之路，共享是农业高质量发展的根本目的。产业结构优化水平、能源消耗水平、城镇化水平、社会消费水平、科技创新水平、政府支农力度、对外开放水平、人力资本水平会对农业高质量发展产生影响（刘益诚，2023；鲁钊阳，2022）。汪晓文等（2020）认为，推进农业高质量发展，必须以产业融合为引领，以绿色发展为底色，以市场导向为方向，以开放合作为推力，以机制创新为突破，多措并举整体推进。满足多元化的市场需求、不断提高农业生产经营效益、坚持可持续发展理念是推动农业高质量发展的重要途径（孙江超，2019）。农业高质量发展应促进动能转换、提高质量和效益、推动绿色发展，同时也要考虑因地制宜推动农业高素质发展（徐光平，2021）。

从数字化角度来看，许世卫（2019）认为农业高质量发展包括加强以数字化、信息化为特征的农业基础建设，构建基础大数据资源体系，建设农业标准化体系，增强数字技术研发应用能力，开展重要农产品全产业链大数据建设，增强国内重要农产品产业数字化能力。促进涉农信息服务的电子商务模式创新，为农业高质量发展提供有效助力（吕小刚，2020）。依托"数字乡村"战略，探寻农业高质量发展潜能，优化农业生产要素，找准"数字乡村"建设为"三农"服务的实际着力点，为农业高质量发展提供新动能（夏显力等，2019）。除此之外，数字技术可以帮助农业经营主体形成供给能力强、利润率高、抗风险能力高的"生产体系"，产业化、社会化以及集约化的"经营体系"，以及一二三产业融合、业态创新的"产业体系"，进一步全面助力农业高质量发展（罗千峰等，2022）。

从新质生产力的角度来看，完善与农业需求扩展、农业技术进步、农业组织创新相关的制度，能够更好地助推农业高质量发展。农业品牌化建设是"质量兴农"的重要路径之一，完善农产品的品牌质量认定体系、提高区域品牌识别度、增加农产品的附加值，对于全面推动农业高质量发展具有重要的战略意义（徐大佑等，2020）。除此之外，还有学者从产业融合的角度研究发现，"农旅融合"的发展模式对农业高质量发展产生了显著的促进作用，并且这种促进作用存在显著的空间外溢特征（周鹏飞等，2021）。

2.2.3 关于农业生产性服务对农业高质量发展的影响研究

高质量发展已经成为新时代推进农业现代化的主题。关于农业生产性服务对农业高质量发展的影响研究正处于爆发式增长阶段，然而，农业生产性服务是否有助于驱动小农户占较大比重的中国农业进入高质量发展的轨道？梳理已有文献发现，学术界对此尚无明确、一致的结论。

（1）农业生产性服务对农业高质量发展的直接影响研究

①农业生产性服务对农业生产效率的影响。总体而言，农业生产性服务对粮食生产率有正向推动作用（Kenneth，1998）。Yang 等（2013）研究了农业生产性服务对我国粮食生产的影响，发现农机服务对粮食生产效率具有显著正向影响。刘威和程国平（2021）认为，农业生产性服务促进农业生产效率的提升主要是通过规模经济来实现的。同时，农业生产性服务可以延长产业链条

（潘正等，2011），有利于纵向分工的深化和分工效益的获得，从而推动农业生产效率的提升（郝爱民，2013）。张恒等（2021）研究发现，农业生产性服务主要依靠技术进步来促进农业生产效率的提升。不同地区、不同类型和不同受众的农业生产性服务对生产效率的影响也会不同。魏修建等（2015）研究发现，农业生产性服务对生产效率的影响在中西部地区较为显著，并且不同类型的农业生产性服务产生的促进效果存在差异，农业生产性技术服务对农业生产效率的提升效果优于劳动替代服务（陈超等，2012）。同时，受个体特征差异的影响，不同的个体使用农业生产性服务所带来的生产效率也会不同（Ragasa，2018）。李虹韦和钟涨宝（2020）认为，农村市场的结构性壁垒导致农业生产性服务相对封闭、排他，在一定程度上制约了小农户现代化水平的提高。方师乐等（2017）认为，农机跨区服务对谷物产量的增加有空间溢出效应。

②农业生产性服务对农业种植结构调整的影响。从种植结构方面来看，农业生产性服务对于改善粮食种植结构、粮食生产规模以及粮食生产方式均存在较大的积极作用（钟真等，2021），农业生产性服务具有高效、便捷等特点（芦千文，2023；陈超，2012），能够对农户的种植意愿，育秧、种植等生产过程产生重要影响，随着生产性服务业的普及和深入，农户往往会选择那些已经具备成熟的机械化作业和社会化服务条件的粮食作物品种来进行种植（王玉斌，2019；孙顶强，2016；张忠军，2015），从而减少手工操作带来的烦琐和低效，提高生产效率，降低种植成本，增加种植收益。如此一来，农业生产性服务能够推动农户种植易于机械作业的粮食作物品种，从而调整种植结构（罗明忠，2023）、提高生产效率，促进农业高质量发展。檀竹平等（2019）认为，农业生产性服务外包能够强化农户种植粮食作物的倾向。罗必良等（2019）认为，农业生产性服务外包能够显著抑制农户对农地的撂荒行为。

③农业生产性服务对农业绿色生产的影响。农业生产性服务在促进化肥减量、绿色农业技术采用等方面有显著的效果（曹铁毅，2022；刘浩，2022；张露，2020）。同时，不少学者还研究了规模经营、土地细碎化、土地规模、专业分工、农场规模以及技术引进等因素（石志恒，2022；张梦玲，2023；Chen and Liu，2023；曹铁毅，2022；Zhu et al.，2022）在农业社会化服务影响农业绿色发展过程中的作用。有学者提出，农业社会化服务可以减少农业生产成本，提高农户的农业绿色生产意愿（程永生，2022），推动农户采取绿色生产技术（卢华等，2021）和水土保持措施（Gideon，2022），增强农户的农药化肥减量行为（闫阿倩等，2021），从而提升农业高质量发展。王兴国等（2020）认为，要以新型要素的应用和传统要素的升级改造为支撑，促使创新成果应用于农业全产业链、全过程，通过"效益兴农、质量兴农以及绿色兴农"的方式来助力农业高质量发展，实现农业发展成果全社会共享的目的。孙

小燕和刘雍（2019）认为，土地托管能够向有生产性服务需求但无明确绿色生产意愿的托管农户导入绿色生产要素。

④农业生产性服务对土地经营规模的影响。多数学者研究发现农业生产性服务有利于提高农户的土地经营规模（张宁，2009；姜松等，2016）。农业生产性服务的发展提高了劳动分工水平，给农户提供了更多的非农就业机会，加快了土地流转速度，从而促进了土地的规模经营（钟甫宁和纪月清，2009；廖西元等，2011）。土地规模化程度越高，土地使用效率越高（武舜臣等，2021），而土地细碎化抑制了土地使用的效率提升（卢华等，2020）。从劳动力投入来看，农业生产性服务能够解决城镇化进程中农业劳动力投入不足而产生的"谁来种地"问题，还可实现农业生产的外部规模经济（姜长云，2020）。农业生产性服务将分散的小农户整合起来，打破了中国当前农业生产家庭经营土地规模小的困境（杨进等，2019），同时也能为农户生产经营决策提供改善土地规模经营方式的新选择（刘承芳，2002；刘荣茂和马林靖，2006）。同时，陈昭玖和胡雯（2016）研究认为，农业生产性服务与农民的农地经营规模之间存在倒 U 形关系。

⑤农业生产性服务对农民增收的影响。农业生产性服务对农民增收有正向作用（王玉斌和李乾，2019），主要作用机制有：通过技术进步改善农业生产效率（Khandker，2016；邱海兰，2019）、提高粮食产出（周振，2016）、扩大服务规模、经营降低农业生产成本（赵鑫，2021）、促进农村劳动力转移（穆娜娜，2016；Wang 等，2016；杨思雨，2020）、实现资本对劳动力的替代（陆岐楠，2017）。农业生产性服务业通过资本对劳动力的替代，极大地解放了农业劳动力，基于理性经济人假设，购买农业生产性服务的农户可以选择向第二和第三产业转移，从而获取更多的工资性收入（Benin，2015；唐林，2021）。同时，不同农业生产性服务内容对农民收入的影响不一样，其中农机服务、农产品营销服务、病虫害统防统治服务等对农民收入影响较大，技术服务、农资配送服务、农技推广服务、农业信息服务对农民收入影响较小（陈宏伟和穆月英，2019；兰晓红，2015）。谢小凤（2016）研究发现，保险服务对农民增收的影响是正向的，但技术推广服务对农民增收却存在负向影响。赵鑫等（2021）研究发现，农业生产性服务对农民增收的效果因服务类别不同而存在差异，农业生产性服务在受教育人数占比较高、种植规模较小、补贴力度较小的建制村对农民增收的效果显著。对于农业生产性服务与农民增收二者之间的传导路径研究，叶宇航（2017）认为，在东部、中部和西部地区，通过金融服务、保险服务、农技推广服务能显著提升农民收入水平；在东部和西部地区，通过农资配送服务能提升农民收入水平。Drennan（1992）认为，农业生产性服务有助于改善服务组织的核心竞争力，通过带动相关产业的发展促进农

民增收。农业生产性服务还能够减少农业生产成本，提高农业利润（黄大勇，2020）。同时，农业生产性服务能够推动农村劳动力转移，在一定程度上也能够增加农民收入（Wang，2016）。Khandker（2016）认为，可以通过农业金融服务促进农民采用新技术提高作物产量，从而提高农民的收入。邱海兰和唐超（2019）认为，施肥服务对高收入农户的增收效果更为显著，整地和收割服务对低收入农户的增收效果更加显著。李颖慧和李敬（2019）认为，各类农业生产性服务的不同供给渠道对农户满意度的影响具有差异性。其中，增加农机服务、农技推广服务、农产品物流服务、农业信息服务、农产品质检服务及土地流转服务的供给渠道数量，将有助于农户收入增长；而农资服务、农业基础设施服务、农业金融服务、农产品销售服务的供给渠道数量的增加与农户增收呈负相关。

（2）农业生产性服务对农业高质量发展的间接影响研究

①关于农业生产性服务的中介效应研究。张天恩（2022）研究认为，高标准农田的建设能够实现"小田并大田"的土地整合，实现土地经营的集中连片，容易实现规模化经营，为生产性服务业的发展提供了土地基础。同时，高标准农田"宜机化"改造为机械化作业提供了便利，有力保障农机高效下田、田块高效排灌，提高农业生产性服务的适用性（潘锦云，2022）。农业生产性服务业能够有效提高土地利用率和农业全要素生产率（孙学涛等，2023），实现粮食生产的规模化和集约化，从而降低生产成本，增加农民收入（戴浩等，2024），同时能够提高粮食质量、保障粮食安全（谢晓彤，2017；周振，2019）。高标准农田建设为农户使用农业生产性服务提供了良好的设施基础，从而更好地推动当地农业高质量发展。

②关于农业生产性服务的调节效应研究。有学者研究认为，劳动力转移和农村劳动力老龄化降低了农业产出水平，同时也降低了农业生产效率（李露，2021）。老龄农民的各种生产要素投入水平和耕种面积与青壮年农民相比都有所降低，农村劳动力的老龄化对我国农业高质量发展具有抑制作用（徐娜等，2014）。劳动力老龄化加剧，非农就业增多，资本、技术和信息供给增加，能够倒逼农业生产技术的提升和农业生产性服务业的发展（魏滨辉，2024），现代农业机械的推广和普及使得老龄农民和青壮年农民在生产效率方面并无明显差距（胡雪枝，2012；李俊鹏等，2018）。农村劳动力转移会导致家庭农业劳动力的缺失，降低农业生产效率，导致农业生产成本上升，农业家庭会选择购买价格较低的农业生产性服务以替代短缺的农业劳动力资源，从而保证获得稳定的农业经营收益，实现家庭收入最大化（盖庆恩，2014）。杨思雨（2020）、郑旭媛（2021）研究发现，农业生产性服务能够有效促进农村劳动力转移。同时，农村劳动力转移又会促进农户购买农业生产性服务（蔡荣，2014；宦梅

丽，2021)。具体而言，农村劳动力转移是促使农户购买农业生产性服务的因素之一。随着农村劳动力外出务工获得的非农收入不断提升，农户有较为充足的资金购买农业生产性服务，以弥补农业生产中流失的人力资本，从而提升农业生产效率（纪月清，2013）。刘宇薇等（2022）发现，短期来看，农村劳动力向外转移对农业高质量发展存在显著正向影响，但是从长期来看，农村劳动力过度外流会不利于农业高质量发展，并且还发现农业技术进步是影响二者之间关系的重要因素。

2.2.4 文献述评

综上所述，许多学者对农业生产性服务、农业高质量发展以及二者之间的关系进行了研究，为本研究提供了前期基础和有益启发。现有文献围绕农业生产性服务的体系构建、组织建设、机制构建以及对小农户与现代农业发展有机衔接的推动作用等展开了较为深入的研究。农业高质量发展已从理念倡导阶段转入政策实践和深化推进阶段，相关研究着力点日益由宏观转向微观，由理论分析转向实证分析，由单一维度转向多维度，并已选择小农生产格局、劳动力老龄化、农业生产性服务、数字经济、科技与改革双轮驱动、财政支农政策、数字普惠金融等视角进行深入研究。

尽管如此，通过文献梳理可以看出，目前学术界对农业生产性服务能否以及如何推进农业高质量发展方面的研究还不够系统、全面、深入，且尚无明确、一致的结论。现有研究也存在一些不足之处，可以从以下几个方面进行深化和拓展：

①农户分化对农业生产性服务体系的构建提出了新的挑战和要求，迫切需要研究并提出适应劳动力变化现状的农业生产社会化服务体系，提高农业生产性服务理论研究的前瞻性，深化农业生产性服务的动力机制研究，加强对农业生产性服务典型模式的系统总结和经验推广，加强对农业生产性服务的适用性、服务组织的风险分担等现实难点的研究。构建和完善农业生产性服务评价指标体系，客观评价农业生产性服务的发展状况与成效。探究公益性服务与经营性服务、专业服务与综合服务、单环节服务与全程服务等对农业生产尤其是农业高质量发展的差异性影响，分析比较不同环节农业生产性服务的绩效，对农业生产性服务的社会效应进行深入研究。基于全产业链视角，关注市场信息、产销对接、动物疫病防控、农业废弃物资源化利用等方面的农业生产性服务，以及农产品电商平台构建、农产品品牌化发展与质量认证、财务与法律咨询等新兴服务项目及其对农业高质量发展的影响。

②农业高质量发展水平测度研究主要集中在省级以上层面，未能考虑市、县级层面及各区域之间的差异、时空演变与内部状态转化分析，未能详尽回答

农业高质量发展的区域差异及其主要来源、时空动态变化的特征以及是否存在"你追我赶"效应等问题。在构建区域农业高质量发展指标时，未能考虑各区域之间的差异，难以契合不同区域农业发展的特点。

③关于农业生产性服务能否推进农业高质量发展，理论分析居多，实证研究不足。已有研究主要侧重考察农业生产性服务对农业发展的直接影响研究，但综合考虑我国小农生产仍占较大比重、劳动力老龄化加剧以及农业生产性服务业和高标准农田建设快速发展等背景，从农业高质量发展整体以及具体方面探究农业生产性服务的中介作用和调节作用的研究还非常少，具体机制路径还不明确。现有文献多关注农业经营主体接受农业生产性服务对其农业生产的影响，而较少考察农业经营主体提供或参与农业生产性服务对其自身农业生产的影响，也很少能够结合微观与宏观两个层面来分析农业生产性服务市场的发育程度对小农户农业生产的影响。已有研究对于农业生产性服务的影响多聚焦于农产品产量、经济效益等产出维度，对农业生产性服务参与农业生产的程度、规模和方式等农业高质量发展维度的关注不多。

鉴于此，本研究重点从理论和实证视角，厘清农业生产性服务与农业高质量发展之间的关系机制，基于农业生产性服务视角，探索回答中国农业高质量发展"能不能"和"为什么能"两个重要问题。具体是，立足小农生产格局、劳动力老龄化加剧以及农业生产性服务业和高标准农田建设快速发展等复合背景，探究农业生产性服务对农业高质量发展的直接影响及其发挥的中介作用和调节作用，揭示农业生产性服务能否以及如何突破规模经济和人力资本的约束，促进小农生产与现代农业发展有机衔接，进而驱动农村劳动力老龄化加剧、小农户占较大比重的中国农业进入高质量发展的轨道。

第3章 我国农业生产性服务与农业高质量发展的现实考察

3.1 农业生产性服务业的发展历程与现状分析

3.1.1 农业生产性服务业的发展历程

以新中国成立为起点，我国农业生产性服务业的演变经历了以下 5 个时期：

(1) 萌芽阶段 （1949—1978 年）

新中国成立以后，全国上下高度重视农业生产。1952 年，土地改革基本完成；1953 年 2 月，中央发布了《关于农业生产互助合作的决议》；1962 年 9 月，中央发布了《农村人民公社工作条例修正草案》。在此阶段，中国农业生产性服务业处于萌芽阶段。农村经历了由互助组、初级社、高级社到人民公社，由集体所有逐步向全民所有过渡的转变，最后形成"三级所有，队为基础"的经营格局。在农业集体化时期，国家逐步建立了自上而下的农业公共服务体系，对农机、农技、农产品流通等服务实行统一计划和管理，通过劳动分工的形式将农业生产性服务内部化（芦千文，2019）。1978 年党的十一届三中全会召开前，人民公社内部成立了农田建设、水电设施、畜牧兽医等各方面的专业组织，基层供销社、农业科学技术站、信用合作社、社队企业、农机站、代购代销店等负责提供相应的生产性服务。

(2) 初始阶段 （1979—1984 年）

农村改革开始实施以后，中央明确指出要构建农业生产性服务体系，服务体系逐步向市场化转变，形成大批的市场化服务主体。1979 年发布的《中共中央关于加快农业发展若干问题的决定》，首次对农业生产性服务提出了详细的指示与制度规定，也标志着农业产业化改革时代的开始。1982 年中央 1 号文件提出：基层供销社恢复合作商业性质，县级供销社改为基层社的联合社；恢复和健全各级农业技术推广机构。伴随家庭联产承包制度的逐渐普及，农户的农业生产经营自主权不断确立，对农业生产性服务的需求持续增加。随后中央又提出改革农业合作社，成立水利电力设施、农田建设团队等服务机构，促进合作社的技术化、科技化，农业技术推广服务的市场化开始快速推进。在 1983 年中央 1 号文件中首次提出"社会化服务"的概念，体现出我国对农业生产性服务的日益重视。1984 年中央 1 号文件提出，"逐步建立比较完备的商品生产服务体系，满足农民对技术、资金、供销、储藏、加工、运输和市场信息、经营辅导等方面的要求"，是合作经济不可缺少的运转环节，要求地区性合作经济组织把工作重点转移到为农户服务上来。同时，要"扶持各种服务性专业户的发展，并同供销社、信用社、农工商联合公司、多种经营服务公司、社队企业供销经理部、贸易货栈，以及农林技术推广站、畜牧兽医站、农业机械站、经营指导站等企事业单位建立联系，协同工作"。

(3) 起步阶段（1985—2005 年）

这一阶段农业生产性服务业经历了从试点到深入发展再到体系建设的转变，发展方向和重点不断明确、道路不断清晰。1985 年中央 1 号文件提出，"特别要支持以合作形式兴办"农村一切加工、供销、科技等服务性事业，"地区性合作经济组织，要积极办好机械、水利、植保、经营管理等服务项目"。1986 年中央 1 号文件提出"完善合作制要从服务入手"，通过服务逐步发展专业性的合作组织。1987 年 1 月，中共中央发布《把农村改革引向深入》的文件，提出合作组织要做好为农户提供生产服务和加强承包合同管理两项工作，积极为家庭经营提供急需的生产服务。同时，明确支持农民组织起来发展联合购销组织，如乡、村合作组织兴办的农工商公司或多种经营服务公司、专业合作社或协会，个体商贩、专业运销户自愿组成的联合商社等。1990 年 12 月，中共中央和国务院发出《关于一九九一年农业和农村工作的通知》，首次提出"大力发展农业社会化服务体系"。1991 年 10 月，国务院发布了《关于加强农业社会化服务体系建设的通知》，提出"要以乡村集体或合作经济组织为基础，以专业经济技术部门为依托，以农民自办服务为补充，形成多经济成分、多渠道、多形式、多层次的服务体系"，以适应不同地区的生产力发展水平。由此，建立健全农业生产性服务体系成为农业生产性服务发展政策的主基调。1991 年 11 月，党的十三届八中全会通过《中共中央关于进一步加强农业和农村工作的决定》，把"积极发展农业社会化服务体系"作为深化改革的一项重要任务。1993 年 11 月，国务院印发的《九十年代中国农业发展纲要》把"积极发展农业社会化服务体系"作为 20 世纪 90 年代我国农业发展指导思想的重要内容。1994—1998 年发布的中共中央、国务院关于农业和农村工作的一系列文件陆续提出具体措施，以推进农业生产性服务体系建设。1998 年 10 月，党的十五届三中全会通过《关于农业和农村工作若干重大问题的决定》，其中做出主要农产品"由长期短缺到总量大体平衡、丰年有余"转变的判断，提出到 2010 年"基本建立以家庭承包经营为基础，以农业社会化服务体系、农产品市场体系和国家对农业的支持保护体系为支撑，适应发展社会主义市场经济要求的农村经济体制"。随后各地出台相关政策，注重农业生产性服务细分领域体系建设，对经营性农业生产性服务的重视程度迅速提升、支持力度迅速加大。我国农业生产性服务体系建设就此开始。随后，以产业化为支撑的农业生产性服务业得以成长。2000—2003 年，在既有对市场主体提供农业生产性服务的政策基础上，中央先后提出鼓励和引导农民经纪人队伍和民间流通组织发展，分别建立承担经营性服务和公益性职能的农业技术推广体系，允许并鼓励工商企业到农村以连锁方式经营农业生产。2004 年中央 1 号文件明确提出，农产品市场和加工布局、技术推广和质量安全检验等服务体系的建设，都要着眼和有利于促进优势产业带的形成。2005 年的中央 1 号文件提出搞好农业社会化服务与管理体系建设。农业生产性服务从试点运行向推广发展，再到体系建设，我国农业生产性服务的发展方向更明确、主体更多元、内容更丰富。

（4）快速发展阶段（2006—2015 年）

为了适应农业农村发展的形势变化，农业生产性服务体系建设已步入公共服务机构履行公益性服务职能、经营性服务项目逐步向市场放开的阶段。2006 年中央 1 号文件提出"培育农村新型社会化服务组织"。2008 年 10 月，党的十七届三中全会通过了《中共中央关于推进农村改革发展若干重大问题的决定》，其中首次提出建立"以公共服务机构为依托、合作经济组织为基础、龙头企业为骨干、其他社会力量为补充，公益性服务和经营性服务相结合、专项服务和综合服务相协调的新型农业社会化服务体系"。2010—2013 年中央 1 号文件对农业生产性服务的发展做了进一步的补充与完善，加大对农业农村各种社会化服务组织的扶持力度，围绕新型农业经营主体，扩展农业服务内容，满足农业全产业链的现实需求。党的十八大召开后，我国经济进入新的发展阶段，以发展农业生产性服务为政策导向的新动能逐渐形成。2014 年中央 1 号文件指出，要扶持发展新型农业经营主体，健全农业社会化服务体系，并明确提出要建立农业可持续发展长效机制，鼓励发展混合所有制农业产业化龙头企业，引导农民合作社规范运行，提升金融机构对小农户和小微企业的服务能力，鼓励开展各类型互助合作保险。2015 年中央 1 号文件《中共中央 国务院关于加大改革创新力度加快农业现代化建设的若干意见》明确提出，要加快构建新型农业经营体系，完善农业社会化服务体系；同年 12 月，国务院办公厅出台《关于推进农村一二三产业融合发展的指导意见》，首次明确提出"发展农业生产性服务业，鼓励开展代耕代种代收、大田托管、统防统治、烘干储藏等市场化和专业化服务"。

（5）逐渐完善阶段（2016 年至今）

2016 年中央 1 号文件提出"加快发展农业生产性服务业"，支持新型农业经营主体和新型农业服务主体成为建设现代农业的骨干力量。2017 年 8 月，《农业部 发展改革委 财政部关于加快发展农业生产性服务业的指导意见》发布。2018 年 9 月出台的《国家乡村振兴战略规划（2018—2022 年）》中提出，"大力培育新型服务主体，加快发展'一站式'农业生产性服务业"，"强化农业生产性服务业对现代农业产业链的引领支撑作用"。此时，农业生产性服务已成为农业生产不可或缺的组成部分，托管组织数量超过 37 万个，服务的小农户数量超过 4 600 万户，农业生产性服务逐渐走向专业化、多样化、规模化的发展阶段。党的十九大报告做出实施乡村振兴战略的重大决策部署，明确提出实现小农户和现代农业发展有机衔接的要求，把健全服务小农户的农业社会化服务体系作为支持重点。2019 年中央 1 号文件再次强调要"加快培育各类社会化服务组织，为一家一户提供全程社会化服务"。2019 年 6 月，《国务院关于促进乡村产业振兴的指导意见》发布，其中明确提出"培育乡村新型服务业。支持供销、邮政、农业服务公司、农民合作社等开展农资供应、土地托管、代耕代种、统防统治、烘干收储等农业生产性服务业"。2020 年，农业农村部制定《农业生产托管服务指引》，通过制定法律法规与政策措施的方式，为农民权益提供保障，以促进农业生产的可持续发展、实现农业生产性服务规范化发展。2021 年中央 1 号文件指出，要突出抓好家庭农场和农民合作社两类经营主体，发展壮大农业专业化社会化服务组织；同年 7 月发布的《农业农村部关于加快发展农业社会化服务的指导意见》提出："引导服务主体积极开辟新的服务领域，探索开展社会化服务的有效方法路径，推动服务范围从粮棉油糖等大宗农作物向果菜茶等经济作物拓展，从种植业向养殖业等领域推进，从产中向产前、产后等环节及金融保险等配套服务延伸，不断提升社会化服务对农业全产业链及农林牧渔各产业的覆盖率和支撑作用。"2022 年中央 1 号文件指出，要加快发展农业社会化服务，支持农业服务公司、农民合作社、农村集体经济组织、基层供销合作社等各类主体大力发展单环节、多环节、全程生产托管服务，开展订单农业、加工物流、产品营销等，提高种粮综合效益。2023 年中央 1 号文件提出，要实施农业社会化服务促进行动，大力发展代耕代种、代管代收、全程托管等社会化服务，鼓励区域性综合服务平台建设，促进农业节本增效、提质增效、营销增效。2024 年中央 1 号文件提出，要以小农户为基础、新型农业经营主体为重点、社会化服务为支撑，加快打造适应现代农业发展的高素质生产经营队伍。自乡村振兴战略实施以来，农业生产性服务业进入全面发展的新阶段，政府不断加大对新型服务主体的政策扶持力度，服务主体呈现多元化发展，服务内容逐渐延伸至农业全产业链，逐渐形成组织结构合理、服务高效、专业化的生产性服务体系。截至 2023 年 10 月，全国各类农业生产性服务组织总数超过 107 万个，服务面积超过 19.7

亿亩①次，服务小农户 9 100 多万户。

整体来看，20 世纪 80—90 年代，农业生产性服务支持政策的制定主要关注农业生产性服务体系构建；20 世纪 90 年代末到 2012 年，主要关注农业生产性服务组织发展；2013—2015 年，重点关注农业生产性服务机制完善；2016 年以后，重点关注其在推动小农户和现代农业发展有机衔接中的关键作用。

3.1.2 农业生产性服务业的发展现状

（1）农业生产性服务业发展规模不断壮大

农业生产性服务业的发展能够有效带动农业转型，促进乡村振兴，是我国近年来农业发展的重点。首先，用农林牧渔服务业产值来衡量农业生产性服务规模的大小。由图 3-1 可知，2003—2022 年，我国农林牧渔服务业产值整体呈现逐步上升趋势，从 2003 年的 905.34 亿元上升到 2022 年的 8 686.21 亿元，增长了 8.59 倍，年均增长率高达 12.64%。说明我国农业生产性服务发展规模正在不断扩大。其次，以农林牧渔服务业产值占农林牧渔业总产值的比重作为农业生产性服务发展水平的衡量指标。农林牧渔服务业产值占农林牧渔业总产值的比重呈现先下降后波动上升的趋势：2003—2005 年占比逐年下降；2005—2006 年占比迅速上升；2006—2011 年稍有下降和波动，2011—2019 年处于平缓上升的趋势；2020 年受新冠疫情影响，农林牧渔服务业产值占比有所下降，随后反弹上升。农林牧渔服务业产值占农林牧渔业总产值的比重总体呈现增长态势，2022 年该比重比 2003 年增加了 2.52 个百分点，说明我国农业生产性服务在农业生产中的地位有所提升，农业外包服务逐渐普及，农户对农业生产性服务的接受度日益提升。据统计，截至 2020 年底，试点地区农业生产性服务促进粮食亩均增产 10%～20%、农户亩均节本增收 150～300 元、减肥减药 10%～25%，有效提高了农民的种粮积极性②。

（2）农业生产性服务业发展呈现明显的区域差异

2003—2022 年，各地农业生产性服务业发展呈现逐年递增态势，但各地区之间的发展程度存在显著的区域性差异，如表 3-1 所示。

①分区域来看，我国粮食主产区、粮食平衡区和粮食主销区的农业生产性服务供给呈现依次递减的特征。以 2022 年为例，粮食主产区、粮食平衡区和粮食主销区的农业生产性服务总产值分别为 5 997.2 亿元、1 748.3 亿元和 940.8 亿元，比 2003 年分别增长了 9.40 倍、9.46 倍和 4.82 倍。

---

① 亩为非法定计量单位，1 亩≈666.67 米²。
② 资料来源：佚名，2020. 农业社会化服务组织年底预计超 90 万个 [EB/OL]. （2020-12-18）[2024-08-01]. http://www.gov.cn/xinwen/2020-12/18/content_5570943.htm.

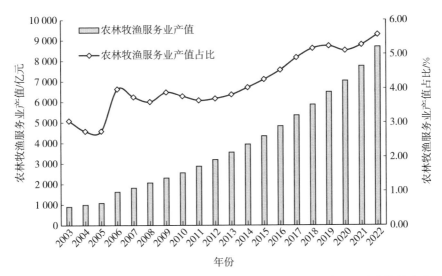

图 3-1　2003—2022 年中国农林牧渔服务业产值及其占农林牧渔业总产值的比重

②分地区来看，以 2022 年为例，农林牧渔服务业产值排名前五的地区主要集中在粮食主产区，依次为山东、河南、湖北、江苏和河北，分别为 963.7 亿元、874.6 亿元、722.4 亿元、711.3 亿元和 631.2 亿元。农林牧渔服务业产值排名靠后的 5 个省份主要集中在粮食主销区和粮食平衡区，依次为北京、西藏、青海、天津和上海，分别为 5.8 亿元、7.1 亿元、8.2 亿元、18.1 亿元和 18.4 亿元。从增长幅度来看，与 2003 年相比，农林牧渔服务业产值增幅最大的为湖北，增长了 35.48 倍；增幅最小的为北京和天津，分别减少 35% 和 11%，均为负增长。

(3) 新型农业经营主体成为农业生产性服务的重要提供者

近年来，随着我国现代农业的深入发展，农业生产性服务业得到了加速推进，各类服务组织如雨后春笋般涌现。其服务领域已覆盖种植、养殖、渔业等多个产业，推出了全程托管、代耕代种、联耕联种等多种服务模式。这些服务模式在推动普通农户融入现代农业发展，培育农业农村经济新型业态，构建现代农业产业体系、生产体系、经营体系方面发挥着日益重要的作用。与此同时，新型农业经营主体的迅速崛起也为农业生产性服务业的发展注入了新的活力。这些新型农业经营主体凭借其先进的经营理念、科学的管理手段和高品质的服务质量，引领农业生产性服务业向更高层次、更广领域发展，逐步成为农业生产性服务的重要供给力量。截至 2023 年 10 月底，全国纳入家庭农场名录管理的家庭农场数量接近 400 万个，依法登记的农民合作社达到 221.6 万家，联合社达到 1.5 万家。全国超过 107 万个组织开展农业生产性服务，服务面积

表 3-1 2003—2022 年中国各省份农业生产性服务供给情况

单位：亿元

农林牧渔服务业产值

区域	2003年	2004年	2005年	2006年	2007年	2008年	2009年	2010年	2011年	2012年	2013年	2014年	2015年	2016年	2017年	2018年	2019年	2020年	2021年	2022年
粮食主产区	576.6	642.0	693.2	1 069.8	1 194.8	1 334.6	1 520.9	1 702.7	1 906.7	2 116.1	2 354.0	2 616.3	2 876.4	3 247.2	3 633.4	3 999.9	4 445.2	4 802.5	5 304.5	5 997.2
河北	79.0	90.3	98.8	135.0	152.2	175.0	184.0	201.8	224.2	241.6	266.5	290.3	313.2	342.0	375.6	413.2	467.3	520.9	572.5	631.2
内蒙古	10.4	12.5	14.7	18.9	21.7	25.0	26.3	28.3	31.7	34.7	37.8	40.2	42.2	44.6	47.0	49.0	50.8	52.4	56.4	93.2
辽宁	33.3	38.0	43.8	64.9	73.3	83.7	107.8	122.1	138.0	154.1	174.7	194.5	200.8	203.1	209.4	188.4	189.7	182.5	180.4	184.2
吉林	8.0	9.1	10.0	14.0	15.0	17.1	45.7	53.1	60.0	63.5	64.4	67.4	68.2	72.6	75.0	77.4	80.8	83.4	88.2	91.5
黑龙江	24.0	25.0	19.9	35.9	39.9	43.1	44.8	53.7	65.2	77.3	88.6	101.0	114.7	130.4	140.4	154.9	166.7	173.1	183.4	194.8
江苏	109.0	122.2	129.7	159.6	179.9	196.7	203.8	221.0	252.8	280.8	309.6	352.9	400.0	437.7	478.3	511.0	558.5	587.7	626.1	711.3
安徽	40.9	42.8	50.1	81.2	75.2	85.8	91.5	104.9	120.3	132.9	146.9	162.5	173.6	218.4	239.5	264.6	295.3	325.3	356.0	394.8
江西	14.9	16.7	17.5	55.1	61.9	68.9	71.3	75.1	79.9	85.4	91.2	98.8	106.0	111.3	120.5	133.7	148.8	164.1	203.2	242.7
山东	48.0	53.8	59.7	161.5	186.8	223.9	246.6	272.5	295.1	325.1	363.4	400.9	432.0	510.7	594.7	678.9	750.1	804.1	876.7	963.7
河南	127.0	140.0	148.5	145.7	150.0	165.4	184.9	201.0	220.5	237.2	263.7	294.5	327.4	361.6	404.3	464.8	557.8	611.4	716.8	874.6
湖北	19.8	21.9	24.2	97.7	102.9	107.2	111.3	117.4	132.9	155.2	178.0	209.5	255.4	308.5	386.8	446.4	491.4	544.2	632.2	722.4
湖南	27.5	31.1	34.7	50.2	76.0	85.8	147.5	177.2	204.1	235.2	259.9	281.5	302.5	345.9	392.0	428.4	477.4	520.0	560.3	624.8
四川	34.8	38.6	41.6	50.1	60.0	57.0	55.4	74.6	82.0	93.1	109.3	122.3	140.4	160.4	169.9	189.2	210.8	233.4	252.3	268.0
粮食平衡区	167.1	178.1	197.0	338.2	387.2	467.5	504.9	548.7	628.4	708.9	799.4	888.2	996.2	1 072.8	1 168.4	1 254.0	1 355.5	1 455.6	1 597.5	1 748.3
山西	19.9	28.5	34.3	12.6	26.5	38.4	49.5	56.9	63.8	70.5	76.5	83.6	86.7	89.5	92.7	97.4	103.0	109.9	117.6	123.8

（续）

农林牧渔服务业产值

区域	2003年	2004年	2005年	2006年	2007年	2008年	2009年	2010年	2011年	2012年	2013年	2014年	2015年	2016年	2017年	2018年	2019年	2020年	2021年	2022年
广西	17.9	18.9	19.6	59.0	67.4	80.1	83.9	90.0	103.8	117.0	131.4	150.2	166.7	189.3	213.9	235.3	257.4	275.1	302.9	327.0
重庆	7.9	9.1	10.6	9.8	10.4	11.3	12.4	13.6	15.8	17.9	19.9	22.2	26.2	30.3	34.3	38.1	42.4	47.7	65.3	72.3
贵州	19.8	7.9	8.8	30.4	36.4	41.2	44.2	51.5	61.7	67.8	75.0	80.7	107.3	147.6	162.2	176.5	190.6	203.1	219.7	234.0
云南	33.2	37.3	41.1	24.6	56.0	58.8	59.7	63.9	72.0	80.1	90.4	100.0	111.8	123.0	131.7	141.9	153.9	169.4	187.3	201.5
西藏	1.0	1.3	2.1	0.1	2.6	2.7	2.7	3.1	3.0	3.1	3.1	3.3	3.8	4.3	4.3	5.5	5.6	6.0	6.5	7.1
陕西	23.7	26.6	28.3	51.6	61.5	69.2	73.6	80.4	91.6	105.2	118.7	129.3	137.9	150.5	162.8	177.8	196.3	209.3	225.1	243.7
甘肃	10.3	11.1	12.5	63.8	75.7	105.2	111.2	112.0	125.6	137.6	154.8	168.9	182.9	138.4	148.4	139.3	145.5	150.8	161.7	173.9
青海	3.8	4.1	4.1	2.9	3.0	3.3	3.5	3.9	4.2	4.6	4.9	5.3	5.7	6.0	6.3	6.7	7.1	7.6	7.9	8.2
宁夏	2.9	3.2	3.5	6.5	7.7	9.5	10.6	11.9	13.9	15.8	17.9	19.8	21.7	22.9	24.5	26.1	27.7	28.7	30.1	32.6
新疆	26.7	30.1	32.1	76.9	40.0	47.8	53.6	61.5	73.0	89.3	106.8	124.9	146.2	171.0	187.3	209.4	226.0	248.0	273.4	324.2
粮食主销区	161.6	174.1	194.8	215.4	238.5	266.6	277.9	303.4	338.4	369.5	402.1	435.8	468.7	509.0	551.5	611.8	688.5	772.1	846.4	940.8
北京	8.9	8.0	9.4	6.0	6.5	5.0	5.2	5.9	6.6	7.4	7.9	8.4	8.7	8.7	8.7	8.8	9.1	8.8	7.1	5.8
天津	20.4	19.7	20.1	7.1	8.0	8.4	8.6	9.0	10.0	10.2	10.3	10.7	11.1	12.0	12.2	13.7	14.7	18.4	18.0	18.1
上海	5.7	5.8	5.0	5.1	7.0	8.2	8.5	8.7	9.7	10.7	11.7	11.5	11.0	10.6	11.3	19.2	17.6	20.7	22.3	18.4
浙江	18.8	21.4	23.2	26.0	28.3	33.3	36.4	41.6	46.7	51.1	54.9	60.0	65.1	70.4	78.1	87.2	98.7	110.2	122.0	132.6
福建	16.0	16.1	17.4	64.5	70.4	74.9	77.0	82.2	89.6	95.9	103.9	112.5	122.2	132.1	139.9	150.5	168.4	178.1	188.7	200.0
广东	85.7	95.6	109.8	90.9	102.2	117.9	122.2	133.0	148.8	162.7	178.2	193.0	206.6	225.7	245.4	269.4	308.3	358.7	404.1	456.4
海南	6.1	7.5	9.9	15.8	16.1	18.9	20.0	23.0	27.0	31.5	35.2	39.7	44.0	49.5	55.9	63.0	71.7	77.2	84.2	109.5

注：本表中数据不包含香港特别行政区、澳门特别行政区和中国台湾省的资料。

超过 19.7 亿亩次，覆盖 9 100 多万户小农户。新型农业经营主体发展势头良好，质量效益不断提升，服务带动效应持续加强。

尽管如此，我国农业生产性服务业依然处于爬坡过坎阶段，服务组织规模小、实力弱问题依然存在，农业生产性服务体系存在向大规模农户倾斜的"垒大户"现象，小农户在一定程度上被排斥在服务体系之外。这些问题的存在导致面向小农户的农业生产性服务还比较薄弱，与中央提出的"加强面向小农户的社会化服务"政策不符，不利于实现小农户与现代农业有序衔接。

3.2 农业高质量发展水平测算与时空演变特征

本部分旨在通过构建农业高质量发展综合评价指标体系，探究区域层面农业高质量发展的时空分异与收敛特征，试图清晰展现我国农业高质量发展的"非均衡"状况。首先，采用熵值法确定各指标权重，测算农业高质量发展综合评分；其次，结合 Dagum 基尼系数法，分析区域农业高质量发展的差异水平，探究总体差异的来源；最后，进一步通过变异系数法、空间自相关模型分析与空间收敛模型等方法分析我国各区域农业高质量发展的收敛趋势，并考察在个体禀赋差异下是否仍存在"你追我赶"的发展态势。

3.2.1 指标体系构建

农业高质量发展的实质是适应社会主要矛盾变化、符合新发展理念、遵循自身发展规律、满足国家全面现代化建设和人民美好生活需要的农业发展，其中最为核心的是主动适应外部需求变化、符合新发展理念和遵循自身发展规律。因此，基于新发展理念的相关论述，借鉴于婷、于法稳（2021）与姬志恒（2021）等的研究方法，同时根据数据的可得性，指标的代表性、全面性以及可操作性等原则，本研究从创新、协调、绿色、开放、共享 5 个维度选定 28 个具体指标，构建农业高质量发展水平综合评价指标体系，见表 3 - 2。

3.2.2 数据来源

用于本研究的原始数据主要来自相应年份的《中国农村年鉴》《中国人口与就业统计年鉴》《全国农村经济情况统计资料》《中国农村经营管理统计年报》《中国农村政策与改革统计年报》和各省份统计年鉴，以及浙大卡特-企研中国涉农研究数据库（CCAD）和国家统计局数据库等，个别年份缺失值采用线性插值法进行补充。同时，参照前人的划分标准，根据地域将我国划分为东部地区、东北地区、中部地区、西部地区四大区域。其中，东部地区包括北京、天津、河北、上海、江苏、浙江、山东、福建、广东、海南，东北地区包

表3－2　农业高质量发展水平综合评价指标体系

准则层	一级指标层	二级指标层	属性	权重	定义	单位
创新水平 (0.310 9)	创新基础 (0.118 6)	农业机械化程度	正	0.047 8	单位播种面积农机总动力	千瓦/公顷
		农业财政投入占比	正	0.022 8	农林水事务支出/财政支出占比	%
		农业科技人员状况	正	0.048 0	每万名农村人口中农业科技人员数量	人
	创新绩效 (0.192 2)	农业规模化程度	正	0.042 2	农作物播种面积/农村人口	公顷/人
		农业土地产出率	正	0.051 0	种植业总产值/农作物总播种面积	元/公顷
		农业劳动生产率	正	0.039 8	农林牧渔业增加值/农村人口	元/人
		人均粮食产量	正	0.059 2	粮食总产量/总人数	吨/人
协调水平 (0.183 0)	产业结构 (0.171 2)	粮经比	正	0.119 6	粮食播种面积/(农作物播种面积－粮食播种面积)	
		种植业与牧业产值之比	正	0.023 2	种植业总产值/畜牧业总产值	
		第一产业比较生产率	正	0.028 4	第一产业增加值占当地生产总值的比重/第一产业就业人员占总人口比重	
	消费结构 (0.011 8)	农村恩格尔系数	负	0.011 8	食品支出总额/个人消费支出总额	%
绿色水平 (0.233 6)	资源利用 (0.015 5)	农业用水效率	负	0.006 0	农业用水量/农林牧渔业总产值	米³/元
		农业用电强度	负	0.003 2	农村用电量/农林牧渔业总产值	(千瓦·时)/元
		单位农机耗油量	负	0.006 3	农机耗油量/农业机械总动力	吨/千瓦
	环境影响 (0.031 7)	每公顷耕地农药用量	负	0.007 4	农药用量/耕地面积	吨/公顷
		每公顷耕地化肥施用量	负	0.018 1	农用化肥施用折纯量/耕地面积	吨/公顷
		每公顷耕地薄膜用量	负	0.006 3	农膜用量/耕地面积	吨/公顷

（续）

准则层	一级指标层	二级指标层	属性	权重	定义	单位
绿色水平（0.233 6）	生态保育（0.186 4）	水土流失治理面积占比	正	0.052 1	水土流失治理面积/土地总面积×100%	%
		除涝面积占比	正	0.111 6	除涝面积/年末耕地面积×100%	%
		成灾率	负	0.022 7	成灾面积/受灾面积×100%	%
开放水平（0.162 9）	对外开放水平（0.131 8）	农产品外贸依存度	正	0.131 8	农产品出口总额/农林牧渔业总产值	
	要素自由流动（0.031 1）	农村土地流转率	正	0.031 1	家庭承包耕地流转总面积比重×100%	%
共享水平（0.109 6）	福利分配（0.081 2）	农村劳动力受教育水平	正	0.006 9	6岁以上农村居民人均受教育年限	年
		农民收入水平	正	0.037 1	农村居民家庭人均经营纯收入	元
		公共卫生水平	正	0.037 2	农村每千人中村卫生室人员数	人
	效益共享（0.028 4）	城乡居民收入之比	负	0.015 0	城镇居民人均可支配收入/农村居民人均可支配收入	
		城乡居民消费之比	负	0.006 2	城镇居民人均消费支出/农村居民人均消费支出	
		城乡二元结构强度	负	0.007 2	（第二和第三产业增加值占地区生产总值的比重/第二和第三产业就业人数占总就业人数的比重）/（第一产业增加值占地区生产总值的比重/第一产业就业总人数占总人数的比重）	

注：括号内数据为一级、二级指标的权重。

括黑龙江、吉林、辽宁，中部地区包括山西、安徽、江西、河南、湖南、湖北、西部地区包括内蒙古、广西、重庆、四川、贵州、云南、西藏、陕西、甘肃、青海、宁夏、新疆。

3.2.3　测算方法

（1）熵值法

运用修正后的熵值法测算农业高质量发展水平，在进行面板数据分析时，应充分考虑时间变量对数据的影响。因此，在测算权重时，拟在数据处理中加入时间变量。计算方法如下：

第一步，选取 m 个评价指标，n 个省份，r 个年份，令 x_{tij} 为第 t 年第 i 个省份的第 j 个指标值，$\boldsymbol{X}_{tij}$ 为所有指标值 x_{tij} 的矩阵。对 $\boldsymbol{X}_{tij}$ 进行标准化处理如下：

$$\boldsymbol{X}'_{tij}=\begin{cases}A\dfrac{\boldsymbol{X}_{tij}-\min(\boldsymbol{X}_{ij})}{\max(\boldsymbol{X}_{ij})-\min(\boldsymbol{X}_{ij})}+B,\ \boldsymbol{X}_{ij}\text{ 为正向指标}\\[3mm]A\dfrac{\max(\boldsymbol{X}_{ij})-\boldsymbol{X}_{tij}}{\max(\boldsymbol{X}_{ij})-\min(\boldsymbol{X}_{ij})}+B,\ \boldsymbol{X}_{ij}\text{ 为负向指标}\end{cases} \tag{3-1}$$

式中：$\boldsymbol{X}'_{tij}$ 为标准化后矩阵；t 表示第 t 年，$t=1,2,\cdots,r$；i 表示第 i 个省份，$i=1,2,\cdots,n$；j 表示第 j 个指标，$j=1,2,\cdots,m$；A 和 B 是为确保处理后数据的有效性而对矩阵 $\boldsymbol{X}_{tij}$ 进行平行处理的参数，$A+B=1$，取 $B=0.01$。

第二步，计算第 i 个省份的第 j 个指标值在第 t 年占该指标值总和的比重 P_{tij}。

$$P_{tij}=\frac{\boldsymbol{X}'_{tij}}{\displaystyle\sum_{t=1}^{r}\sum_{i=1}^{n}\boldsymbol{X}'_{tij}} \tag{3-2}$$

第三步，计算第 j 个指标的信息熵 e_j。

$$e_j=-K\sum_{t=1}^{r}\sum_{i=1}^{n}P_{tij}\ln(P_{tij}),\ K=\frac{1}{\ln(rn)},\ K>0 \tag{3-3}$$

第四步，计算各指标差异的冗余度 d_j。

$$d_j=1-e_j \tag{3-4}$$

第五步，计算指标权重 W_j。

$$W_j=\frac{d_j}{\displaystyle\sum_{j=1}^{m}d_j} \tag{3-5}$$

第六步，计算第 t 年第 i 个省份的农业高质量发展指数 TI_{ti}。

$$TI_{ti}=\sum_{j=1}^{m}W_j P_{tij} \tag{3-6}$$

（2）Dagum 基尼系数法

Dagum 基尼系数法是一种常用于分析区域空间非均衡性发展的方法（Dagum，1997），它既可以分解样本间非均衡发展的来源，又能充分考虑子样本的个体差异、样本间的交叉重叠等问题，较优于变异系数、传统基尼系数、Theil 指数等传统差异分析方法。因此，本研究采用该方法对农业高质量发展水平的区域差异与来源进行分析。具体表达式如下：

$$G = \frac{1}{2n^2 \overline{TI}} \sum_{f=1}^{k} \sum_{h=1}^{s} \sum_{i=1}^{n_f} \sum_{l=1}^{n_h} | TI_{fi} - TI_{hl} | \qquad (3-7)$$

式中：G 表示农业高质量发展的区域差异；TI_{fi}、TI_{hl} 分别为 f 区域内第 i 个省份、h 区域内第 l 个省份的农业高质量发展指数，$i = n_f$，$l = n_h$，n_f、n_h 分别为 f 区域、h 区域内的省份数；n 为省份总数量；$\overline{TI}$ 为各区域农业高质量发展指数均值。按照来源划分，可将总体差异划分为区域内差异、区域间差异、超变密度，关于区域内差异、区域间差异、超变密度的计算公式可参照刘华军等（2013）的研究成果。

（3）空间自相关模型

莫兰指数分为全局莫兰指数（global Moran's I）和局部莫兰指数（local Moran's I），前者可用来分析农业高质量发展水平的总体空间联系和空间差异，后者可用来分析农业高质量发展水平在空间分布上的异质性特征。具体表达式如下：

$$Moran's\ I = \frac{\sum_{f=1}^{k} \sum_{h=1}^{s} w_{fh}(TI_f - \overline{TI})(TI_h - \overline{TI})}{\sigma^2 \sum_{f=1}^{k} \sum_{h=1}^{s} w_{fh}} \qquad (3-8)$$

式中：TI_f 与 TI_h 分别为 f 区域、h 区域的农业高质量发展指数；$\overline{TI}$ 为各区域农业高质量发展指数均值；σ^2 为方差；w_{fh} 为 f 区域与 h 区域之间的空间权重，本研究采用邻接空间权重。

$Moran's I \in [-1, 1]$。该指数值大于 0，表明 f 区域与 h 区域之间存在空间正相关，且该指数值越趋近于 1，空间正相关性越强；该指数值小于 0，表明 f 区域与 h 区域之间存在空间负相关，且该指数值越趋近于 -1，空间负相关性越强；该指数值为 0 时，空间具有随机性。

（4）σ 收敛

σ 收敛反映的是农业高质量发展水平的离差随时间不断缩小的趋势。本研究采用变异系数法，从绝对差距角度来衡量农业高质量发展差异扩大或缩小趋势。计算公式为

$$\sigma = \frac{\sqrt{\sum_{i=1}^{n}(TI_{ti} - \overline{TI_{ti}})^2 / n}}{\overline{TI_{ti}}} \qquad (3-9)$$

式中：TI_{ti} 为第 i 个省份在第 t 年的农业高质量发展指数，$\overline{TI_{ti}}$ 为各省份在第 t 年的农业高质量发展指数均值，n 为省份总数量。

（5）空间 β 收敛

空间 β 收敛可划分为空间绝对 β 收敛与空间条件 β 收敛。前者是指随着时间的变化，区域内农业高质量发展逐步收敛至一定的水平；后者是指在其他因素共同作用下，区域内农业高质量发展呈现均衡稳定发展特征。本研究采用空间计量模型对农业高质量发展水平进行空间 β 收敛分析。常用的空间计量模型有空间杜宾模型（SDM）、空间滞后模型（SAR）、空间误差模型（SEM），其中 SDM 是后两个模型的扩展形式。本研究根据实际的检验结果选定适用的模型——SDM，其具体表达式如下：

$$\ln\left(\frac{TI_{(t+1)i}}{TI_{ti}}\right) = \alpha + \beta\ln(TI_{ti}) + \rho\sum_{j=1}^{m} w_{ij}\ln\left(\frac{TI_{(t+1)i}}{TI_{ti}}\right) + \delta\sum_{f=1}^{k}\ln \boldsymbol{X}_{fti} +$$

$$\theta\sum_{k=1}^{m} w_{ij}\ln(TI_{ti}) + \gamma\sum_{f=1}^{k} w_{ij}\ln \boldsymbol{X}_{fti} + \mu_i + \eta_t + \varepsilon_{ti}$$

$$(3-10)$$

式中：α 为常数项；β 为自变量影响系数；$\ln\left(\frac{TI_{(t+1)i}}{TI_{ti}}\right)$ 表示第 i 个省份在第 $t+1$ 年的农业高质量发展指数增长水平；ρ 为空间滞后系数；δ 为控制变量系数；θ 为农业高质量发展指数（TI_{ti}）与空间权重矩阵（w_{ij}）的空间交互效应的回归系数；$\boldsymbol{X}_{fti}$ 为控制变量的集合；γ 为控制变量（$\boldsymbol{X}_{fti}$）与空间权重矩阵（w_{ij}）的空间交互效应的回归系数；λ 为空间误差系数；μ_i 为地区固定效应；η_t 为时间固定效应；ε_{ti} 为空间误差项。

当 $\theta = \lambda = \gamma = 0$ 时，式（3-10）退化为 SAR；当 $\rho = \theta = \gamma = 0$ 时，式（3-10）退化为 SEM；当 $\lambda = 0$ 时，式（3-10）为 SDM。

在空间条件 β 收敛模型中，参照有关文献，选用金融支持水平（$jrzc$）、城镇化发展水平（$czdl$）、科技创新水平（$kjcx$）3 个变量作为控制变量。其中，金融支持水平用普惠金融指数表征，城镇化发展水平用城镇化率表征，科技创新水平用农业企业专利授权数量（为发明、实用、外观专利授权数量之和）表征。

β 收敛速度是用来表示农业高质量发展水平较低水平省份追赶较高水平省份的速度。在实践中，两者以 β 收敛速度形成"你追我赶"的局面，最后两者趋于均衡发展的状态。具体表达式如下：

$$V = -\frac{\ln(1+\beta)}{T} \qquad (3-11)$$

式中：V 表示 β 收敛速度，β 表示 β 收敛系数，T 为样本观测期。

3.2.4 测算结果分析

(1) 农业高质量发展水平测算评价

如表 3-3 所示，2011—2020 年，我国农业高质量发展水平呈现上升趋势，2020 年比 2011 年累计增长 0.090 8，年均增长率为 3.38%。超过全国平均水平（0.297 2）的区域主要为东部地区（0.332 9）与东北地区（0.360 1），而中部地区（0.282 1）与西部地区（0.259 3）低于全国平均水平，存在非均衡发展的特征。

具体来看，东部地区农业高质量发展水平整体较高，但各省发展水平呈现由北向南递减趋势，分化较为明显。例如，北京、天津、浙江、山东、江苏等 5 省农业高质量发展指数均靠前，而广东、海南、福建、河北、上海不及区域平均水平。东北地区农业高质量发展水平较高，高于东部地区均值，但内部存在"极化效应"。例如，黑龙江农业高质量发展指数位居全国第一，而辽宁、吉林比黑龙江分别少 0.087 2、0.096 1。中部地区各省份农业高质量发展指数均保持同向增长。其中，山西、安徽、江西、河南、湖北均高于中部地区平均水平；湖南农业高质量发展指数整体偏低，但增速位居中部地区第一，年均增长率达 3.59%，追赶效应明显。西部地区农业高质量发展水平整体偏弱，可能受制于地理区位、自然环境，农业生产基础偏弱，平均水平居四大区域末位，但区域年均增长率为 3.98%，超过全国年均增长率 0.6 个百分点，增速远超过东部地区、东北地区、中部地区。此外，西部地区也不乏发展较为强势的省份，如内蒙古（0.308 0）、陕西（0.291 5）。其余几个西部省份的农业高质量发展水平差异较小，但增长空间巨大，且有 75% 的地区年均增长率超过 3.5%。例如，贵州年均增速达 7.01%，广西、四川、重庆、云南等地区年均增速均超过 4.2%。

表 3-3　2011—2020 年我国农业高质量发展指数

地区	农业高质量发展指数										
	2011 年	2012 年	2013 年	2014 年	2015 年	2016 年	2017 年	2018 年	2019 年	2020 年	均值
北京	0.381 9	0.376 2	0.375 8	0.378 3	0.401 4	0.412 9	0.452 0	0.481 1	0.449 3	0.480 7	0.419 0
天津	0.370 6	0.361 8	0.366 6	0.381 5	0.395 6	0.393 9	0.399 4	0.402 4	0.419 9	0.425 3	0.391 7
河北	0.300 1	0.302 2	0.303 1	0.308 6	0.317 9	0.315 5	0.324 6	0.330 2	0.335 9	0.365 1	0.320 4
上海	0.295 4	0.301 9	0.294 2	0.306 5	0.305 9	0.334 5	0.329 4	0.352 6	0.386 8	0.382 9	0.329 0
江苏	0.303 1	0.313 0	0.323 5	0.328 4	0.340 0	0.335 6	0.345 5	0.359 1	0.407 4	0.424 5	0.348 0
浙江	0.302 3	0.310 0	0.328 0	0.341 7	0.349 8	0.351 6	0.360 8	0.370 1	0.379 3	0.400 6	0.349 4
福建	0.264 4	0.270 8	0.295 4	0.313 0	0.315 8	0.324 7	0.324 9	0.343 2	0.341 9	0.360 9	0.315 5

（续）

地区	农业高质量发展指数										
	2011 年	2012 年	2013 年	2014 年	2015 年	2016 年	2017 年	2018 年	2019 年	2020 年	均值
山东	0.327 2	0.329 1	0.321 9	0.337 5	0.347 5	0.341 3	0.352 9	0.361 6	0.376 6	0.396 5	0.349 2
广东	0.221 2	0.224 3	0.235 3	0.233 9	0.242 4	0.239 0	0.248 6	0.262 2	0.280 7	0.304 1	0.249 2
海南	0.211 8	0.216 1	0.222 1	0.241 8	0.250 0	0.253 3	0.274 7	0.283 0	0.300 2	0.319 0	0.257 2
辽宁	0.306 2	0.306 8	0.320 3	0.327 8	0.344 8	0.334 8	0.337 3	0.339 0	0.349 9	0.373 2	0.334 0
吉林	0.296 5	0.305 3	0.302 8	0.312 8	0.319 0	0.321 3	0.325 6	0.337 4	0.347 0	0.383 2	0.325 1
黑龙江	0.328 5	0.358 2	0.379 9	0.415 5	0.428 8	0.419 6	0.434 5	0.461 8	0.470	0.515 3	0.421 2
山西	0.254 5	0.264 6	0.268 4	0.283 3	0.291 4	0.277 3	0.286 0	0.295 1	0.298 5	0.325 9	0.284 5
安徽	0.256 1	0.258 2	0.270 9	0.273 1	0.278 6	0.290 6	0.287 0	0.293 4	0.299 7	0.331 3	0.283 9
江西	0.241 2	0.250 8	0.251 8	0.267 8	0.282 8	0.286 2	0.291 8	0.295 6	0.297 2	0.330 2	0.279 5
河南	0.265 8	0.274 3	0.271 3	0.272 3	0.287 0	0.287 0	0.288 0	0.300 7	0.310 7	0.337 4	0.289 4
湖北	0.258 4	0.259 8	0.268 2	0.288 2	0.295 4	0.302 3	0.305 0	0.310 1	0.324 4	0.342 3	0.295 5
湖南	0.226 9	0.227 5	0.244 6	0.244 3	0.252 7	0.262 1	0.265 4	0.274 0	0.286 7	0.311 8	0.259 6
内蒙古	0.268 7	0.274 2	0.288 0	0.296 8	0.304 6	0.306 4	0.315 4	0.323 0	0.333 7	0.369 6	0.308 0
广西	0.200 9	0.206 3	0.212 2	0.221 3	0.231 2	0.236 0	0.243 8	0.253 3	0.266 8	0.291 7	0.236 3
重庆	0.215 0	0.218 1	0.234 5	0.240 8	0.250 1	0.261 0	0.263 9	0.281 9	0.289 6	0.312 1	0.256 7
四川	0.205 2	0.213 6	0.223 1	0.238 2	0.245 1	0.251 5	0.265 9	0.271 5	0.276 7	0.298 7	0.248 9
贵州	0.180 2	0.200 9	0.217 1	0.231 2	0.258 4	0.265 4	0.269 6	0.276 8	0.306 5	0.331 7	0.253 8
云南	0.198 0	0.210 1	0.215 3	0.223 3	0.237 1	0.244 6	0.245 4	0.257 0	0.275 1	0.289 7	0.239 6
西藏	0.228 7	0.219 7	0.234 0	0.242 4	0.263 5	0.266 9	0.274 3	0.292 1	0.300 4	0.310 4	0.263 2
陕西	0.268 4	0.274 4	0.263 3	0.278 7	0.282 5	0.287 6	0.294 1	0.307 0	0.316 6	0.342 3	0.291 5
甘肃	0.218 1	0.231 7	0.244 2	0.245 3	0.259 8	0.246 7	0.256 4	0.270 3	0.277 6	0.305 6	0.255 6
青海	0.210 3	0.212 7	0.229 3	0.230 5	0.232 0	0.236 7	0.255 1	0.254 2	0.269 7	0.294 8	0.242 5
宁夏	0.236 0	0.245 7	0.254 7	0.261 6	0.261 7	0.270 1	0.269 0	0.272 4	0.282 1	0.318 3	0.267 2
新疆	0.222 2	0.227 2	0.232 8	0.239 3	0.244 4	0.246 3	0.242 8	0.250 1	0.267 6	0.303 7	0.247 6
东部地区	0.297 8	0.300 5	0.306 6	0.317 1	0.326 6	0.330 2	0.341 3	0.354 5	0.367 8	0.386 0	0.332 9
东北地区	0.310 4	0.323 4	0.334 3	0.352 0	0.364 2	0.358 6	0.365 8	0.379 4	0.389 0	0.423 9	0.360 1
中部地区	0.250 5	0.255 9	0.262 5	0.271 5	0.281 3	0.284 2	0.287 3	0.294 8	0.302 9	0.329 8	0.282 1
西部地区	0.221 0	0.227 9	0.237 4	0.245 8	0.255 9	0.259 9	0.266 3	0.275 8	0.288 5	0.314 1	0.259 3
全国	0.260 1	0.266 0	0.274 0	0.284 0	0.294 1	0.296 9	0.304 2	0.314 9	0.326 6	0.350 9	0.297 2

（2）农业高质量发展的区域差异及其演变趋势

①总体差异及其演变趋势。基于 Dagum 基尼系数法对我国农业高质量发展的区域差异及来源进行分解，结果见图 3－2、表 3－4 和表 3－5。2011—2020 年，我国农业高质量发展总体差异呈现低频波动下降趋势，2020 年比 2011 年下降 0.026，降幅达 24.16％。从图 3－2 中可以看出，2011—2013 年我国农业高质量发展总体差异快速缩小，2013 年比 2011 年下降了 10.32％；2013—2018 年我国农业高质量发展总体差异的缩减速度趋缓，2018 年比 2013 年下降 2.38％；2018—2020 年我国农业高质量发展总体差异继续快速缩小，2020 年比 2018 年下降了 13.34％。这表明，我国农业高质量发展总体差异具有一定的阶段性特征，总的趋势是在不断缩小。

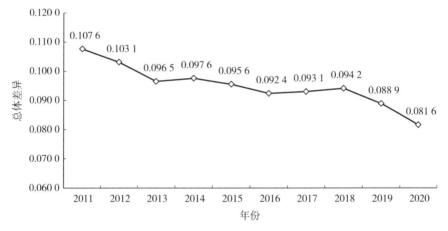

图 3－2　2011—2020 年我国农业高质量发展总体基尼系数

②区域差异及其演变趋势。区域差异可划分为区域内差异与区域间差异，2011—2020 年我国农业高质量发展的区域差异情况见表 3－4。从横向来看，东部地区的区域内差异（0.084 6）＞东北地区的区域内差异（0.058 7）＞西部地区的区域内差异（0.045 8）＞中部地区的区域内差异（0.023 1），这表明中部地区农业高质量发展相对均衡，而东部地区、东北地区、西部地区农业高质量发展差异较大，内部发展有所失衡。从区域间差异看，东北—西部（0.163 6）＞东部—西部（0.133 6）＞东北—中部（0.121 2）＞东部—中部（0.101 9）＞东部—东北（0.082 3）＞中部—西部（0.055 9），表明东北地区、东部地区与中部地区、西部地区之间农业高质量发展差异较大，这可能是东部地区、东北地区与中部地区、西部地区的经济发达程度、资源禀赋差异较大导致的。从时序特征来看，东部地区、中部地区、西部地区的区域内差异呈现缩小趋势。其中，2020 年东部地区的区域内差异比 2011 年降低了 26.66％，中部地区降低

了42.55%，西部地区降低了39.72%；而东北地区的区域内差异呈现扩大趋势，2020年比2011年增长了2.25倍。2011—2020年，从区域间差异看，东部—中部、东部—西部、东北—西部、中部—西部呈现缩小趋势，2022年比2011年分别下降了19.96%、30.93%、11.59%、48.03%；东部—东北、东北—中部呈现扩大趋势，2020年比2011年分别上涨了21.29%、16.85%。

表3-4 2011—2020年我国农业高质量发展基尼系数

年份	总体差异	区域内差异				区域间差异					
		东部地区	东北地区	中部地区	西部地区	东部—东北	东部—中部	东部—西部	东北—中部	东北—西部	中部—西部
2011	0.107 6	0.097 9	0.022 9	0.027 5	0.063 2	0.071 4	0.111 2	0.157 8	0.106 8	0.168 3	0.076 0
2012	0.103 1	0.091 1	0.036 4	0.030 1	0.055 0	0.073 2	0.106 1	0.147 5	0.116 6	0.173 3	0.071 8
2013	0.096 5	0.084 0	0.051 2	0.020 2	0.048 3	0.076 2	0.101 2	0.136 9	0.120 3	0.169 6	0.061 2
2014	0.097 6	0.080 8	0.064 8	0.027 3	0.046 1	0.085 2	0.100 4	0.135 5	0.129 2	0.177 7	0.061 9
2015	0.095 6	0.085 3	0.067 0	0.025 3	0.043 0	0.088 6	0.097 7	0.130 6	0.128 4	0.174 7	0.058 0
2016	0.092 4	0.084 1	0.060 9	0.023 6	0.042 2	0.080 4	0.099 6	0.130 2	0.115 6	0.159 5	0.054 2
2017	0.093 1	0.087 5	0.066 2	0.021 1	0.040 8	0.084 5	0.102 7	0.131 2	0.120 2	0.157 4	0.049 8
2018	0.094 2	0.086 2	0.072 9	0.019 1	0.042 6	0.090 6	0.106 1	0.132 0	0.125 5	0.158 1	0.046 6
2019	0.088 9	0.077 5	0.070 3	0.021 3	0.038 6	0.085 9	0.105 1	0.125 9	0.124 4	0.148 2	0.040 3
2020	0.081 6	0.071 8	0.074 3	0.015 8	0.038 1	0.086 6	0.089 0	0.109 0	0.124 8	0.148 8	0.039 5
均值	0.095 1	0.084 6	0.058 7	0.023 1	0.045 8	0.082 3	0.101 9	0.133 6	0.121 2	0.163 6	0.055 9

③差异来源及其贡献率。从差异来源来看，我国农业高质量发展总体差异的来源可以分解为区域内差异、区域间差异、超变密度，见表3-5。2011—2020年，区域内差异、区域间差异、超变密度皆呈现"阶梯式"下降趋势，2020年比2011年分别下降了30%、21.72%、30.36%。对比均值发现，区域间差异（0.068 2）>区域内差异（0.017 3）>超变密度（0.009 5），区域间差异远大于后两者；结合各差异贡献率均值亦可知，区域间差异贡献率（71.81%）>区域内差异贡献率（18.21%）>超变密度贡献率（9.98%）。由此可见，区域间差异是我国农业高质量发展总体差异的主要来源。

表3-5 2011—2020年我国农业高质量发展总体差异来源及贡献率

年份	区域内差异	区域间差异	超变密度	区域内差异贡献率/%	区域间差异贡献率/%	超变密度贡献率/%
2011	0.021 0	0.075 5	0.011 2	19.47	70.12	10.41
2012	0.019 3	0.073 4	0.010 4	18.69	71.19	10.12

（续）

年份	区域内差异	区域间差异	超变密度	区域内差异贡献率/%	区域间差异贡献率/%	超变密度贡献率/%
2013	0.017 4	0.069 8	0.009 4	17.99	72.31	9.70
2014	0.017 1	0.071 3	0.009 2	17.52	73.09	9.39
2015	0.017 2	0.069 2	0.009 2	17.95	72.42	9.63
2016	0.016 8	0.065 5	0.010 1	18.19	70.86	10.95
2017	0.017 1	0.066 6	0.009 4	18.33	71.59	10.08
2018	0.017 2	0.067 4	0.009 5	18.29	71.57	10.14
2019	0.015 7	0.064 5	0.008 7	17.67	72.54	9.80
2020	0.014 7	0.059 1	0.007 8	18.04	72.38	9.58
均值	0.017 3	0.068 2	0.009 5	18.21	71.81	9.98

（3）农业高质量发展水平时间收敛特征

2011—2020年我国农业高质量发展水平的 σ 收敛系数总体上呈现波动下降趋势，由2011年的0.192 5波动下降至2020年的0.154 5，降幅19.74%，表明我国农业高质量发展差异呈缩小趋势，见图3-3。从区域来看，东部地区农业高质量发展水平的 σ 收敛系数与全国农业高质量发展水平的 σ 收敛系数走势趋同，2020年比2011年降低了23.32%，收敛速度较快；东北地区农业高质量发展水平的 σ 收敛系数呈波动上升趋势，与全国农业高质量发展水平的 σ 收敛系数走势相反，2020年比2011年增长了2.54倍，内部差异呈现扩大趋势；中部地区、西部地区农业高质量发展水平的 σ 收敛系数呈同向缩减趋势，2020年比2011年分别降低了43.18%、37.84%，两者系数均小于全国水平，具有明显的收敛特征。

（4）农业高质量发展水平空间收敛分析

①空间自相关分析。在进行空间收敛分析前，先利用全局莫兰指数对我国农业高质量发展水平的空间关联情况进行分析。通过计算可知，2011—2020年全局莫兰指数均为正值，且通过显著性检验，说明我国农业高质量发展水平在总体上存在较高程度的空间正相关，见表3-6。另外，2011—2020年全局莫兰指数呈现逐年波动下降趋势，峰谷在2018年，为0.490 3，随后稳定在0.5附近，说明我国农业高质量发展水平的空间正相关性逐年减弱，最后趋向稳定。为了进一步分析我国农业高质量发展水平空间分布的具体情况，可以计算其局部莫兰指数，然后用局部莫兰指数散点图来反映，见图3-4。截取2011年、2014年、2017年、2020年数据可以发现，大部分省份均落在第一象限和第三象限，说明我国各省份的农业高质量发展水平整

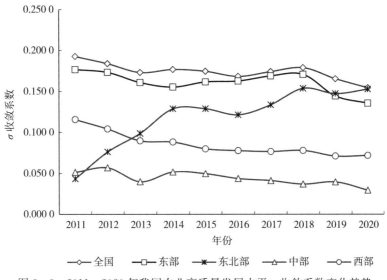

图 3-3　2011—2020 年我国农业高质量发展水平 σ 收敛系数变化趋势

体上呈现出"高—高"集聚与"低—低"集聚的特征。其中，2011 年呈现"高—高"集聚特征且通过显著性检验的省份主要有北京、天津、河北，呈现"低—低"集聚特征且通过显著性检验的省份主要有广西、四川、贵州、云南、青海；2014 年呈现"高—高"集聚特征且通过显著性检验的省份主要有北京、天津、黑龙江，呈现"低—低"集聚特征且通过显著性检验的省份主要有湖南、广西、四川、贵州、云南、西藏、青海；2017 年呈现"高—高"集聚特征且通过显著性检验的省份主要有北京、天津，呈现"低—低"集聚特征且通过显著性检验的省份主要有广西、四川、云南、青海、新疆；2020 年呈现"高—高"集聚特征且通过显著性检验的省份主要有北京、天津、黑龙江，呈现"低—低"集聚特征且通过显著性检验的省份主要有广西、四川、云南、西藏、青海。

表 3-6　2011—2020 年我国农业高质量发展水平全局莫兰指数

年份	全局莫兰指数	莫兰指数期望值	莫兰指数的标准差	Z 值	P 值
2011	0.706 1	−0.033 3	0.118 7	6.229 2	0.000 0
2012	0.698 1	−0.033 3	0.119 5	6.120 9	0.000 0
2013	0.650 7	−0.033 3	0.119 1	5.745 0	0.000 0
2014	0.595 1	−0.033 3	0.118 3	5.311 7	0.000 0
2015	0.560 4	−0.033 3	0.117 8	5.040 3	0.000 0
2016	0.581 2	−0.033 3	0.118 0	5.209 1	0.000 0

（续）

年份	全局莫兰指数	莫兰指数期望值	莫兰指数的标准差	Z 值	P 值
2017	0.536 3	−0.033 3	0.116 2	4.903 7	0.000 0
2018	0.490 3	−0.033 3	0.114 8	4.562 0	0.000 0
2019	0.503 7	−0.033 3	0.117 5	4.571 7	0.000 0
2020	0.505 6	−0.033 3	0.115 1	4.681 1	0.000 0

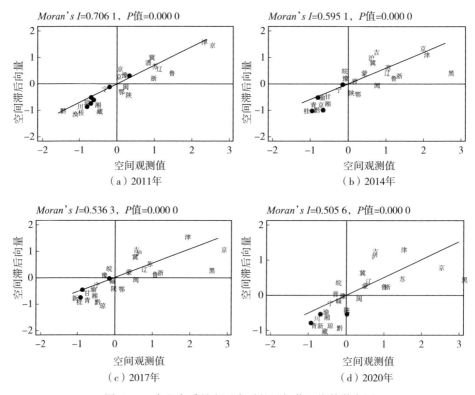

图 3-4　农业高质量发展水平的局部莫兰指数散点图

②绝对 β 收敛。为了进一步分析我国农业高质量发展的空间收敛特征，利用空间模型对其进行 β 收敛检验。首先，需先确定空间模型的适用性。经过 LM 检验发现，空间杜宾模型（SEM）显示存在空间自相关，$LM\text{-}Error$、$Robust\,LM\text{-}Error$ 统计量均在 1% 的显著性水平下通过检验，而空间滞后模型（SAR）的 $Robust\,LM\text{-}Error$ 统计量在 1% 的显著性水平下未通过检验，故选择 SEM 对 β 收敛特征进行检验。其次，需确定个体效应、时间效应的适用性。经过 LR 检验发现，选择双向效应的统计量均在 1% 的显著性水平下通过检验。

最后，需确定固定效应的适用性。经过 Hausman 检验发现，选择固定效应的统计量为 86.53，在 1% 的显著性水平下通过卡方检验。此外，以上检验加入控制变量后，相应的统计量也均在 1% 的显著性水平下通过检验。综合上述检验结果，决定选择双向固定效应模型。

经测算，如表 3-7 所示，2011—2020 年全国及东部地区、中部地区、西部地区的农业高质量发展的绝对 β 收敛系数均在 1% 的显著性水平下为负值，说明这几个地区的农业高质量发展水平具有较强的"追赶效应"，发展差异呈现收敛特征。对比收敛速度（V）可知，中部地区的收敛速度（6.55%）＞东部地区（5.45%）＞西部地区（4.81%），说明西部地区的农业高质量发展水平差异较大，内部发展不均衡，而中部地区、东部地区因自身资源禀赋优势，内部追赶速度较快。东北地区农业高质量发展的绝对 β 收敛系数在 1% 的显著性水平下为正值，表明该地区的农业高质量发展水平差异明显，具有显著的发散特征。此外，黑龙江、辽宁、吉林彼此之间可能存在竞争，导致 λ 系数为负值。

表 3-7　2011—2020 年我国农业高质量发展的绝对 β 收敛检验

变量	绝对 β 收敛检验						
	全国	东部地区	东北地区	中部地区	西部地区	2011—2015 年	2016—2020 年
β 收敛系数	−0.404 8***	−0.420 1***	0.676 5***	−0.480 7***	−0.381 7***	−0.513 8***	−0.855 3***
	(−9.44)	(−5.01)	(8.86)	(−4.04)	(−6.24)	(−7.81)	(−9.06)
λ 系数	0.089 8	−0.004 9	−0.277 8**	−0.138 8***	−0.024 7	−0.152 5	0.326 5***
	(0.99)	(−0.09)	(−2.44)	(−1.97)	(−0.62)	(−1.13)	(2.73)
$sigma2\_e$	0.000 5***	−0.000 6***	0.000 1***	0.000 3***	0.000 4***	0.000 3***	0.000 4***
	(11.80)	(6.71)	(3.45)	(5.04)	(7.34)	(7.85)	(7.77)
V	5.19%	5.45%	—	6.55%	4.81%	14.42%	38.66%
N	279	90	27	54	108	124	124
R^2	0.221 4	0.486 0	0.998 9	0.451 9	0.189 3	0.129 8	0.192 0

注：①*、** 和 *** 分别表示 10%、5% 和 1% 的显著性水平。
②括号内数值为参数估计值的 Z 值。

③条件 β 收敛。设置金融支持水平（jrzc）、城镇化发展水平（czdl）、科技创新水平（kjcx）3 个控制变量，对农业高质量发展进行 β 收敛检验，结果见表 3-8。2011—2020 年，全国、东部地区、中部地区、西部地区的农业高质量发展的 β 系数在 1% 的显著性水平下为负值，表明各区域农业高质量发展水平存在条件 β 收敛。从全国层面看，全国农业高质量发展的 β 收敛系数

为−0.412 4，收敛速度（V）为 5.32%，主要受到城镇化发展水平的正向作用的影响。从区域层面看，东部地区农业高质量发展的 β 收敛系数为−0.468 4，收敛速度为 6.32%，主要受到科技创新水平的正向作用的影响；中部地区农业高质量发展的 β 收敛系数为−0.709 4，收敛速度为 12.36%，主要受到金融支持水平、城镇发展水平、科技创新水平的共同影响，具体表现为金融支持水平的负向作用、城镇发展水平和科技创新水平的正向作用的影响；西部地区农业高质量发展的 β 收敛系数为−0.483 1，收敛速度为 6.6%，主要受到城镇化率的正向作用和科技创新水平的负向作用的共同影响。2011—2020 年，东北地区农业高质量发展的 β 收敛系数在 1% 的显著性水平下为正值，具有显著的发散特征，但受到科技创新水平的负向作用的影响，其条件 β 收敛系数（0.618 5）较绝对 β 收敛系数（0.676 5）明显缩小。

表 3 - 8　2011—2020 年我国农业高质量发展的条件 β 收敛检验

变量	条件 β 收敛检验						
	全国	东部地区	东北地区	中部地区	西部地区	2011—2015 年	2016—2020 年
β 收敛系数	−0.412 4***	−0.468 6***	0.618 5***	−0.709 4***	−0.483 1***	−0.548 7***	−0.822 2***
	(−9.61)	(−5.62)	(6.99)	(−6.57)	(−7.52)	(−7.96)	(−8.69)
金融支持 水平	−0.051 5	−0.098 3	0.092 5	−0.519 7***	0.012 3	−0.010 7	0.063 1
	(−1.42)	(−0.78)	(0.61)	(−3.89)	(0.23)	(−0.29)	(−0.29)
城镇化发展 水平	0.166 2***	−0.077 7	0.196 1	0.4314**	0.231 2***	0.299 2***	0.283 7***
	(3.35)	(−0.56)	(1.29)	(2.15)	(2.51)	(2.71)	(3.00)
科技创新 水平	−0.001 2	0.028 3**	−0.023 8*	0.021 2***	−0.012 9**	−0.004 5	−0.023 1**
	(−0.27)	(−2.37)	(−1.61)	(2.56)	(−2.03)	(−0.57)	(−2.18)
λ 系数	0.027 4	−0.007 6	−0.319 7**	−0.247 8***	−0.031 3	−0.123 5	0.264 1**
	(0.29)	(−0.14)	(−2.89)	(−3.88)	(−0.73)	(−0.89)	(2.01)
$sigma2\_e$	0.000 5***	−0.000 6***	0.000 1***	0.000 2***	0.000 4***	0.000 3***	0.000 3***
	(11.81)	(6.71)	(3.37)	(4.75)	(7.33)	(7.86)	(7.80)
V	5.32%	6.32%	—	12.36%	6.60%	15.91%	34.54%
N	279	90	27	54	108	124	124
R^2	0.146 5	0.305 3	0.853 4	0.536 1	0.022 7	0.010 5	0.198 6

注：①* 、** 和 *** 分别表示 10%、5% 和 1% 的显著性水平。

②括号内数值为参数估计值的 Z 值。

④稳健性检验。为验证结果的稳健性，本研究将研究样本划分为 2011—

2015 年、2016—2020 年两个时间段，以期剔除经济周期的影响，分别对其进行绝对 β 收敛与条件 β 收敛检验。从表 3-7 可知，2011—2015 年、2016—2020 年绝对 β 收敛系数均在 1% 的水平下显著，再次佐证我国农业高质量发展存在绝对 β 收敛。此外，2011—2015 年、2016—2020 年绝对收敛速度分别为14.42%、38.66%，区域追赶速度加快。从表 3-8 可知，2011—2015 年、2016—2020 年条件 β 收敛系数均在 1% 的水平下显著，说明我国农业高质量发展在考量地区内部禀赋差异后仍具有条件 β 收敛。2011—2015 年，条件 β 收敛速度为 15.91%，城镇化发展水平对加快收敛起到正向作用；2016—2020 年，条件 β 收敛速度为 34.54%，追赶速度高于 2011—2015 年，城镇化发展水平、科技创新水平对加快收敛速度起到正向作用。综上所述，在剔除经济周期的影响后，我国农业高质量发展均存在绝对 β 收敛、条件 β 收敛，这表明上述结果具有稳健性。

3.3　本章小结

本章主要是对中国农业生产性服务业与农业高质量发展历程与现状进行考察，揭示农业生产性服务业发展基础与农业高质量发展水平和时空演变特征的基本现实。通过分析发现：

①我国农业生产性服务支持政策的演变经历了萌芽阶段（1949—1978年）、初始阶段（1979—1984 年）、起步阶段（1985—2005 年）、快速发展阶段（2006—2015 年）以及逐渐完善阶段（2016 年至今）5 个阶段。

②进入新时期以来，我国农业生产性服务呈现出诸多新特征。其中，我国农业生产性服务发展规模持续扩大，但地区间发展差距显著。同时，在市场需求与政策双重驱动之下，新型农业经营主体已成为农业生产性服务的重要提供者。分区域来看，以 2022 年为例，我国粮食主产区、粮食平衡区和粮食主销区的农业生产性服务供给呈现依次递减的特征。分地区来看，2022 年我国农业生产性服务业产值排名前五的地区主要集中在粮食主产区，依次为山东、河南、湖北、江苏和河北，排名靠后的 5 个省份主要集中在粮食主销区和粮食平衡区，依次为北京、西藏、青海、天津和上海。

③2011—2020 年，我国农业高质量发展水平呈现不断上升的趋势，年均增长率达 3.38%，但区域农业高质量发展存在非均衡的特征。从农业高质量发展水平来看，东北地区最靠前，东部地区居中，中部和西部地区相对靠后。从农业高质量发展速度来看，西部地区的增速位居四大区域之首，其次是东北地区、中部地区、东部地区。从时序特征来看，我国农业高质量发展总体差异呈波动下降趋势，区域内差异与区域间差异都较明显。其中，东部地区、中

部地区、西部地区的区域内差异呈现缩小趋势，东北地区的区域内差异呈现扩大趋势。从收敛特征来看，除东北地区外，全国、东部地区、中部地区、西部地区的农业高质量发展均存在 σ 收敛、空间绝对 β 收敛、空间条件 β 收敛。分时期看，剔除经济周期的影响后，我国农业高质量发展除东北地区外仍均存在空间绝对 β 收敛、空间条件 β 收敛，且 2016—2020 年的收敛速度显著高于 2011—2015 年。

第4章 农业生产性服务对农业高质量发展影响的实证研究

当前，高质量发展已经成为新时代推进农业现代化的主题。"十三五"以来，政府主导下的供给侧结构性改革正在农业各个领域深入开展，我国农业生产高度依赖于物质要素投入的时代正在"翻篇"，过多地增加要素投入常常适得其反。党的十八大以来，加快推动农业生产性服务业发展日益成为促进农业经营体制机制改革、实现中国特色农业现代化的关键举措。那么，发展农业生产性服务能否推动农业进入高质量发展轨道？其效果机制尚未被有效证实（钟真，2021）。为此，本章利用第3章农业高质量发展水平的测算结果，实证分析农业生产性服务对农业高质量发展的直接影响，并运用门槛效应模型探究了农业生产性服务与农业高质量发展的非线性特征。

4.1 理论机制分析

农业生产性服务作为现代农业发展的重要组成部分，对于农业高质量发展的推动具有不可忽视的作用。首先，农业生产性服务为农业生产提供了必要的技术支持和专业服务（颜华等，2023）。在现代农业发展中，技术的运用和服务的专业化程度对提高农业生产效率（Verkaart et al.，2017）、优化资源配置具有关键作用（Lu et al.，2019）。农业生产性服务通过提供先进的农业技术、科学的种植管理、精准的市场信息等服务，帮助农民解决生产中的技术难题，提高农业生产的科技含量和附加值，进而推动农业的高质量发展。其次，农业生产性服务有助于推动农业产业链的整合和优化。农业生产涉及多个环节，包括种植、养殖、加工、销售等，这些环节之间的衔接和协调对于提高农业整体效益至关重要。农业生产性服务通过提供专业的产业链整合服务，将各个环节有机连接起来，形成完整的农业产业链，实现资源的优化配置和效益的最大化。最后，农业生产性服务还能促进农业的创新发展。在现代农业发展中，创新是推动农业高质量发展的核心动力。农业生产性服务通过引入新的技术、新的理念、新的模式，推动农业生产的创新升级，提高农业的竞争力和可持续发展能力。因此，提出假说4-1。

假说4-1：农业生产性服务能够促进农业高质量发展。

农业生产性服务作为现代农业发展的重要支撑，在提升农业生产效率、优化资源配置、推动农业技术创新等方面发挥了显著作用。然而，这种服务与农业高质量发展之间并非简单的线性关系，而是呈现出一种复杂的非线性关系。首先，在不同的农业生产阶段和发展水平下，农业生产性服务的影响程度和方式也会有所不同。其次，农业高质量发展是一个多层次、多维度的概念，涵盖了农业生产效率、农产品质量、农业生态环境、产业结构调整、农民增收等多个方面。农业生产性服务在推动农业高质量发展的过程中，不仅可以通过提升农业生产效率来直接促进农业发展，还可以通过提升粮食产量（卢华等，2023）、改善农产品质量、保护农业生态环境（颜华等，2023；罗明忠和魏滨辉，2023）、促进产业结构调整（马楠，2022）、实现农民增收（姚秋涵和于乐荣，2022）等方式间接推动农业高质量发展。最后，农业生产性服务与农业高质量发展的非线性关系还体现在两者的互动反馈机制上。一方面，农业生产性服务的提升可以促进农业高质量发展；另一方面，农业高质量发展的实现也会对农业生产性服务提出更高的要求，从而推动农业生产性服务水平的进一步提升。这种互动反馈机制使得两者之间的关系必然并不是简单的线性关系。因此，提出假说4-2。

假说4-2：农业生产性服务与农业高质量发展之间存在非线性关系。

4.2 实证研究设计

4.2.1 变量选择

（1）被解释变量

被解释变量为农业高质量发展水平（AHQD）。根据构建的农业高质量发展指标体系，运用熵值法测算出农业高质量发展水平。

（2）核心解释变量

核心解释变量为农业生产性服务水平。参照郝爱民（2015）的做法，用农林牧渔服务业产值的对数值（lnassv）作为农业生产性服务业产值的代理变量，以此衡量农业生产性服务水平。为了剔除价格因素的影响，将农林牧渔服务业产值转化为以2011年为基期的可比变量。

（3）控制变量

参考已有研究，选取如下控制变量（Control）：

①农村劳动力老龄化（aging）。采用农村中65岁及以上人口占比来衡量该变量。

②城镇化率（ubr）。采用城镇人口占地区总人口（包括农业人口和非农业人口）的比重来衡量该变量。

③非农就业水平（nonfarm）。采用第二和第三产业就业人数占一二三产

业就业总人数的比重来衡量该变量。非农就业水平越高，对农业高质量发展的推动作用就越强。一般地，随着非农就业水平的提高，更多的劳动力从农业中转移出来，进入城市和工业领域，从而促进了农业生产的规模化和现代化，同时还可为农业高质量发展提供人才支持。

④产业结构升级（$insup$）。采用第二、第三产业增加值占地区生产总值（GDP）的比重来衡量该变量。产业结构升级可以改善农村产业发展结构与业态，但也同时会加剧农业发展的困境，对农业高质量发展产生短期不利影响。一方面，随着第二和第三产业的快速发展，大量的农村劳动力被吸引到城市，导致农业劳动力出现短缺，农业生产受到一定的影响；另一方面，随着农村产业结构的调整，一些传统的农业产业可能会逐渐消失，农民需要适应新的产业模式和生产方式，这也需要一定的时间和资源投入。

⑤地区经济发展水平。采用人均地区生产总值的对数值（$\ln pgdp$）来衡量该变量。

⑥市场化程度（$market$）。采用樊纲市场化指数来衡量该变量，以反映市场化程度。市场化程度越高，意味着营商环境越好，越有利于农产品与生产要素的供给与流通。其中，2020 年数据是根据历年市场化指数的平均增长幅度推算得出的（马连福等，2015）。

4.2.2　数据来源与描述性统计分析

本研究选取 2011—2020 年我国 31 个省份（不包含香港特别行政区、澳门特别行政区和中国台湾省）的面板数据。相关数据均来自相应年份的《中国统计年鉴》《中国人口与就业统计年鉴》《中国农业机械工业年鉴》以及各省份统计年鉴和国家统计局网站。各变量的描述性统计结果见表 4-1。

表 4-1　各变量的描述性统计结果

变量类别	变量	N	均值	标准差	最小值	最大值
被解释变量	农业高质量发展水平（$AHQD$）	310	0.297 2	0.058 2	0.180 2	0.515 3
核心解释变量	农业生产性服务水平*（$\ln assv$）	310	4.462 1	1.301 6	1.108 2	6.684 0
控制变量	农村劳动力老龄化（$aging$）	310	0.120 6	0.038 9	0.050 2	0.260 7
	城镇化率（ubr）	310	0.580 4	0.131 5	0.228 1	0.896 0
	非农就业水平（$nonfarm$）	310	0.679 3	0.143 1	0.333 8	0.980 3
	产业结构升级（$insup$）	310	0.901 6	0.052 5	0.741 6	0.997 5
	地区经济发展水平*（$\ln pgdp$）	310	10.779 1	0.440 4	9.681 8	12.008 6
	市场化程度（$market$）	310	7.734 4	2.191 4	−0.161 0	11.934 0

注：带 * 的变量表示其值取自然对数。

4.2.3 模型设定

（1）基准回归模型

为考察农业生产性服务对农业高质量发展的影响及其内在机制，构建基准回归模型如下：

$$AHQD_{it} = \alpha_0 + \alpha_1 \ln assv_{it} + \sum_{j=2}^{n} \alpha_j Control_{it} + \mu_i + \eta_t + \varepsilon_{it}$$

$$(4-1)$$

式中：$AHQD_{it}$ 为 i 地区第 t 年农业高质量发展水平；$\ln assv_{it}$ 为 i 地区第 t 年农业生产性服务水平；$Control_{it}$ 为控制变量的集合；α_0 为常数项；α_1 为 $\ln assv_{it}$ 的系数；α_j 为控制变量的系数，$j=2$，…，n；μ_i 为地区固定效应，η_t 为时间固定效应，ε_{it} 为随机扰动项。

式（4-1）反映了农业生产性服务对农业高质量发展水平的总效应。

（2）门槛效应模型

鉴于农业生产性服务对农业高质量发展的影响可能存在基于自身发展水平和不同外部发展环境的非线性特征，参照 Hansen（1999）提出的面板门槛模型理论，构建如下门槛效应模型进行检验：

$$AHQD_{it} = \lambda_0 + \lambda_1 \ln assv_{it} \times 1(A_{it} \leqslant q_1) + \lambda_2 \ln assv_{it} \times 1(q_1 \leqslant A_{it} \leqslant q_2) +$$

$$\lambda_3 \ln assv_{it} \times 1(A_{it} > q_2) + \sum \lambda_j Control_{it} + \mu_i + \eta_t + \varepsilon_{it}$$

$$(4-2)$$

式中：q_1、q_2 为门槛值；$I(*)$ 为示性函数，表示当门槛变量满足括号内条件时取值为 1，否则为 0；A_{it} 为门槛变量，分别为农业生产性服务水平与农业高质量发展水平；λ_0 为常数项；λ_1、λ_2 与 λ_3 分别为对应门槛值 $A_{it} \leqslant q_1$、$q_1 < A_{it} \leqslant q_2$ 和 $A_{it} > q_2$ 的系数；λ_j 为控制变量的估计系数，μ_i 为地区固定效应，η_t 为时间固定效应，ε_{it} 为随机扰动项。

4.3 实证结果与分析

4.3.1 基准回归结果

鉴于各地区资源条件、社会经济发展水平不同，可能存在个体差异。因此，在回归分析中，采用地区时间双固定效应模型估计农业生产性服务对农业高质量发展的影响。同时，为了尽量规避遗漏变量所产生的内生性问题，本研究采用逐步回归的方法进行估计。如表 4-2 所示，农业生产性服务水平（$\ln assv$）对农业高质量发展水平（$AHQD$）的影响显著为正，且在逐步加入控制变量后，这一影响依然稳健。这表明，农业生产性服务在推动农业高质量发展方面起到了积极的作用，假说4-1得到验证。

从控制变量的估算结果来看，地区经济发展水平（$\ln pgdp$）对农业高质量发展具有显著的正向推动作用；城镇化率（ubr）和产业结构升级（$insup$）对农业高质量发展具有显著的负向影响；农村劳动力老龄化（$aging$）和市场化程度（$market$）对农业高质量发展具有负向影响，但影响不显著；非农就业水平（$nonfarm$）对农业高质量发展存在正向影响，但同样不显著。这可能是因为，经济繁荣不仅意味着更多的资金和资源可用于投资农业、提升农业技术水平和生产效率，还通过增加市场需求为农业提供更广阔的发展空间，并促进农村基础设施改善和农民生活水平提高，为农业高质量发展创造更好的环境和条件。然而，城镇化率和产业结构升级对农业高质量发展的负向效应可能意味着在城市化进程中，农业面临着资源流失、劳动力减少等问题。随着城镇化率的提高，越来越多的农民选择离开农村进入城市，导致农业劳动力短缺、农田抛荒等问题。同时，产业结构升级也可能导致资源向其他产业倾斜，进一步挤压农业的发展空间。农村劳动力老龄化和市场化程度负向影响农业高质量发展，原因可能是：随着农村劳动力的老龄化，农业劳动力的质量和效率可能受到影响，不利于农业的高质量发展；市场化程度的提高虽然有助于提升农业的市场竞争力和经济效益，但也可能导致农业生态环境的破坏和资源的过度开发。非农就业水平对农业高质量发展的正向影响可能源于农民通过非农就业增加了收入，提高了生活水平，从而有更多的资源和能力去投入农业生产和改善农业生产条件。然而，这种影响不显著，可能说明当前农民的非农就业水平还不够高，或者农民在非农就业与农业生产之间的平衡上还存在一些问题。

表4-2　基准回归分析

| 变量 | (1) | (2) | (3) | (4) | (5) | (6) | (7) |
	AHQD	AHQD	AHQD	AHQD	AHQD	AHQD	AHQD
ln$assv$	0.016***	0.016***	0.021***	0.020***	0.026***	0.017***	0.016***
	(3.30)	(3.21)	(4.32)	(4.12)	(5.81)	(3.20)	(3.02)
$aging$		−0.028	−0.033	−0.027	−0.046	−0.000	−0.002
		(−0.54)	(−0.66)	(−0.56)	(−1.04)	(−0.01)	(−0.04)
ubr			−0.144**	−0.160***	−0.129**	−0.163***	−0.149**
			(−2.47)	(−2.61)	(−2.17)	(−2.65)	(−2.38)
$nonfarm$				0.017	0.013	0.007	0.008
				(0.45)	(0.48)	(0.26)	(0.31)
$insup$					−0.588***	−0.611***	−0.619***
					(−6.33)	(−6.03)	(−6.06)

（续）

变量	(1) AHQD	(2) AHQD	(3) AHQD	(4) AHQD	(5) AHQD	(6) AHQD	(7) AHQD
$\ln pgdp$						0.051***	0.052***
						(3.69)	(3.86)
$market$							−0.001
							(−0.73)
常数项	0.225***	0.230***	0.290***	0.291***	0.785***	0.314*	0.310*
	(10.26)	(9.76)	(7.56)	(7.82)	(9.04)	(1.92)	(1.90)
N	310	310	310	310	310	310	310
R^2	0.972	0.972	0.973	0.973	0.979	0.981	0.981
$Adj.R^2$	0.968	0.967	0.969	0.968	0.976	0.977	0.977
F 值	10.918	5.601	8.055	6.171	13.876	17.495	15.223

注：① ***、**、* 分别表示在 1%、5%、10% 的水平下统计显著。
②括号内数值为 t 统计量。

4.3.2 稳健性检验

在基准回归估计中，可能会受到方法选择和变量选择误差的影响，从而导致结果出现偏差。为确保基准回归结果的可靠性，本研究进行了如下稳健性检验。

（1）替换被解释变量

鉴于熵值法无法体现指标之间的相关关系，可能对农业高质量发展水平测算存在偏差，导致回归结果有偏。因此，本研究采用熵值法和 CRITIC 法相结合重新确定指标权重，即 $W_{cm}=0.5 \times W_{en}+0.5 \times W_{cri}$，并测算农业高质量发展水平。表 4-3 中模型（8）的回归结果显示，农业生产性服务对农业高质量发展具有显著的促进作用，与表 4-2 中模型（7）的结果具有一致性。

（2）替换核心解释变量

农机服务组织作为农业生产性服务的提供者之一，使用其作为农业生产性服务的替代指标具有一定的合理性。因此，采用每单位农作物播种面积农机服务组织数作为农业生产性服务的替代指标代入基准回归模型中进行估计。由表 4-3 中模型（9）的回归结果可知，农业生产性服务对农业高质量发展的影响显著，且方向与基准回归估计结果一致，说明上述回归结果具有稳健性。

（3）缩减样本量

考虑北京、天津、上海、重庆 4 个直辖市在经济发展和政策导向上具有一定的独立性，为了规避该类样本的估计偏差，本研究剔除这 4 个直辖市的子样本，然后再进行估计。由表 4 - 3 中模型（10）的回归结果可知，农业生产性服务的估计系数仍显著为正，证明基准回归的结果是稳健可靠的。

（4）缩尾处理

为了避免离群值对回归结果的影响，对所有样本数据进行双边缩尾 1% 处理。由表 4 - 3 中模型（11）的回归结果可知，农业生产性服务对农业高质量发展的影响仍显著为正。

表 4 - 3　稳健性检验

变量	(8)	(9)	(10)	(11)
	$AHQD$	$AHQD$	$AHQD$	$AHQD$
ln$assv$	0.014**	0.004*	0.022***	0.015***
	(2.47)	(1.95)	(4.35)	(3.20)
控制变量	Yes	Yes	Yes	Yes
地区固定	Yes	Yes	Yes	Yes
时间固定	Yes	Yes	Yes	Yes
常数项	0.345**	0.153	0.369**	0.305**
	(2.06)	(0.98)	(2.40)	(2.14)
N	310	310	270	310
R^2	0.978	0.980	0.980	0.982
$Adj. R^2$	0.974	0.977	0.976	0.979
F 值	17.472	12.491	14.556	14.296

注：①***、**、*分别表示在 1%、5%、10% 的水平下统计显著。
　　②括号内数值为 t 统计量。

（5）内生性检验

考虑到模型中可能存在潜在的互为因果关系导致的内生性问题，本研究选择公路里程作为工具变量进行内生性检验。具体而言，公路里程的增加会提高交通通达度，从而促进农业生产性服务的推广和应用。同时，公路里程是一个相对客观、可观测的指标，不易受到农业生产性服务本身的影响，因此可以作为独立的变量进行内生性检验。在内生性检验中，采用两阶段最小二乘法（IV_2SLS）和系统广义矩估计（IV_GMM）模型估计农业生产性服务对农业高质量发展的影响。根据表 4 - 4 中的估计结果，一阶段 F 值为 257.65，远大于经验值 10，说明工具变量与内生变量高度相关。同时根据弱工具变量检验，模型（13）和模型（14）的 $Cragg - Donald\ Wald\ F$ 统计量为 200.929，远大于 10% 临界经验值 16.38，且 $Kleibergen - Paap\ rk\ LM$ 统计量均在 1% 的显著水平下拒绝不可识别的原假设，另外，*Hansen J* 统计量显示不存在过度识别的问题，表明所选的工具变量是适当的。因此，表 4 - 4 中模型（12）～模型（14）的检验结果表明，在 5% 的显著性水平下，农业生产性服务对农业高质量发展的影响是正向的，与基准回归结果保持一致。

表 4 - 4　内生性检验

变量	(12)	(13)	(14)
	ln*assv*	*AHQD*	*AHQD*
ln*transp*	0.937***		
	(2.17)		
ln*assv*		0.012**	0.012**
		(2.17)	(2.17)
Kleibergen - Paap rk LM 统计量		74.805	74.805
		[0.000]	[0.000]
Cragg - Donald Wald F 统计量		200.929	200.929
		[16.38]	[16.38]
Hansen J 统计量		0.000	0.000
控制变量	Yes	Yes	Yes
地区固定	Yes	Yes	Yes
时间固定	Yes	Yes	Yes
常数项	−2.661	0.063	0.063
	(−1.47)	(0.44)	(0.44)
N	310	310	310
R^2		0.582	0.582
Adj.R^2		0.572	0.572
F 值	257.65	58.549	58.549

注：① ***、**、* 分别表示在 1%、5%、10% 的水平下统计显著。
②*Kleibergen - Paap rk LM* 统计量的方括号内为 P 值，*Cragg - Donald Wald F* 统计量的方括号内为 Stock - Yogo weak ID test 中 10% maximal IV size 对应的临界值。
③括号内数值为 t 统计量。

4.3.3　异质性检验

不同的地形、气候、经济条件等造成各地区的农业发展水平存在差异。本研究将研究区域按粮食产销状况划分为粮食主产区、粮食产销平衡区、粮食主销区，以及按地理区域划分为东部地区、东北地区、中部地区和西部地区，分别进行回归分析，以期更深入地探讨农业生产性服务对农业高质量发展的空间差异性影响。

如表 4-5 所示，农业生产性服务对产销平衡区的农业高质量发展具有显著的推动作用，且在 5% 的显著性水平下为正。这表明，在粮食产销平衡区，农业生产性服务的投入和使用，如农业技术咨询、农业机械化服务、农产品加工和市场营销等，对提升农业生产的效率和质量、促进农业高质量发展具有重要的作用。然而，在粮食主产区和粮食主销区，农业生产性服务对农业高质量发展的影响虽然为正，但并不显著。这可能是由于粮食主产区和粮食主销区的农业生产特点和服务需求差异较大。粮食主产区主要集中在大规模粮食生产上，对农业生产性服务的需求可能更加侧重于农业机械化、种植技术等方面；粮食主销区则更注重粮食的加工、储存和市场营销等环节。因此，农业生产性服务在这些地区的作用可能并不明显，或者需要提供更加精细化和针对性的服务来满足其需求。

表 4-5　分区域异质性检验

变量	粮食主产区	产销平衡区	粮食主销区	东部地区	东北地区	中部地区	西部地区
	AHQD	AHQD	AHQD	AHQD	AHQD	AHQD	AHQD
$\ln assv$	0.004	0.015**	0.005	0.001	0.064	0.031***	0.017**
	(0.63)	(2.35)	(0.25)	(0.08)	(1.61)	(3.77)	(2.43)
控制变量	Yes	Yes	Yes	Yes	Yes	Yes	Yes
地区固定	Yes	Yes	Yes	Yes	Yes	Yes	Yes
时间固定	Yes	Yes	Yes	Yes	Yes	Yes	Yes
常数项	0.467**	−0.078	−1.063**	−1.359***	−0.476	0.112	−0.131
	(2.24)	(−0.40)	(−2.02)	(−2.81)	(−0.39)	(0.66)	(−0.54)
N	130	110	70	100	30	60	120
R^2	0.983	0.973	0.981	0.976	0.992	0.977	0.977
$Adj. R^2$	0.978	0.964	0.973	0.968	0.980	0.964	0.970
F 值	21.263	13.744	2.339	4.323	34.124	6.761	9.631

注：① ***、**、* 分别表示在 1%、5%、10% 的水平下统计显著。
　　② 括号内数值为 t 统计量。

从地理区域层次看，农业生产性服务对中部地区和西部地区的农业高质量发展的影响为正，且至少在 5% 的显著性水平下为正；相对于中部地区和西部地区，农业生产性服务对东部地区和东北地区的农业高质量发展的影响为正，但不显著。原因可能是：东部地区和东北地区由于经济发展水平较高，农业结构已经相对成熟和稳定，新的农业生产性服务可能难以在短时间内改变现有的农业生产模式。因此，东部地区和东北地区的农业生产性服务对于农业高质量发展的推动作用可能不如中部地区和西部地区明显。相比之下，中部地区和西部地区的农业发展水平还存在较大的提升空间，农业生产性服务在这些地区的发展潜力更大。通过提供农业生产性服务，可以帮助这些地区的农民提高农业生产效率、优化农业资源配置、增加农产品附加值等，从而推动农业高质量发展的进程。

4.3.4 门槛效应检验

为了进一步探究农业生产性服务对农业高质量发展可能存在的非线性门槛特征，选取农业高质量发展水平、农业生产性服务水平作为门槛变量进行门槛效应检验。利用 Bootstrap 自抽样法，反复抽样 500 次确定门槛数。如表 4-6 所示，农业生产性服务水平通过了单一门槛检验，单一门槛值为 2.267 7。在农业生产性服务水平较低的地区，农业生产性服务对农业高质量发展的影响为正但不显著；在农业生产性服务水平较高的地区，农业生产性服务对农业高质量发展的影响系数为 0.014，且在 1% 的水平下显著。这表明当农业生产性服务水平跨越门槛值后，其对农业高质量发展的推动作用开始变得显著。这种非线性关系意味着在农业生产性服务的初期阶段，其对农业高质量发展的贡献可能不太明显，但随着服务水平的不断提升，其对农业高质量发展的推动作用逐渐增强。农业高质量发展水平通过了三重门槛检验，门槛值分别为 0.311 8、0.379 9、0.434 5。从表 4-7 中可以看出，在门槛变量 $A_{ij} \leqslant 0.311\,8$ 时，农业生产性服务对农业高质量发展的影响系数为 0.008，且在 10% 的水平下显著；在 $0.311\,8 < A_{ij} \leqslant 0.379\,9$ 时，农业生产性服务对农业高质量发展的影响系数为 0.010，且在 5% 的水平下显著；当 $0.379\,9 < A_{ij} \leqslant 0.434\,5$ 时，农业生产性服务对农业高质量发展的影响系数为 0.016，且在 1% 的水平下显著；当 $A_{ij} > 0.434\,5$ 时，农业生产性服务对农业高质量发展的影响系数为 0.021，且在 1% 的水平下显著。这表明农业生产性服务对农业高质量发展的影响随着农业高质量发展水平的提高而增强，假说 4-2 得到验证。

表 4-6 门槛效应检验

门槛变量	模型	F 值	P 值	Boostrap 抽样次数/次	置信水平			门槛值
					10%	5%	1%	
lnassv	单一门槛	29.75	0.044	500	23.860	28.415	44.791	2.267 7
	双重门槛	27.57	0.120	500	29.966	35.495	49.507	3.996 9
	三重门槛	15.91	0.424	500	34.907	42.690	56.786	6.396 1
AHQD	单一门槛	92.71***	0.000	500	21.947	26.653	33.263	0.311 8
	双重门槛	26.35***	0.060	500	21.194	29.506	38.825	0.379 9
	三重门槛	31.46**	0.034	500	19.290	28.073	42.041	0.434 5

注：***、** 分别表示在 1%、5% 的水平下统计显著。

如表 4-7 所示，在不同的农业高质量发展水平区间内，农业生产性服务的影响系数均呈现出显著的正向影响，而且在更高的农业高质量发展水平下，其影响系数更大，显著性水平也更高。这表明农业生产性服务在推动农业高质量发展方面扮演着越来越重要的角色。具体而言，当农业高质量发展水平较低时，农业生产性服务对农业高质量发展的影响系数较小，但仍然具有显著的正向影响，这表明在农业高质量发展水平较低时，农业生产性服务就已经开始发挥作用，对农业生产的提升和转型起到了积极的推动作用；随着农业高质量发展水平的提高，农业生产性服务的影响系数逐渐增大，且显著性水平也更高，这表明在农业高质量发展水平较高时，农业生产性服务的作用更加凸显，对农业生产的促进作用更加明显。

表 4-7 农业生产性服务影响农业高质量发展的非线性特征

| 变量 | AHQD | | | |
	ln*assv* 门槛区间	影响系数	AHQD 门槛区间	影响系数
ln*assv*	ln*assv*≤2.267 7	0.009 (1.61)	AHQD≤0.311 8	0.008* (1.77)
			0.311 8＜AHQD≤0.379 9	0.010** (2.23)
	ln*assv*＞2.267 7	0.014*** (2.62)	0.379 9＜AHQD≤0.434 5	0.016*** (3.55)
			AHQD＞0.434 5	0.021*** (4.53)
控制变量	Yes		Yes	
N	310		310	
R^2	0.898		0.928	

注：①***、**、*分别表示在1%、5%、10%的水平下统计显著。
②括号内数值为 t 统计量。

4.4 结论与政策启示

（1）研究结论

本章基于 2011—2020 年 31 个省份的统计数据，探讨了农业生产性服务对农业高质量发展的影响，并借助门槛效应模型探究了农业生产性服务与农业高质量发展的非线性特征，主要结论如下：

①农业生产性服务对农业高质量发展具有显著的促进作用。分区域异质性

分析表明，农业生产性服务对农业高质量发展的影响在粮食产销平衡区、中部地区和西部地区更为显著，而在粮食主产区、粮食主销区、东部地区和东北地区不显著。

②农业生产性服务对农业高质量发展的影响呈现出非线性特征。在农业生产性服务水平较低的地区，农业生产性服务对农业高质量发展的推动作用不明显，但随着服务水平的不断提升，其推动作用逐渐增强。当农业生产性服务水平跨越一定门槛后，其对农业高质量发展的影响变得显著。

③农业高质量发展水平通过三重门槛检验，表明农业生产性服务对农业高质量发展的影响随着农业高质量发展水平的提高而增强。在不同的农业高质量发展水平区间内，农业生产性服务的影响系数均呈现出显著的正向影响，而且在更高的农业高质量发展水平下，其影响系数更大，显著性水平也更高。

(2) 政策启示

为推进我国农业高质量发展，根据以上研究结论可得到如下两点启示：

①需要加快完善和优化农业生产性服务体系建设，加大对农业生产性服务的投入力度，丰富农业生产性服务产品和链条，强化服务供给的广度、深度和质量，持续提升农业生产性服务水平。

②因地制宜推动区域农业生产性服务业差异化发展。例如，从短期来看，在粮食产销平衡区、中部地区和西部地区，应重点加强农业生产性服务的基础设施建设，提高服务覆盖面和普及率，以满足这些地区农业生产的基本需求；而在粮食主产区、粮食主销区、东部地区和东北地区，则应更加注重提升农业生产性服务的技术含量和创新水平，以满足这些地区对高品质、高附加值农业产品的需求。

第5章 农业生产性服务政策对农业内部结构优化影响的实证分析

农业高质量发展要求以新发展理念为引领，持续优化农业结构，促进农业绿色化发展，推动农业质量和效率提升，最终实现农业增效、农村变美、农民增收。调研发现，发展农业生产性服务业是实现结构优化、质量兴农、绿色兴农、农民增收的有效路径。具体来看，通过农业生产性服务组织集中采购农业生产资料、采用先进的农作技术、积极推广标准化生产，可以充分发挥农业机械装备的作业能力和分工分业专业化服务的效率，有效降低农业物化成本和生产作业成本，有助于农业节本增产增效，提高农产品竞争力和全要素生产率，进而推进农业供给侧结构性改革，实现质量兴农、绿色兴农，促进农民增收。

第4章从整体上实证分析农业生产性服务对农业高质量发展的直接影响，揭示了农业生产性服务与农业高质量发展的内在关系。接下来，第5章至第7章探究农业生产性服务的结构效应、绿色效应和收入效应，即从农业高质量发展的农业结构优化、农业绿色发展和农民增收三个维度，实证分析农业生产性服务对农村产业结构调整升级和种植结构"趋粮化"、农业绿色发展以及农民增收的影响及作用机制。

5.1 农业生产性服务政策促进农村产业结构升级的实证分析

经济服务化是推进农业转型升级与提升产业竞争力的必然趋势（姜长云，2020）。大力发展农业生产性服务业，优化农村劳动力配置，是影响农村产业结构调整的重要因素，也是促进农业现代化、实现农业高质量发展的一条重要路径。当前，我国农村产业结构面临供需结构不匹配、农民收入增长速度变慢、生产要素流通不畅等问题，亟待进行结构性调整（廖红伟，2020）。农村产业结构优化升级是促进农业农村高质量发展的重要抓手。那么，农业生产性服务是否有效促进了农村产业结构优化升级？又是通过何种路径促进农村产业结构优化升级的呢？这些问题成为学术界关注的热点问题。

5.1.1 理论机制分析

根据学者们以往的研究，从需求侧角度看，收入水平的增加（于泽等，2014）、居民消费需求的升级（廖红伟和张莉，2019）有力地推动了我国产业结构的转型升级。而从供给角度看，技术进步是产业结构升级的直接动力（周叔莲和王伟光，2001；姜泽华和白艳，2006）。从农村产业结构调整的文献来看，黄季焜（2020）指出，过去40年中国农业发展取得巨大成就的主要驱动因素分别为农村制度创新、农业技术进步、市场化改革和农业投资。这些驱动力可以划分为供给侧和需求侧两个方面。在供给侧，以家庭承包经营为基础的制度创新大幅度地提高了农业生产效率，而农业机械、化肥等物质资料的使用促进了农业技术进步，进一步推动了农业增长。农业生产效率的提高为农业劳动力的转移提供了保障。随着市场化改革的深入，农业劳动力的非农转移进一步打破了劳动力要素的流动限制，使得鲍莫尔效应得到更好发挥。因此，从现有文献来看，大部分文献都是围绕农业技术进步、制度改革和政策等供给侧因素进行研究的。而张露和罗必良（2021）指出，加强以服务小农户为代表的农业生产性服务，通过服务外包的形式引入技术、资金、企业家才能以及交易组织方式等，将小农户卷入分工经济，是实现小农户与现代农业有机衔接的不二之选。因此，农业生产性服务被视为继家庭承包经营和农民专业合作社之后的农业发展第三次动能而受到重点关注。

古典经济学家认为规模经济内生于分工经济，而农业生产性服务的本质是分工。发展农业生产的纵向分工，形成农业生产性服务的规模经营，是打破目前我国农业家庭经营土地规模小、难以实现规模经济这一瓶颈的重要途径（杨进等，2019）。农业生产性服务政策试点地区以农业生产托管为抓手，积极培育生产性服务组织，并通过补贴的形式激发小农户接受农业生产性服务这一形式。因此，农业生产性服务政策试点地区通过将农业生产性服务这一"软要素"作用于农业生产分工，不仅可以提高粮食作物播种面积和产量、促进土地规模经营，还对农业生产效率的提升和农业生产成本的改善产生积极的影响。有研究指出，农业分工能够优化劳动力资源配置。因此政策可以从供给侧和需求侧两个方面发力，促进农村劳动力"非农化"转移，实现各投入要素的有效配置，提高农业生产效率的同时促进农民收入增长，从而对产业结构产生影响。具体看，政策对于农村产业结构升级的发展效应主要表现在以下两个方面（图5-1）：

（1）农业生产性服务政策、农业规模经营、农业生产效率与产业结构优化升级

农业生产性服务政策通过土地规模经营和技术进步两条路径促进农业效

率提升。首先，小规模农户分散化经营是我国农业生产长期面临的约束，而农业生产性服务政策通过大力发展"联耕联种""土地托管"等多种形式适度规模经营，形成农业生产性服务规模经营。此外，农业生产性服务通过土地流转等方式实现土地规模经营，促进耕地连片化经营和专业化生产。土地规模经营为机械化生产创造了条件，在扩大了外包服务的市场容量的同时降低了服务组织的进入门槛，有效降低外包服务费用。而适度土地规模经营则有利于农业效率提升。其次，改造传统农业需要投入新的要素，农业生产性服务以提供服务的方式将先进的机械、知识、管理等现代生产要素和资本导入农业生产过程中，有效集合农业资源，让专业的人干专业的事，从而实现对传统农业的改造，进而显著促进技术进步、提升农业全要素生产率（张恒和郭翔宇，2021）。最后，在农业产业弱质性的现实背景下，农业劳动力供给不足，同时农业用工成本也在不断上升。农业生产性服务政策推出服务外包的方式，能够有效缓解劳动力约束，通过服务导入的形式降低技术准入门槛，达到提升农业生产效率的目标。而从供给侧的角度看，农业生产效率的提升可以实现资源合理化配置，从而释放出大量农村劳动力，这些劳动力可以流向非农部门（郑旭媛和林庆林，2021），进而促进农村产业结构转型升级。

（2）农业生产性服务政策、农民收入增长与产业结构优化升级

从需求侧来看，研究表明，在提供农业生产性服务的村集体中，农户年收入可增加 1 770～1 868 元（赵鑫等，2021）。农业生产性服务政策的增收效应主要表现在 3 个方面：首先，农业生产性服务政策通过发展农业生产托管、培育服务组织和引进现代化生产要素促进农业效率改善，进而释放大量的农村劳动力，劳动力的非农就业会显著增加农户的工资性收入，促进农民收入增收；其次，农业生产性服务组织相较于小农户具有更高的市场谈判力和议价能力，政策试点地区服务组织的介入能够缓解信息不对称问题，减少成本效率损失，从而表现出农业经营性收入的增加；最后，政策试点地区通过农业生产托管等手段优化粮食生产布局、改进粮食生产方式、增加粮食产量，从而促进农户的农业经营性收入增长、保障农户的种粮收益（栾健，2022）。在农村劳动力老龄化与农村劳动力转移的复合背景下，收入的增加将促进农民增加对农业生产性服务的需求（庄丽娟等，2011），而农业生产性服务业的发展将显著增加农村居民消费，促进农民消费结构转型升级。根据恩格尔效应的理论分析，需求结构的变化将引致农村产业结构发生变动，进而促进农村产业结构优化升级。

基于以上分析，提出如下假说：

假说 5-1：农业生产性服务政策能促进农村产业结构优化升级。

假说5-2：从需求侧的角度看，农业生产性服务政策可以通过促进收入水平的提升来促进农村产业结构优化升级。

假说5-3：从供给侧的角度看，农业生产性服务政策可以通过促进农业生产效率的提升来促进农村产业结构优化升级。

假说5-4：农业生产性服务政策可以通过促进规模经营来促进农村产业结构优化升级。

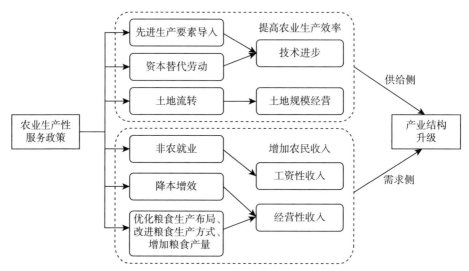

图5-1　农业生产性服务政策对产业结构升级的理论分析框架

5.1.2　变量选择与数据来源

（1）被解释变量

被解释变量是农村产业结构优化升级，其中主要包括农村产业结构合理化和农村产业结构高级化两个方面。鉴于数据的可获得性，本研究仅考察农村产业结构高级化这一个方面。农村产业结构高级化（RIS）是指农村产业结构的重心从第一产业逐步过渡到第二产业和第三产业。经济结构服务化是产业结构升级的重要特征，而传统研究通常采用非农产业产值占一二三产业总产值的比重来衡量产业结构高级化，难以体现"服务化"的倾向，因此借鉴干春晖（2011）的研究，本研究采用第三产业与第二产业的产值之比来衡量农村产业结构高级化水平。如果RIS上升，则意味着经济有服务化倾向，产业结构在升级。

$$RIS = \sum_{i=1}^{n} \frac{Y_i}{Y} \ln\left(\frac{Y_i/L_i}{Y/L}\right) \qquad (5-1)$$

式中：i表示第i个产业，n为产业部门的总数，Y表示产值，L表示就业。

如果经济处于均衡状态，则$RIS=0$；否则表示存在偏离，表明产业结构不合理。RIS 为负向指标，其值越大，表明产业结构越不合理。

（2）核心解释变量

本研究的核心解释变量是农业生产性服务政策冲击（DID_{it}）。当 i 县在第 t 年获批入选政策试点的县域，则在第 t 年及其之后的年份 DID_{it} 赋值为 1，否则为 0。

（3）控制变量

参照相关研究（陈静等，2021；陶涛等，2022；粟麟等，2022），本研究选取的控制变量有：县域经济发展水平、城镇化率、人力资本水平和居民储蓄水平。具体指标衡量方式见表 5-1。

（4）机制变量

根据前文的理论分析，从供给侧出发选取农业生产效率、从需求侧出发选取农民收入水平作为本研究的机制变量，并选取人均耕地规模变量进一步分析规模经营的作用。其中，对于农业生产效率的测度采用超效率 SBM 模型进行测算[①]；农村居民收入则采用该县农村居民人均可支配收入进行衡量，为消除价格因素的影响，以 2007 年为基期，对农村居民人均可支配收入进行平减处理；人均耕地规模用农村人均农作物播种面积进行衡量。

5.1.3 数据来源与描述性证据

（1）数据来源

采用 2008—2020 年湖南省 88 个县域的面板数据。数据分别来源于相应年份的《中国县域统计年鉴（县市卷）》《湖南统计年鉴》《湖南农村统计年鉴》和各县域统计年鉴和统计公报，个别缺失数据利用插补法进行补齐。表 5-1 给出了各变量的描述性统计结果。

表 5-1 各变量的描述性统计结果

变量类别	变量	变量说明	单位	样本数量	均值	标准差
被解释变量	农村产业结构高级化（RIS）			1 144	1.199 5	0.721 8
核心解释变量	农业生产性服务政策冲击（DID_{it}）			1 144	0.117 1	0.321 6

① 农业生产效率测算的投入产出指标体系包括投入指标和产出指标。其中，投入指标包括以下 7 个具体指标：一是土地投入，用农作物总播种面积表征；二是劳动投入，用农林牧渔业从业人员×（种植业产值/农林牧渔业总产值）表征；三是机械投入，用农业机械总动力表征；四是灌溉投入，用有效灌溉面积表征；五是化肥投入，用化肥施用量表征；六是农药投入，用农药使用量表征；七是农膜投入，用农用塑料薄膜使用量表征。产出指标用种植业产值表征，为了消除价格因素的影响，利用 2007 年价格指数对其进行平减，并进一步运用 SBM 模型对农业生产效率进行测算。

（续）

变量类别	变量	变量说明	单位	样本数量	均值	标准差
控制变量	县域经济发展水平*	人均地区生产总值		1 144	10.068 8	0.631 2
	城镇化水平	城镇户籍人口占总人口的比重		1 144	0.406 4	0.107 9
	人力资本水平*	普通中学在校生人数		1 144	10.114 2	0.636 8
	居民储蓄水平	居民储蓄存款余额占地区生产总值的比重		1 144	0.728 7	0.288 4
机制变量	农业生产效率	根据 SBM 模型进行测算		1 144	0.693 2	0.237 6
	农民收入*	农村居民人均可支配收入		1 144	9.004 5	0.645 4
	人均耕地规模	农作物总播种面积/农村总人口	亩/人	1 144	2.543 9	0.875 2

注：带 * 的变量表示其值取自然对数。

（2）描述性证据

根据前文的理论探讨，首先对被解释变量与核心解释变量之间的关系进行初步的统计分析。图 5-2 给出了 2008—2020 年湖南省县域亩均农村牧渔服务业产值和农村产业结构高级化指数随着时间变化的发展趋势。2008—2020 年，湖南省县域的亩均农林牧渔服务业产值整体上呈现逐年上升的态势，但在 2016 年大力加快农业生产性服务业发展的政策文件实施之前，增长较为平缓，之后呈现快速上升趋势。与之相对应，农村产业结构高级化指数的发展趋势不明显。那么，农业生产性服务与农村产业结构优化升级之间是否存在因果关系呢？在后文中将就此问题展开实证分析。

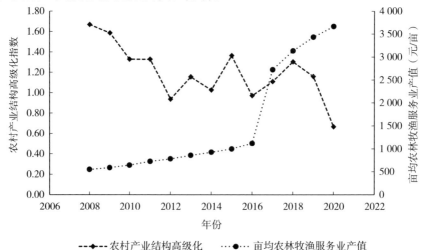

图 5-2　2008—2020 年湖南省县域亩均农村牧渔服务业产值与农村产业
结构高级化指数变动情况

5.1.4 实证模型

(1) 政策回顾

2013 年中央 1 号文件指出要构建农业社会化服务新机制，构建集约化、专业化、组织化、社会化相结合的新型农业经营体系。紧接着财政部印发了《2013 年农业生产全程社会化服务试点实施指导意见》，并在河北、江苏、湖南等 8 个省份开展农业生产全程社会化服务试点。从 2013 年开始，湖南省先后在桃源、涟源等 12 个县（市、区）开展农业生产全程社会化服务试点。2016 年，农业部、财政部印发了《关于做好 2016 年农业生产全程社会化服务试点工作的通知》，要求在湖南、黑龙江等 17 个省份开展农业生产全程社会化服务试点，并要求各试点省份中每个试点县资金原则上不少于 1 000 万元。试点县要紧紧围绕农业生产全程社会化服务，选择重点支持品种和支持环节集中连片地推进试点，聚焦关键和薄弱环节，大力推进农业生产性服务发展。这一政策得到了地方的积极响应和配合。湖南省积极完善政策支持体系，2016 年将农业社会化服务体系建设纳入《湖南省"十三五"规划纲要》和《湖南省"十三五"农业现代化发展规划》，要求湖南省各地依托农民合作社、家庭农场等农业生产性服务组织，采取试点示范、农业生产托管等方式，大力发展农业生产性服务。为此，双峰、桃源、衡南、桃江等地政府出台了相应的专门政策性文件，并先后在桃源、祁阳、湘乡等多个县（市）开展试点工作，对农业生产性服务在农村的发展起到了较大的作用，并且在经济效益、社会效益和生态效益方面取得了较好的进展。

(2) 基准模型设定

本研究将农业生产性服务政策视为一项准自然实验，因试点地区批准设立的时间不同，因此选用交叠双重差分法（交叠 DID）估计农业生产性服务政策对农村产业结构升级的影响。基准模型设定如下：

$$RIS_{it} = \alpha + \beta DID_{it} + \delta X_{it} + \mu_i + \eta_t + \varepsilon_{it} \qquad (5-2)$$

式中：RIS_{it} 为第 i 县域第 t 年的产业结构升级的衡量指标；DID_{it} 表示农业生产性服务政策试点的冲击，其中试点县为实验组，非试点县为控制组；α 为常数项；β 和 δ 为待估参数；X_{it} 为随时间变化的控制变量；μ_i 为地区固定效应；η_t 为时间固定效应；ε_{it} 为随机误差项。

5.1.5 基准回归结果

表 5-2 报告了交叠 DID 模型的估计结果。其中，列（1）仅将核心解释变量加入交叠 DID 模型中，政策冲击的效果为正，且在 5% 的显著性水平下通过检验。列（2）在列（1）的基础上加入控制变量，政策的系数仍显著为正，

说明政策冲击能够显著促进农村产业结构升级。从系数的大小来看，与非试点的地区相比，政策试点地区的产业结构高级化将提高 0.134 个单位。据此，前文提出的假说 5-1 得到验证。可能的原因是：农业生产性服务试点县通过农业生产性服务组织的培育，使小农户能够更加便捷地获取到农业生产性服务，缩小了服务半径；通过服务外包、农业生产托管、联耕联种、代耕代种等形式，将先进的技术、装备等现代化生产要素和资本导入小农户生产的过程中；以购买服务的形式实现对劳动的替代，例如通过无人机施肥施药、耕种收全过程机械化减少大部分农业生产过程中的劳动力投入，从而释放出大量的农业劳动力，促进劳动力的非农转移，劳动力转移及资源要素投入结构的变化将促进试点农村产业结构升级。此外，资本投入匮乏是限制产业结构升级的重要原因。在政策的推动下，试点地区的资本投入加速向县域经济集聚，着力引导社会资本等进入农业现代化发展领域，农业生产性服务政策的实施通过培育农业农村经济新业态，促进农业与第二、第三产业融合发展，通过农村一二三产业融合进一步促进农村产业结构升级。与此同时，农业生产性服务政策的实施促进了生产的专业化、机械化、规模化，进而促进农业技术进步，进一步推进农村产业结构升级。

表 5-2　基本回归模型估计结果

变量	(1)	(2)
	产业结构高级化	产业结构高级化
DID_d	0.153 5**	0.134 0*
	(2.185 3)	(1.880 1)
经济发展水平		0.615 6**
		(2.064 6)
城镇化率		0.059 7***
		(2.494 3)
人力资本水平		0.119 8
		(0.670 6)
居民储蓄水平		0.133 2
		(0.533 2)
常数项	1.668***	1.480***
	(0.073)	(0.343)
N	1 144	1 144

注：①***、**、*分别表示1%、5%和10%的显著性水平。
　　②地区固定效应和时间固定效应已控制，估计结果略。

5.1.6　平行趋势检验与动态效应分析

利用 DID 模型进行政策评估的前提条件是假定实验组和控制组在政策冲击之前具有相同的趋势，本研究运用事件研究法进行平行趋势检验和政策的动态效应检验：

$$RIS_{it} = \alpha + \sum_{s=-3}^{3} \beta_s \mathrm{d}DID_{it} + \delta X_{it} + \mu_i + \eta_t + \varepsilon_{it} \qquad (5-3)$$

式中：DID_{it} 为一系列年份的虚拟变量，s 表示政策实施的相对时间，β_s 表示实验组和控制组在时间趋势上的差异，其余变量设定同式（5-2）。

如果政策能够有效促进产业结构升级，那么在政策实施之前，系数 β_s 的变量应该趋于平稳。相应的，在政策实施之后，β_s 的系数将存在表现出差异。为了避免多重共线性，按照普遍做法将政策实施前 1 期删除。

图 5-3 描述了估计系数 β_s 的变动趋势及相应的置信区间。可以看出，在政策实施前，所有的置信区间都包含了 0；而在政策实施之后，估计系数的置信区间都在 0 以上，且随着时间的推移，政策促进产业结构升级的效果越来越大。这说明估计系数在各年份之间存在显著差异，满足平行趋势的假设。

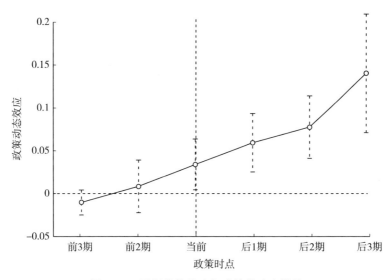

图 5-3　平行趋势检验与政策的动态效果

5.1.7　稳健性检验

（1）处理效应异质性问题

采用交叠 DID 可能会因为处理效应的异质性问题和负权重问题而影响估

计结果的稳健性（陶涛等，2022）。直观上来看，本研究样本的处理时间均位于样本的后期，且大部分样本均未接受处理，可以初步判定模型的负权重问题不严重。进一步运用 Bacon 分解方法来计算负权重，结果发现负权重问题占比仅为 0.100 6%，可以基本断定模型的负权重问题对估计结果的影响较小，可以说明模型的估计结果是稳健的（表 5 - 3）。

表 5 - 3　稳健性检验结果

变量	(1)	(2)
	替换被解释变量	PSM - DID
DID_{it}	0.010 7**	0.136*
	(2.14)	(1.74)
控制变量	Yes	Yes
N	1 144	909

注：**、*分别表示 5%、10%的显著性水平。

（2）替换核心解释变量

为进一步验证模型的稳健性，本研究选用第二和第三产业增加值占地区生产总值的比重作为产业结构升级的代理指标，模型估计结果见表 5 - 3 中的列（1），政策冲击对于农村产业结构高级化的影响仍显著为正，进一步验证模型结果的稳健性。

（3）基于 PSM - DID 的实证

为进一步排除样本选择偏差对估计结果的影响，本研究选用双重差分倾向得分匹配（PSM - DID）方法来进行分析。具体的做法是，将耕地规模、劳动力转移程度和人均粮食产量作为筛选标准，采用核匹配方法进行匹配。根据匹配样本重新运用 DID 模型进行分析，结果见表 5 - 3 中的列（2）。可以看到，利用 PSM - DID 模型的估计结果仍然支持政策冲击对农村产业结构高级化的影响显著为正，故认为本研究的基准模型结果是稳健的。

5.1.8　机制分析

政策到底是通过何种途径推动农村产业结构升级的？本研究参考国际上对经济结构转型的经典理论，从供给侧和需求侧两个方面对政策背后的影响机制进行深入探究，并进一步分析规模经营的效应。

本研究实证检验了前文理论分析提出的政策可以通过供给侧的鲍莫尔效应、需求侧的恩格尔效应和农业规模经营的效应对农村产业结构升级产生影响等观点，表 5 - 4 给出了实证分析结果。研究表明，政策冲击可以通过促进农民收入增长、农业生产效率提升和农业规模经营三条路径促进农村产业结构升级，前文提出的研究假说 5-2、研究假说 5-3 和研究假说 5-4 得到验证。就农业生产效率而言，试点地区通过政策的实施积极培育服务组织和壮大服务组织带动小农的能力，将机械、现代知识技术等导入农业生产过程中，在弥补农业优质劳动力不足的现实背景下，让专业的人干专业的事，优化资源配置与生产决策，从而提升农业生产效率。在农业劳动力相对价格变化的引导下，农村富余劳动力会进一步流向非农生产部门，造成农业劳动力占比的相对下降和非农劳动力占比的相对上升，进而调整农村产业结构。就农民收入而言，富余劳动力的非农转移能够增加非农就业，政策试点地区生产性服务组织的介入不仅能够缓解信息不对称问题，服务组织的统购统销还能够降低农业生产成本，同时增加农业经营性收入和非农收入（工资性收入）。收入的增加会带来产品需求的改变，农产品的需求逐渐饱和，人们的需求逐渐向工业品和服务品消费转变。这些需求结构的转变会带来相应的产业结构变动。就规模经营这一影响路径而言，总结湖南省各县域的试点方案可以发现，大部分试点地区均以带动小农户发展现代农业为目标，兼顾促进农业适度规模经营，促进小农户与现代农业有机衔接，引导小农户接受低成本、便利化、全方位的农业生产性服务。试点县通过发展农业生产托管和培育服务组织，促进农业生产性服务规模经营，推动农业集约化、产业化、机械化发展，从而发挥试点县农业产业化对于县域经济的推动作用，促进农村产业结构调整。

表 5-4　影响机制分析

变量	(1)	(2)	(3)
	农民收入	农业生产效率	规模经营
DID_{it}	0.012 5**	0.024 5**	0.129 8**
	(1.93)	(1.99)	(2.27)
控制变量	Yes	Yes	Yes
N	1 144	1 144	1 144

注：① ** 表示 5% 的显著性水平。
②地区固定效应和时间固定效应已控制，估计结果略。
③模型中加入的控制变量与表 5-1 中的控制变量相同，估计结果略。

5.1.9　异质性检验

农业生产性服务政策的有效性与农业资源禀赋、经济发展水平等因素具有一定的关联，而在不同的地区这些因素之间呈现出显著的地区异质性，因此本研究将进一步针对经济发展水平和劳动力转移程度进行异质性分析，分析结果见表 5 - 5。

（1）经济发展水平

从表 5 - 5 中的列（1）和列（2）可以看出，政策冲击在经济发展水平较低的地区效果显著，但在经济发展水平较高的地区政策冲击效果没有通过显著性检验，说明政策冲击具有"益贫不益富"的特点。可能的原因是：政策在欠发达地区试点时，通过试点资金的投入与服务组织的培育，能够缓解欠发达地区的资源要素流入难题和难以获得农业生产性服务的问题，同时农业生产性服务政策引致社会资本等流入试点地区，导致该地区的资本投入和资源要素投入结构发生变化，体现出政策在促进农村产业结构升级的显著推动作用；而在经济发展水平较高的地区，农村产业结构已经发展到一定的水平，使政策冲击的推动作用不再显著。

（2）劳动力转移维度

劳动力转移对产业结构造成直接影响，因此劳动力转移程度的差异可能会对政策效应的发挥造成影响。因此针对劳动力转移程度进行异质性分析。从表 5 - 5 中列（3）和列（4）的结果可以看出，在劳动力转移程度低的地区，政策冲击对于农村产业结构高级化的推动效果更强，而在劳动力转移程度较高的地区，政策的推动作用不再显著。可能的原因是：在劳动力转移程度相对较低的地区，政策的实施能够利用机械替代部分劳动力，让"专业的人做专业的事"，通过购买服务的方式缓解农业生产过程中对于劳动力的需求，进一步释放农村劳动力，促进劳动力的非农转移，进而促进了该地区产业结构的升级；而在劳动力转移程度较高的地区，大部分劳动力已经转移到第二和第三产业，劳动力进一步转移的空间小，进而导致政策冲击在此类地区的推动效果不明显。

表 5 - 5　不同情形下政策的异质性影响

变量	(1) 经济发展水平较低	(2) 经济发展水平较高	(3) 劳动力转移程度较低	(4) 劳动力转移程度较高
DID_{it}	0.207 4* (1.68)	0.079 6 (0.73)	0.187 0** (1.91)	0.118 7 (1.17)
控制变量	Yes	Yes	Yes	Yes
N	727	417	657	487

注：①＊＊、＊分别表示5%和10%的显著性水平。

②地区固定效应和时间固定效应已控制，估计结果略。

③模型中加入的控制变量与表 5 - 1 中的控制变量相同，估计结果略。

④经济发展水平用人均地区生产总值进行衡量。劳动力转移程度结合相关研究，用1-农林牧渔业从业人员/农村从业人员总数衡量。将经济发展水平和劳动力转移程度的均值作为分界线，低于均值的结果如表 5 - 5 中列（1）和列（3）所示，高于均值的结果如表 5 - 5 中列（2）和列（4）所示。

5.1.10　结论与政策启示

（1）研究结论

本章采用交叠 DID 模型和 PSM - DID 模型考察了农业生产性服务政策的实施对农村产业结构升级的影响，主要研究结论包括以下几个方面：

①农业生产性服务政策的实施对农村产业结构高级化具有显著的推动作用，在经过一系列稳健性检验后结果依旧显著，政策冲击的动态效应随着时间的推移而逐渐增大。

②农业生产性服务政策促进农村产业结构升级的影响路径主要是通过供给侧的鲍莫尔效应、需求侧的恩格尔效应和促进农业规模经营 3 条主要路径实现，即通过促进农业生产效率提升、农民收入增长和促进农业规模经营进而促进农村产业结构高级化。

③异质性分析发现，农业生产性服务政策的实施具有"益贫不益富"的特点。在经济发展水平较低和劳动力转移程度较低的地区，农业生产性服务政策的带动效果呈现显著的正向影响；但在经济发展水平较高和劳动力转移程度较高的县域，农业生产性服务政策的带动效果不显著。

（2）政策启示

①要坚持贯彻农业生产性服务政策。农业生产性服务政策的实施在一定程度上调整了产业结构，试点县获得了政策发展的红利。因此，要扩大农业生产性服务政策试点的范围，未开展试点的县域要抓紧制定相关促进农业生产性服务发展的政策，有效推动农村产业结构优化升级。

②灵活调整农业生产性服务政策。要首先解决政策实施过程中的主要问题，聚焦重点区域，结合高标准农田建设政策的实施，推动农业适度规模经营，促进农地规模化经营和集中连片经营，促进农业生产集中连片，提高农业生产专业化水平，吸引农业生产性服务组织的介入，并将成熟的发展模式加以推广，进一步释放政策红利。

③因地制宜，根据各自县域资源禀赋，找准政策发力点。在经济发展水平较低的县域和劳动力转移程度较低的县域，着力培育生产性服务组织，探索多种形式的适度规模经营，扩大农业生产性服务市场的容量。

5.2　农业生产性服务政策对种植结构"趋粮化"影响的实证分析

随着工业化、城镇化的快速推进，耕地的抛荒问题与"非粮化"问题日益凸显，并引发人们对于粮食安全的担忧。尽管我国粮食安全保障能力持续提升，到 2023 年，粮食生产实现"二十连丰"，粮食供给总量充足。但随着消费结构的升级，粮食需求的结构性矛盾日益凸显，农业种植结构存在着结构不匹配和难以适应农产品消费结构升级的需求等问题（张琛，2022），且由于种粮收益低，农民的种粮积极性并不高（钟钰，2023）。如何实现我国农业种植结构优化与种植结构"趋粮化"是政府和学术界关注的重要问题。近年来，政府对于促进农业生产性服务的发展也做出积极的响应，近几年的中央 1 号文件都对发展农业生产性服务有新的表述和部署，在农业政策的顶层设计上开始强化农业生产性服务的地位。这些政策的实施和文件的颁发为粮食安全研究领域提供了新的政策研究视角。那么，农业生产性服务政策是否以及如何对我国种植结构调整产生影响？明晰这一问题对于阐明政策运行机制、评估政策实施效果具有重要作用，并且对保障国家粮食安全具有重要现实意义。

5.2.1 理论机制分析

（1）农业生产性服务政策对种植结构"趋粮化"的直接影响

"趋粮化"的内在逻辑为节本增效。要充分调动农户的种粮积极性，就要保障种粮收益的提升。古典经济学家认为，规模经济内生于分工经济（Young A，1928），而农业生产性服务的本质是分工。以服务小农户为代表的农业生产性服务，通过服务外包的形式引入技术、资金、企业家才能以及交易组织方式等，将小农户卷入分工经济。农业分工不仅可以提高粮食作物播种面积和产量（张露和罗必良，2018；方师乐等，2017），还对农业生产效率的提升和农业生产成本的改善具有积极的影响（胡祎和张正河，2018；张恒和郭翔宇，2021）。毫无疑问，在粮食价格稳定的情况下农业生产性服务在"降本增效增产"的同时实现了种粮收益的提升。栾健（2022）证实了这一观点，即农业生产性服务对种粮收益具有显著的正向影响。农业生产性服务政策试点将积极培育服务组织，推动地区农业生产性服务的发展水平，生产性服务水平的提升将直接提高农户的种粮意愿（欧名豪等，2022），从而对种植结构"趋粮化"造成影响。基于以上分析，提出以下假说：

假说 5-5：农业生产性服务政策将正向影响种植结构"趋粮化"。

（2）农业生产性服务政策对种植结构"趋粮化"的间接影响

小规模农户分散化经营是我国农业生产长期面临的约束，在农业劳动力弱质化与农业用工成本不断提升的复合背景下，农业生产性服务政策将通过如下途径充分调动农户种粮积极性：

①农业生产性服务政策试点地区通过大力培育服务组织发展"联耕联种""代耕代种""土地托管"等模式，作为理性经济人的农户在农业用工成本不断

上升的背景下通过购买农业生产性服务来降低生产成本。同时，农业生产性服务政策试点地区通过引导地区服务组织发展来打破地区垄断、降低服务价格。

②农业生产性服务通过土地流转等方式实现土地规模经营（杨子等，2019），促进耕地连片化经营和专业化生产（钟真等，2021），而土地规模经营为机械化生产创造了条件，在扩大了外包服务的市场容量的同时降低了服务组织的进入门槛，有效降低了外包服务费用。农业生产性服务组织相较于小农户更具有市场谈判力和议价能力，能够降低信息不对称问题，减少成本效率损失（虞松波等，2019）。此外，农业生产性服务通过优化粮食生产规模、改进粮食生产方式、增加粮食产量促进农民的农业经营性收入增长（钟真等，2021；王玉斌和李乾，2019）。

③改造传统农业需要投入新的要素，农业生产性服务政策试点地区在得到试点资金的同时，能够引导社会资本导入农业生产过程中，实现对传统农业的改造和实现资源的有效配置，进而显著促进技术进步（郝爱民，2015）和农业生产效率提升（胡祎和张正河，2018；张恒和郭翔宇，2021）。效率的提升将正向影响农户的种粮收益，进而对种植结构"趋粮化"产生积极影响。

综上，农业生产性服务政策的实施有助于降低农户的农业生产成本并实现种粮收益增长，这将有利于充分调动农户的种粮积极性。基于此，提出如下假说：

假说 5-6：农业生产性服务政策通过服务组织的培育促进种植结构"趋粮化"。

假说 5-7：农业生产性服务政策通过促进试点地区的土地流转促进种植结构"趋粮化"。

假说 5-8：农业生产性服务政策通过将资本引入农业领域促进种植结构"趋粮化"。

5.2.2　变量选择与说明

（1）被解释变量

被解释变量为种植结构"趋粮化"，用粮食作物播种面积占农作物总播种面积的比重衡量。

（2）核心解释变量

农业生产性服务政策冲击（DID_{it}）作为核心解释变量，用以反映政策试点对于种植结构"趋粮化"的净影响。当该变量值的系数为正时，说明政策能够促进试点地区种植结构"趋粮化"。

（3）中介变量

根据前文的理论分析，中介变量设置为服务组织培育、土地流转和农业投资。其中，服务组织培育用各省农民专业合作社数量来衡量，土地流转用各省家庭承包耕地流转总面积与家庭承包经营耕地面积之比衡量，而农业投资用投向农林牧渔业的固定资产来衡量。

（4）控制变量

①财政支农水平，用政府一般公共预算支出中用于农林水事务的费用占比衡量。

②机械化水平，用农作物耕种收综合机械化率衡量，具体计算公式为：耕种收综合机械化率＝机耕率×0.4＋机播率×0.3＋机收率×0.3。

③人均产量，用农作物总产量与农村总人口之比衡量。

④劳动力转移，用农村外出务工劳动力人数与农村劳动力总人数之比衡量。

⑤灌溉水平，用有效灌溉面积/农作物总播种面积衡量。

5.2.3 数据来源与描述性证据

（1）数据来源

采用 2007—2021 年全国 30 个省份的面板数据（鉴于数据的可获取性，不包括西藏自治区、中国台湾省、香港特别行政区和澳门特别行政区的数据）。数据来源于 2008—2022 年的《中国农村统计年鉴》《中国统计年鉴》和历年中国农村经营管理统计公报，个别缺失数据利用插补法进行补齐。表 5-6 给出了各变量的描述性统计结果。

表 5-6　各变量的描述性统计结果

变量类别	变量	变量说明	单位	样本数量	均值	标准差
被解释变量	种植结构"趋粮化"	粮食作物播种面积/农作物总播种面积		450	0.652 3	0.138 0
核心解释变量	农业生产性服务政策冲击（DID_{it}）	若样本在第 t 年试点，则该样本在第 t 年及之后的年份取1，否则为0		450	0.280 0	0.449 0
中介变量	服务组织培育*	农民专业合作社数量		450	9.771 8	1.423 2
	土地流转	家庭承包耕地流转总面积/家庭承包经营耕地面积		450	0.269 7	0.178 3
	农业投资*	投向农林牧渔业的固定资产		450	5.774 3	1.330 3

（续）

变量类别	变量	变量说明	单位	样本数量	均值	标准差
控制变量	财政支农水平	农林水事务支出/政府一般公共预算支出×100%		450	11.060 3	3.281 2
	机械化水平	农作物耕种收综合机械化率		450	0.521 0	0.215 2
	人均产量	农作物总产量/农村总人口	吨/人	450	1.062 0	0.968 8
	劳动力转移	农村外出务工劳动力/农村劳动力		450	0.443 7	0.111 2
	灌溉水平	有效灌溉面积/农作物总播种面积		450	0.431 5	0.176 8

注：带 * 的变量表示其值取自然对数。

（2）描述性证据

根据前文的理论探讨，首先对试点地区和非试点地区种植结构"趋粮化"的发展趋势进行简要分析。图5-4显示，在2013年农业生产性服务政策试点之前，试点地区与非试点地区的种植结构"趋粮化"均表现出相同的下降趋势。在2013年农业生产性服务政策试点之后，试点地区的种植结构表现出明显的"趋粮化"特征，即粮食作物种植面积占比增大，且在政策实施之后的第2年政策效应凸显；而在非试点地区，种植结构"趋粮化"在短暂上升之后表

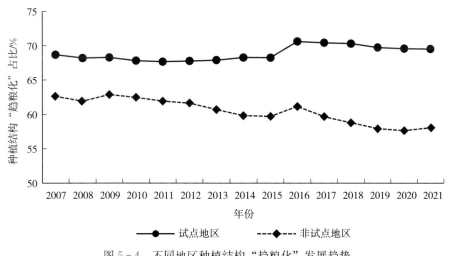

图5-4　不同地区种植结构"趋粮化"发展趋势

现出明显的下降趋势。由此可以看出，试点地区与非试点地区种植结构"趋粮化"表现出明显的差异性。那么，农业生产性服务政策试点与种植结构"趋粮化"之间是否存在因果关系呢？后文将对此展开分析。

5.2.4　模型设定

依据财政部印发的《2013 年农业生产全程社会化服务试点实施指导意见》和农业部、财政部印发的《关于做好 2016 年农业生产全程社会化服务试点工作的通知》，我国各地区农业生产性服务政策试点的时间不同。本研究采用渐进双重差分法分析农业生产性服务政策试点对于地区种植结构调整的影响，同时控制地区固定效应、时间固定效应的影响，基础模型如下：

$$y_{it} = \alpha + \beta DID_{it} + \delta X_{it} + \mu_i + \eta_t + \varepsilon_{it} \tag{5-4}$$

式中：y_{it} 为第 i 个省份第 t 年的种植结构"趋粮化"的度量指标；DID_{it} 为是农业生产性服务试点省份的虚拟变量，若第 i 个省份在第 t 年进行了试点，则第 t 年及之后的年份 DID_{it} 取值为 1，否则取值为 0；α 为常数项；β 和 δ 为待估参数；X_{it} 为随时间变化的控制变量；μ_i 为地区固定效应；η_t 为时间固定效应；ε_{it} 为随机误差项。

进一步借鉴江艇（2022）的做法，采用两段式中介检验方法验证政策试点与中介变量之间的关系。具体模型设定为

$$MID_{it} = \alpha + \beta DID_{it} + \delta X_{it} + \mu_i + \eta_t + \varepsilon_{it} \tag{5-5}$$

式中：MID_{it} 为中介变量，其余变量设定同式（5-4）。

5.2.5　基准回归结果

表 5-7 报告了基本回归模型的估计结果。不难发现，DID_{it} 均在 1% 的显著性水平下通过检验，并且 DID_{it} 的系数为正，说明农业生产性服务政策的实施能够显著提高试点地区的粮食作物播种面积占比，即农业生产性服务政策试点对种植结构调整具有"趋粮化"效应，因此前文提出的假说 5-5 得到验证。可能的原因是：农业生产性服务政策试点地区致力于促进小农户与现代农业有效衔接，通过农业生产性服务规模经营促进土地流转和土地规模经营；相较于经济作物，粮食作物种植的机械化程度较高，需要投入的劳动力资源相对较少，在劳动力转移的现实背景下通过生产性服务实现机械对部分劳动力的替代，可以缓解农业劳动力的刚性约束；政策试点地区通过大力培育服务组织促进区域内农业生产性服务发展，政策试点地区的农户能够更加便捷地获取服务，从而实现种植结构"趋粮化"。此外，大量研究表明，农业生产性服务能够显著降低农户弃耕面积，进一步凸显政策的"趋粮化"效应。

表 5-7　基本回归模型估计结果

变量	(1)	(2)
	种植结构"趋粮化"	种植结构"趋粮化"
DID_{it}	0.030***	0.021***
	(0.006)	(0.006)
财政支农水平		−0.003**
		(0.001)
机械化水平		0.015*
		(0.035)
人均产量		0.016***
		(0.004)
劳动力转移		−0.192***
		(0.049)
有效灌溉水平		0.047**
		(0.023)
常数项	0.644***	−0.764
	(0.002)	(0.036)
N	450	450

注：①***、**、*分别表示1%、5%和10%的显著性水平。
②地区固定效应和时间固定效应已控制，估计结果略。

从控制变量来看，财政支农水平和劳动力转移对种植结构"趋粮化"的影响为负，可能的原因是：财政支农的数量和投入结构不合理导致种植结构具有"去粮化"特征；劳动力转移将直接导致在农忙时节农业生产缺乏劳动力，进而不利于种植结构"趋粮化"。而人均粮食产量、机械化和有效灌溉水平的影响则为正，机械化水平越高，越有利于种植结构"趋粮化"，这与罗必良（2018）的分析结果一致。

5.2.6　平行趋势检验与政策的动态效应

平行趋势假定是使用双重差分法的前提，平行趋势的假设检验同时也可以进行政策动态效用的检验。借鉴莫怡青（2022）的做法，开展平行趋势检验并分析政策试点的动态效果。模型设定如下：

$$y_{it} = \alpha + \sum_{k=-6}^{8} \beta_k D_{iq}^k + \delta X_{it} + \mu_i + \eta_t + \varepsilon_{it} \qquad (5-6)$$

式中：D_{iq}^k 为政策试点前后的年度虚拟变量；$k=-6$，-5，$\cdots$，8；α、β_k 是待估计的参数；其他符号的设置与式（5-4）相同。

为了消除多重共线性的影响，将政策试点前一年作为基准期并在回归结果中移除。如果农业生产性服务政策能够有效促进种植结构"趋粮化"，那么在政策实施之前，系数 β_k 的变动应该趋于平稳；相应地，在政策实施之后，β_k 的变动将呈现出差异。

图 5-5 给出了估计系数 β_s（$s=1$，2，$\cdots$，14）的变动趋势及相应的置信区间。可以看出，在政策实施以前，所有的置信区间基本上都包含了 0；但在 2013 年政策实施之后，估计系数的置信区间大都在 0 以上，说明估计系数在各年份之间存在显著差异，满足平行趋势的假设。而从政策的动态效果来看，政策效果在政策实施之后的第 3 年才显著，这与前文的描述性分析结果一致。可能的原因是：政策实施初期，政策的配套措施不够完善，小农户对于农业生产性服务外包这一服务模式的接受度不高，从而导致政策的"趋粮化"效应没有立即显现。而在政策实施两年后，随着政策的进一步完善和农户对于农业生产托管的意愿加强，政策效应凸显，且随着时间的推移，政策实施对于种植结构"趋粮化"的正向影响稳定在一定的水平。

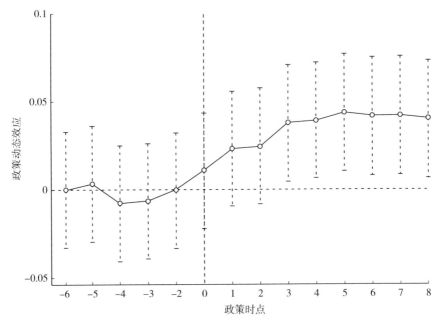

图 5-5　平行趋势检验与政策的动态效果

（注：-1 时点作为基准期，从回归结果中删除）

5.2.7　稳健性检验

(1) 安慰剂检验

为了排除其他因素影响种植结构"趋粮化"，通过重复 500 次随机生成过程，随机化实验组进行了安慰剂检验，图 5-6 汇报了随机生成组的估计系数及其 P 值的分布情况。可以看出，随机生成的估计系数符合正态分布，在 0 值附近波动，且离基准结果值有一定差距，这为政策试点促进种植结构"趋粮化"的研究结论提供了进一步的支持。

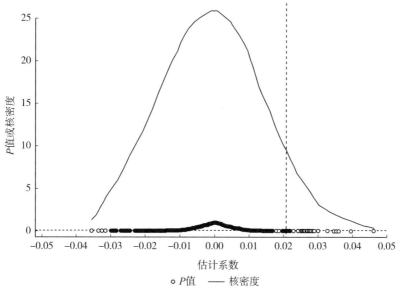

图 5-6　安慰剂检验（重复 500 次）

(2) 基于 PSM-DID 的实证

为进一步排除样本选择偏差对估计结果的影响，选用双重差分倾向得分匹配（PSM-DID）方法来进行分析。具体的做法是，将人均粮食产量作为筛选标准，采用核匹配方法进行匹配。根据匹配样本重新运用 DID 模型进行分析，结果见表 5-8 中的列 (1)。可以看到，利用 PSM-DID 模型的估计结果仍然支持农业生产性服务政策对种植结构"趋粮化"的影响显著为正，故认为基准模型结果是稳健的。

(3) 运用合成 DID 进行估计

Arkhangelsky 等 (2021) 将双重差分法和合成控制法结合起来，形成了一种新的合成双重差分法（SDID）。SDID 具有双重稳健性的特征。也就是说，在给定正确、清晰设定的固定效应模式时，SDID 的估计量在各种加权方案下都是稳健的。即使基础固定效应模型设定错误，当真正的数据生成过程涉及一个更一般的低级别数据结构时，SDID 在适当设定合成控制法的惩罚权重下也是稳健的。SDID 估计结果见表 5-8 中的列（2）。从估计结果来看，合成 DID 仍然支持政策促进种植结构"趋粮化"这一结论，且与基准模型结果相比，政策的促进作用更大，进一步证明了估计结果的稳健性。

表 5-8   稳健性检验结果

变量	(1)	(2)
	PSM-DID	SDID
DID_{it}	0.017***	0.032**
	(0.006)	(0.014)
控制变量	Yes	Yes
地区固定	Yes	Yes
时间固定	Yes	Yes
常数项	0.686***	——
	(0.040)	

注：①***、**分别表示1%、5%的显著性水平。
②控制变量同表5-7，估计结果略。

5.2.8   机制分析

农业生产性服务政策到底是通过何种途径推动种植结构"趋粮化"呢？接下来，将从数据的可获取性和实际情况出发，结合前文提出的 3 条基本路径对政策"趋粮化"背后的影响机制进行深入探究。

（1）服务组织培育

表 5-9 中的列（1）报告了农业生产性服务政策冲击对服务组织培育影响的回归结果。政策冲击的系数显著为正，表明农业生产性服务政策的实施可以促进地区农民专业合作社数量的发展。一个可能的解释是：大多数政策试点地区的首要任务是大力培育服务组织，而农民合作社作为小农户接受度最高的服务组织，在政策的驱动下可以引导农户成立专业的农业生产性服务合作组织，增加农业生产性服务供给主体，提高农业生产性服务组织的服务半径，有效促进农业生产性服务政策"趋粮化"效应的发挥。

（2）促进土地流转

表 5-9 中的列（2）报告了农业生产性服务政策冲击对于土地流转的回归结果。政策冲击的系数显著为正，说明政策的实施可以促进地区土地流转。一个可能的原因在于：农业生产性服务才是实现农业规模经济的充分必要条件

（钟真，2020），农业生产性服务能够有效缓解农业规模经营所面临的约束。不仅小农户需要农业生产性服务，种植大户、家庭农场等也迫切需要农业生产性服务，政策试点地区随着服务组织的介入，满足了种植大户、家庭农场等对于社会化服务的需求，从而稳定了新型农业经营主体的粮食作物种植决策，这些农业经营主体进而通过土地流转这一路径实现种植结构"趋粮化"。

（3）引致农业投资

从表 5-9 中列（3）的回归结果可以看到，政策可以有效增加试点地区投向农林牧渔业的固定资产。一个可能的原因是：农业生产性服务政策基于资本密集、技术密集和高度市场化的特点，以市场为载体，有效地促进了非公有资本和各类现代化生产要素进入农业领域，为农业提供专业化的生产性服务，为农业的稳定发展提供了保障。

综上，可以看出，政策的实施从培育服务组织、促进土地流转和引致农业投资 3 条路径促进种植结构"趋粮化"。前文提出的假说 5-6、假说 5-7 和假说 5-8 得到验证。

表 5-9　影响机制分析

变量	(1)	(2)	(3)
	合作组织培育	土地流转	农业投资
DID_{it}	0.087*	0.058***	0.053**
	(0.062)	(0.009)	(0.015)
控制变量	Yes	Yes	Yes
地区固定	Yes	Yes	Yes
时间固定	Yes	Yes	Yes
常数项	9.747***	0.254***	5.755***
	(0.024)	(0.004)	(0.387)

注：①***、**、*分别表示 1%、5% 和 10% 的显著性水平。

②地区固定效应和时间固定效应已控制，估计结果略。

③控制变量同表 5-7，估计结果略。

5.2.9　异质性检验

农业发展政策的有效性与农业资源禀赋等因素具有一定的关联，而往往不同的地区这些因素之间呈现出显著的地区异质性，因此，进一步从三个方面展开异质性分析：

（1）区域定位发展差异

为进一步探究农业生产性服务政策对种植结构"趋粮化"的异质性影响，

在回归中加入粮食主产区虚拟变量和"粮食主产区×政策试点"交乘项，回归结果如表 5 - 10 中的列（1）所示。可以看到，交乘项的系数显著为正，表明相较于非粮食主产区，粮食主产区的政策实施对于促进种植结构"趋粮化"的作用更为显著。可能的原因在于：相较于非粮食主产区，为了确保农户的种粮积极性，粮食主产区建立了国家粮食安全保障基金，具有配套的财力奖补体系，粮食主产区不仅为粮食种植户提供支持保护补贴、农机购置补贴、农业保险支持等优惠政策，还加大了高标准农田、农田水利、土地整理和农业综合开发等项目的补贴力度，这些政策能够与农业生产性服务政策试点一起协同充分调动农民的种粮积极性。

（2）服务组织差异

农业生产性服务政策发挥"趋粮化"效应的前提是小农户能够便捷地获取到农业生产性服务（张琛等，2021），因此，进一步分析各地农业生产性服务组织差异导致的异质性影响。如果服务组织的数量和服务质量达不到小农户的要求，那么将不利于政策效应的发挥。在农业生产性服务体系中，不同的服务组织形式都是不可缺少的。农民专业合作社作为农民自己组建、自己可以掌握的服务机构，有着不同于其他服务组织的独特优势。合作社能够统筹资源，实现参与主体的收益增加、降低农业经营风险，并且依托于合作社的农业生产托管、代耕代种等模式更容易被农户所接受。因此，在回归方程中加入农民专业合作社数量的虚拟变量①和"农民专业合作社虚拟变量×政策"交乘项，回归结果如表 5 - 10 中的列（3）所示。可以看到，交乘项系数显著为正，说明服务组织数量增多，农业生产性服务政策对于种植结构"趋粮化"的促进作用越强。可能的原因是：服务组织增多，不仅可以缩小农户获取到农业生产性服务的半径，促进资源配置效率的合理性、市场容量的稳定性，并且市场机制的介入可以促进服务主体提高服务质量、打破地区垄断、降低服务价格，进一步降低小农户购买农业生产性服务的成本，从而实现农业生产性服务规模经营，促进种植结构"趋粮化"。

（3）机械化水平的异质性

表 5 - 10 中的列（3）给出了机械化水平的异质性影响，可以看出交乘项的系数为正，且通过显著性检验，说明机械化水平越高，农业生产性服务政策对种植结构"趋粮化"的促进作用越明显。一个可能的解释是：伴随着农村劳动力的非农转移、农民劳动力价格的持续上涨，粮食生产已经由劳动密集型转为劳动节约型，机械能够替换部分劳动力，在粮食作物全程机械化快速推进的

---

① 农民专业合作社虚拟变量的具体衡量方法是：计算各地区农民专业合作社数量的均值，小于均值的地区为 0，大于则为 1。后文中关于机械化水平的虚拟变量设定与此类似。

过程中，农业机械对于劳动力的替代进一步缓解了劳动力弱质和劳动成本攀升的困境。因此，农业机械化要素的介入及其对劳动力的替代有效地促进了种植结构"趋粮化"发展。

表 5 - 10　异质性分析

	(1)	(2)	(3)
	是否为粮食主产区	服务组织差异	机械化水平
DID_{it}	0.051***	0.035***	0.041***
	(0.006)	(0.006)	(0.006)
控制变量	Yes	Yes	Yes
地区固定	Yes	Yes	Yes
时间固定	Yes	Yes	Yes
常数项	0.641***	0.643***	0.772***
	(0.002)	(0.002)	(0.026)

注：① *** 表示 1% 的显著性水平。
②控制变量同表 5 - 7，估计结果略。

5.2.10　结论与政策启示

(1) 研究结论

本研究采用渐进双重差分法、PSM - DID 模型、合成双重差分法与中介效应模型，考察农业生产性服务政策的实施对于种植结构"趋粮化"的因果效应、区域异质性和作用机制。主要研究结论有：

①农业生产性服务政策的实施对种植结构"趋粮化"具有显著的推动作用。同时，动态效应结果显示：在政策试点之后的第 3 年，"趋粮化"效应才凸显出来，之后政策效应稳定在一定的水平下；通过安慰剂检验、利用 PSM - DID、SDID 重新进行估计之后，政策实施对种植结构"趋粮化"的促进作用依旧显著。

②异质性分析发现，农业生产性服务政策的实施具有明显的地区差异。在粮食主产区、农业合作社数量多的地区和机械化水平较高的地区政策的"趋粮化"效应更显著。

③农业生产性服务政策促进种植结构"趋粮化"主要是通过培育农业生产性服务组织、推动土地流转和引致农业投资 3 条路径实现的。

(2) 政策启示

①农业生产性服务推动了农业分工深化，农业生产性服务政策试点的"趋粮化"效应为新发展阶段保障国家粮食安全提供了新思路和新路径。要充分认

识农业生产性服务政策促进种植结构"趋粮化"的作用机制，加大粮食生产区的农业投资、培育服务组织和促进土地流转，实现规模经营。

②要考虑政策效应的区域异质性，在推进农业生产性服务发展中应因地制宜实行差异化的农业生产性服务政策。首先，在粮食主产区，政府要加大粮食主产区农业生产性服务发展资金和政策的支持力度，要通过不同的政策引导小农户接受农业生产托管、半托管、代耕代种、联耕联种等不同模式的农业生产性服务，推动农业生产性服务的高质量发展，最大限度激发政策在促进粮食主产区种植结构"趋粮化"的积极作用。而在非粮食主产区，政府则要制定相应的政策措施，例如通过补贴的方式，扩大农业生产性服务组织的数量，改善"软实力"环境，积极推进农业社会化服务发展。其次，在服务组织数量较少的地区，注重培育农业生产性服务组织，培育多元的服务主体，积极发展农村集体经济组织和扶持农业技术推广服务组织等。同时，借助高标准农田建设等一系列政策促进农业规模经营，增大市场容量，引致农业生产性服务组织的介入。最后，在农业机械化水平较高的区域，农业生产性服务政策的实施要注重引导服务组织向高质量发展，通过推动服务组织融合发展，不断创新农业生产性服务方式，推进专项服务与综合服务协调发展；在农业机械化水平不高的地区，则应积极引导服务组织通过提供除机耕、机收等基础机械化服务以外，鼓励支持服务组织提供机械施肥施药、秸秆机械还田等，促进种植结构"趋粮化"。

③在劳动力转移和农民种粮积极性不高的现实背景下，农业生产性服务政策的实施虽然取得了"趋粮化"的效应，但农业用工成本上升和粮食价格下降制约了种粮收益的提升，难以保障政策效应的可持续性。因此，需要提高农户与现代农业有机衔接水平，促进小农户接受农业生产性服务外包模式，多措并举提高农户种粮的综合效益和积极性。

第6章 农业生产性服务对农业绿色发展影响的实证分析

全球温室效应引发的极端天气给农业生产带来了巨大损失，如何有效降低农业碳排放强度成为各国政府和学者关注的热点话题。据统计，中国传统农业生产产生的温室气体排放量占全国温室气体排放量的17%（Xu，2017），农业碳排放量平均可减少约31%（Tang，2022）。可见，农业部门的减碳空间很大，降低农业碳排放强度对实现低碳经济和全球"碳中和"的目标至关重要。那如何实现农业碳减排目标呢？在现有的研究中，政策效应被广泛认为是实现农业减碳的有效途径之一（Da et al.，2019；Some et al.，2019；Du et al.，2023）。作为世界上最大的农业国之一，中国正在积极探索减少碳排放的途径并出台了一系列相关政策，例如化肥与农药零增长行动、农业绿色发展试点项目等。随着技术的进步和农村劳动力的转移，农业生产性服务分工的空间越来越大。近年来，中国逐步探索出一条以农机服务外包为基础的农业生产性服务道路。有研究表明，农业生产性服务对降低化肥施用（Huan，2022）、促进农户绿色生产行为（Qing et al.，2023；杨高第，2022）、实现农业生产性服务规模经营（Zang et al.，2022）等有显著成效。那么，在构建"双碳"格局的背景下，农业生产性服务政策的实施是否有助于降低农业碳排放强度呢？如果是，影响机制又是什么？是否存在区域异质性？这些问题迫切需要科学评估。

6.1 理论机制分析

由于农业碳排放主要来自农业生产过程中农药和化肥的施用、机械能耗、灌溉用电和农用地膜覆盖，合理发展低碳农产品可以有效减少中国农业生产过程中的碳排放，缓解环境压力（Du et al.，2023）。农业生产性服务作为转变农业发展方式、促进农业结构调整的重要手段，对实现农业碳减排具有重要影响（罗明忠，2023）。尽管面临平均耕地面积小、土地碎片化、农业劳动力用工成本上升等问题，但中国农业生产仍在稳步增长，主要原因就是加强了农业生产性服务（Zhang et al.，2017）。小规模农业生产将导致更多的农业碳排放，因此鼓励小农户购买农业生产性服务并引导其进行适度规模经营，以实现农业碳减排（Yi and Gu，2022）。为贯彻落实 2013 年中央 1 号文件精神，农业部和财政部等多部门联合发文，开始实施农业生产性服务政策试点。农业生产性服务政策的实施旨在通过培育农业生产性服务组织、缩短农业生产性服务半径、培育多种服务方式，为农民获得农业生产性服务提供便利。总体而言，农业生产性服务政策试点可以通过以下 3 条途径影响农业碳减排：

（1）降低化肥施肥强度，实现农业碳减排

我国农业生产者过量施肥问题突出，化肥减量空间巨大，而农业生产性服务可以减少化肥施用（张梦玲等，2023）。首先，当农业生产性服务组织与合适的新型农业经营主体相匹配时，可以有效减少化肥的施用（Diiro，2021）；其次，绿色生产社会化服务通过服务外包将绿色生产技术引入小农户的生产过程，可以有效实现减肥（Yang et al.，2022）；最后，农业生产性服务可以促进农户施用商品有机肥料和测土配方施肥，从而减少化肥的使用（Shi et al.，2023）。化肥的施用是农业碳排放的主要来源之一，化肥施用强度的增加将加剧农业碳排放（吴昊玥等，2020）。因此，减少化肥施用对促进农业碳减排的作用是毋庸置疑的。农业生产性服务政策的实施可以通过降低化肥施用强度来促进农业碳减排。

（2）促进土地流转，减少农业碳排放

大量研究表明，农业生产性服务对农户土地流转具有显著的促进作用（Liu et al.，2022）。首先，土地流转不仅可以显著降低农业碳排放（Li et al.，2023；Tang et al.，2022），还可以通过减少化肥的施用进一步降低农业碳排放（吉雪强等，2023）。其次，在小规模农业经营的现实农情下，农业生产性服务和土地流转可以实现适度的农业规模经营。从长远来看，农地规模化经营有利于实现农业减碳（Liu et al.，2021；徐湘博等，2021）。最后，规模的扩大有助于打破土地细碎化的困境，实现农业机械化的发展，机械化将进一步抑制农业碳排放（陈银娥等，2018；徐清华和张广胜，2022）。基于此，农业生产性服务政策试点可以通过促进土地流转来降低农业碳排放。

（3）优化粮食种植结构，实现农业碳减排

实践表明，种植结构的变化将对农业碳排放产生重大影响（张扬等，2023）。农业生产性服务可以促进种植结构的调整，实现以粮食为主的种植结构（杨阳等，2022）。农业生产性服务不仅可以直接减少化肥施用，而且可以通过促进以粮食为导向的种植结构来进一步减少化肥施用量（刘莉，2019），因为与种植经济作物相比，种植粮食作物的农业碳排放强度更低（詹绍菓，2023）。基于此，"趋粮化"的农业种植结构调整将显著降低农业碳排放（Ma et al.，2022）。同时，如前文所述，化肥施用强度的降低将进一步促进农业碳减排。因此，有理由相信，农业生产性服务政策试点可以通过促进"趋粮化"

的种植结构调整实现农业碳减排。

综上所述，提出如下研究假说：

假说 6-1：农业生产性服务政策将显著促进农业碳减排。

假说 6-2：农业生产性服务政策将通过降低化肥施用强度、促进土地流转、实现种植结构"趋粮化"等三条路径实现农业碳减排。

6.2 实证研究设计

6.2.1 变量选择与说明

（1）被解释变量

被解释变量为农业碳排放强度（$ACEI$）。基于相关研究中提出的计算方法（李波等，2021；Yang et al.，2022），农业碳排放[1]主要涉及 6 个方面：农药、化肥、农用地膜、农用柴油、灌溉和机械翻耕。碳排放量的计算公式为

$$ACE_t = \sum_{k=1}^{n} c_{kt} = \sum_{k=1}^{n} \delta_k \omega_k \qquad (6-1)$$

式中：ACE_t 表示农业碳排放总量；k 表示第 k 个碳排放源，$k=1,\ 2,\ \cdots,\ n$；t 表示时间；c_{kt} 表示各碳排放源的碳排放总量；δ_k 和 ω_k 表示第 k 个碳排放源的碳排放系数和相应的碳排放量。

据测算，农药使用、化肥施用、柴油使用、薄膜使用、机械翻耕和灌溉的碳排放系数分别为 4.934 千克/公顷、0.896 千克/公顷、0.593 千克/公顷、5.180 千克/公顷、312.600 千克/千米^2 和 20.476 千克/公顷。

为了验证农业生产性服务政策试点对农业碳减排的影响，农业碳排放强度（$ACEI$）的计算公式为

$$ACEI_t = \frac{ACE_t}{\text{农作物总播种面积}}$$

（2）核心解释变量

核心解释变量为农业生产性服务政策的冲击（DID_{it}），以反映政策试点对农业碳减排的净影响。当该变量的系数为正时，表明该政策可以在试点地区促进农业碳排放；相反，当系数为负时，政策将抑制农业碳排放，表明政策具有碳减排效应。

（3）中介变量

从前面的理论分析可以看出，农业生产性服务政策主要通过 3 条路径影响农业碳排放：降低施肥强度、调整农业种植结构和促进土地流转以实现农业规

---

① 本研究测算的农业碳排放仅指狭义的农业，即种植业的碳排放。

模经营。中介变量及其测量方法如下：

①化肥施用强度，用化肥施用总量与农作物总播种面积（FAI）的比值表示。

②土地流转，用家庭承包耕地流转总面积与家庭承包耕地面积的比值来衡量。

③种植结构"趋粮化"，用粮食作物播种面积与农作物总播种面积的比值来衡量。

（4）控制变量

农业生产性服务除了政策以外，还有其他一些因素也会对农业碳排放产生影响，因此还需要控制其他因素对农业碳排放的干扰。借鉴研究中相关变量的选取依据（陈宇斌和王森，2023），选取以下变量作为控制变量：

①农业收入水平（$Income$）用农户人均农业收入来衡量，以反映控制农村居民农业收入水平对农业碳排放的影响。

②农业机械化水平（$Machine$），用农业机械总动力与农作物总播种面积的比值来衡量，以反映农业机械化水平对农业碳排放的影响。

③政府支持（$Support$），用地方财政支农支出与地方财政一般预算支出的比例来衡量，以反映财政支农水平。

④农业投资（$Invest$），用投向农林牧渔业的固定资产投资来衡量，以反映农业投资强度。

⑤城镇化水平（$Urban$），用城镇户籍人口占总人口的比重来衡量。

6.2.2 数据来源与描述性证据

（1）数据来源

本研究使用了2008—2021年我国27个省份的面板数据（由于数据可获取性，不包括西藏自治区、香港特别行政区、澳门特别行政区和中国台湾省的数据，并排除了城市化率超过80%和农业占比低于3%的北京市、上海市和天津市）。数据来源于相应年份的《中国农村统计年鉴》《中国统计年鉴》和中国农村经营管理统计公报，使用插补法对个别缺失的数据进行补充。各变量的描述性统计结果如表6-1所示。

表6-1 各变量的描述性统计结果

变量类别	变量	变量描述	单位	N	均值	标准差
被解释变量	农业碳排放强度[*]（$ACEI$）	农业碳排放总量/农作物总播种面积	吨/公顷	378	6.499	0.401

（续）

变量类别	变量	变量描述	单位	N	均值	标准差
解释变量	农业生产性服务政策的冲击（DID_{it}）	如果样本 i 在第 t 年开始试点，则 DID_{it} 在第 t 年及之后年份为 1，否则为 0		378	0.333	0.471
中介变量	化肥施用强度	化肥施用总量/农作物总播种面积	吨/公顷	378	23.543	8.242
	土地流转	家庭经营土地流转总面积/家庭经营土地总面积		378	0.257	0.147
	种植结构"趋粮化"	粮食作物播种面积/农作物总播种面积		378	0.652	0.138
控制变量	农业收入水平*（lnIncome）	农业经营性收入		378	8.292	0.447
	农业机械化水平（Machine）	农业机械总动力/农作物总播种面积	万千瓦/公顷	378	0.604	0.209
	政府支持（Support）	农林水事务支出/地方财政一般公共预算支出	%	378	11.868	2.776
	农业投资*（lnInvest）	投向农林牧渔业的农村固定资产投资		378	6.094	1.059
	城镇化水平（Urban）	城镇户籍人口/总人口	%	378	53.982	9.268

注：带 * 的变量表示其值取自然对数。

（2）描述性证据

从图 6-1 中可以看出，在 2013 年农业生产性服务政策开始试点之前，政策试点和非试点地区的农业碳排放强度均呈上升趋势，基本满足平行趋势的基本要求。农业生产性服务政策试点后，试点地区的农业碳排放强度经历了波动，并从 2016 年开始快速下降，这与 2016 年政策扩大试点范围不谋而合。虽然后期非试点地区的农业碳排放强度也有所下降，但在 2014 年之后超过了试点地区，表明政策试点期间试点地区与非试点地区之间的农业碳排放强度存在显著差异。因此可以推断农业生产性服务政策试点可能具有农业碳减排效应。下面将使用模型来进一步验证这一假说。

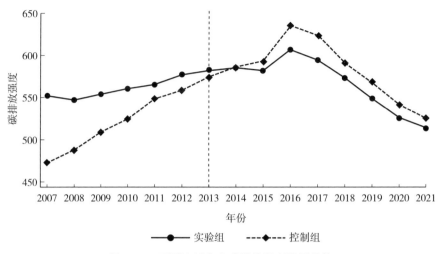

图 6 - 1　不同地区农业碳排放强度发展趋势

6.2.3　模型设定

2013 年中央 1 号文件指出，要构建农业社会化服务新机制。随后，财政部下发《关于 2013 年农业生产全过程社会化服务试点实施指导意见的通知》，在河北、江苏、湖南等 8 个省份开展农业生产全程社会化服务试点。随后，2016 年，农业部、财政部发布了《关于做好 2016 年农业生产全程社会化服务试点工作的通知》，其中指出，将在湖南、黑龙江等 17 个省份开展农业生产全过程社会化服务试点，且各试点省份中每个试点县资金原则上不低于 1 000 万元。试点县要聚焦重点和薄弱环节，大力培育多种形式的社会化服务组织，推动社会化服务从农业生产的单一环节向全过程社会化服务转变，从小规模分散化经营向规模化服务转变，大力发展农业生产性服务，促进农业生产服务业的发展。

鉴于不同地区农业生产性服务政策试点的时间不同，采用渐进双重差分法（DID）分析政策试点对地区农业碳减排的影响，同时考察了地区固定效应和时间固定效应的影响。基本模型如下：

$$y_{it} = \alpha + \beta DID_{it} + \delta X_{it} + \mu_i + \eta_t + \varepsilon_{it} \qquad (6-2)$$

式中：y_{it} 是第 t 年 i 省份农业碳排放强度的测量指标；DID_{it} 是农业生产性服务试点省份的虚拟变量，如果 i 省份在第 t 年进行试点，则第 t 年及以后年份的 DID_{it} 值为 1，否则为 0；α 是一个常数项；β 和 δ 为待估参数；X_{it} 是随时间变化的控制变量；μ_i 为地区固定效应；η_t 是时间固定效应；ε_{it} 是随机误差项。

此外，借鉴江艇（2022）的方法，使用两阶段中介效应模型来验证政策试点与中介变量之间的关系。具体模型设置为

$$MID_{it} = \alpha + \beta DID_{it} + \delta X_{it} + \mu_i + \eta_t + \varepsilon_{it} \qquad (6-3)$$

式中：MID_{it}是中介变量，其他变量设置参照式（6-2）。

6.3　实证结果与分析

6.3.1　基准回归结果

表6-2报告了模型的基准回归估计结果。不难发现，无论是否添加控制变量，农业生产性服务政策冲击都可以通过1%水平下的显著性检验。同时，政策冲击的回归系数为负，表明政策可以有效降低农业碳排放强度，这意味着农业生产性服务政策具有碳减排效应。基于此，先前提出的假说6-1得到了验证。可能的原因在于：首先，政策试点地区的政策致力于促进小农户与现代农业的有效衔接，通过示范效应带动小农户推行绿色低碳生产方式（Qing et al.，2023；卢华等，2021）；其次，农业生产性服务政策可以通过促进土地流转实现规模经营，同时可以与农业生产性服务规模经营共同发力，通过规模经营有效降低低碳生产成本（Tang et al.，2018）；最后，试点地区积极培育农业生产性服务组织，小农户通过服务外包或土地托管等方式，将具有一定技术壁垒的绿色低碳生产技术直接引入小农户的生产过程（孙小燕，2019），从而实现绿色低碳生产。总之，政策将通过展示示范效应、引入绿色生产技术和降低低碳生产成本来实现农业碳减排。

在控制变量方面，农业机械化可以降低农业碳排放强度，而城市化水平将对农业碳排放强度造成正向影响，这与徐清华（2022）和陈宇斌（2023）的研究结果一致。

表 6-2　基准回归结果

变量	(1)	(2)
	ACEI	ACEI
DID_{it}	−0.083*** (0.013)	−0.088*** (0.013)
ln$Income$		0.010 (0.018)
$Machine$		0.222*** (0.049)
$Support$		0.003 (0.003)

（续）

变量	(1)	(2)
	$ACEI$	$ACEI$
$\ln Invest$		0.001
		(0.011)
$Urban$		-0.005^*
		(0.003)
常数项	6.273^{***}	6.285^{***}
	(0.005)	(0.213)
N	378	378

注：① $***$、$*$ 分别代表 1% 和 10% 的显著性水平。

　　②括号内数值是稳健标准误。

　　③各省和年份的固定影响已得到控制，估计结果省略。

6.3.2　平行趋势检验与政策的动态效应

满足平行趋势假定是使用 DID 的先决条件。借鉴莫怡青（2022）的方法进行平行趋势检验，并分析政策试点的动态效果。模型设置如下：

$$y_{it} = \alpha + \sum_{k=-6}^{8} \beta_k D_{iq}^k + \delta X_{it} + \mu_i + \eta_t + \varepsilon_{it} \qquad (6-4)$$

式中：D_{iq}^k 为政策试点前后的年度虚拟变量；$k = -6, -5, \cdots, 8$；α、β_k 是待估计的参数。其他符号的含义与式（6-2）相同。

为了消除多重共线性的影响，将政策试点前一年作为基准期，并从回归结果中删除。如果政策具有降低农业碳排放强度的效果，则系数 β_k 变化在政策实施前应趋于稳定；相应地，在政策实施后，β_k 的变动将表现出显著差异。

图 6-2 显示了 β_s 的变化趋势和相应的置信区间。可以看出，在 2013 年该政策实施之前，所有置信区间基本上都包含 0；在该政策实施后，估计系数的置信区间均低于 0，表明年份之间存在显著差异，符合平行趋势的假设。从政策的动态效果来看，该政策的碳减排效应在 2016 年达到最大值，恰逢试点范围和政策支持力度的扩大，进一步验证了该政策的显著碳减排效应。

6.3.3　稳健性检验

（1）安慰剂试验

为了排除其他因素的影响，本研究通过重复 500 次随机生成过程，随机化实验组进行了安慰剂检验，结果见图 6-3。图 6-3 汇报了随机生成实验组的

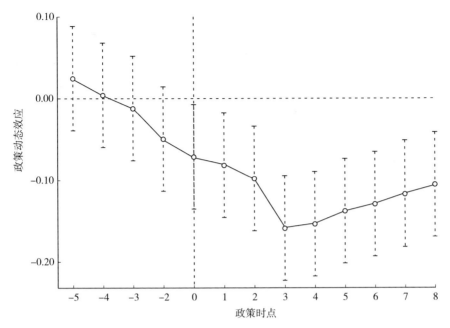

图 6-2　平行趋势政策的动态效果

（注：-1 时点作为基准期，从回归结果中删除）

估计系数及其 P 值的分布情况。可以看出，随机生成的估计系数基本符合正态分布，系数在 0 值附近波动，且离基准结果值有一定差距，这为政策试点促进农业碳减排的研究结论提供了进一步的支持。

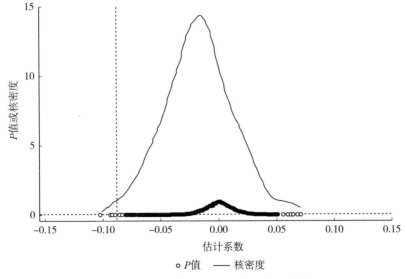

○ P值　　—— 核密度

图 6-3　安慰剂检验（随机产生的实验组）

（2）考虑来自其他政策的干扰

2015 年后，中国开始实施化肥、农药零增长行动、农业绿色发展试点等政策。为了排除相关政策对农业碳排放的影响，我们排除了 2015 年之后的样本，并对 2008—2014 年的样本数据进行了回归。结果如表 6-3 的列（1）所示。在排除了其他政策的干扰后，农业生产性服务政策的实施仍然可以显著促进农业碳减排，表明基准结果是稳健的。

（3）替换被解释变量

为了进一步验证结果的稳健性，将被解释变量农业碳排放强度替换为农业碳排放总量，并对其进行对数化处理。所获得的回归结果如表 6-3 的列（2）所示。回归结果证实了农业生产性服务政策的实施对农业碳排放总量有显著的抑制作用，进一步证明了该政策的碳减排效应。

（4）基于 PSM-DID 的估计

为了消除样本选择偏差对估计结果的影响，进一步，采用 PSM-DID 方法进行分析。具体做法是以人均粮食产量、种植结构和劳动力转移程度为筛选标准，进一步采用核匹配方法进行匹配。在匹配样本的基础上，再次使用 DID 模型进行分析。结果如表 6-3 的列（3）所示。可以看出，PSM-DID 模型的估算结果仍然证实了农业生产性服务政策的实施具有碳减排效应。因此，有理由相信基准模型结果是稳健的。

表 6-3　稳健性检验结果

变量	（1）	（2）	（3）	（4）
	考虑相关政策的影响	替换被解释变量	PSM-DID	SDID
DID_{it}	-0.086^{***}	-0.082^{***}	-0.084^{***}	-0.075^{**}
	(0.016)	(0.013)	(0.013)	(0.035)
控制变量	Yes	Yes	Yes	Yes
地区固定	Yes	Yes	Yes	Yes
时间固定	Yes	Yes	Yes	Yes
常数项	6.178^{***}	14.487^{***}	6.325^{***}	—
	(0.243)	(0.221)	(0.215)	（—）

注：①***、**分别代表 1%、5%的显著性水平。
②括号内数值是稳健标准误。

（5）基于合成 DID 的重新估计

Arkhangelsky 等（2021）将 DID 与合成控制法相结合，形成了一种新的合成 DID 方法（SDID）。SDID 具有双重稳健性的特点，这意味着当给定正确且清晰设置的固定效应模式时，SDID 的估计量在各种加权方案下都是稳健的。即使基本的固定效应模型设置不正确，并且实际的数据生成过程涉及更通用的低级数据结构，当适当设置合成控制法的惩罚权重时，SDID也是稳健的（Porreca，2022）。SDID的估计结果如表6-3的列（4）所示。从估算结果可以看出，SDID仍然支持农业生产性服务政策的实施能够促进农业碳减排的结论，进一步证明了估计结果的稳健性。

6.3.4　机制分析

农业生产性服务政策通过哪些途径促进农业碳减排呢？本研究将基于数据的可用性和实用性，结合以上提出的三条基本路径，深入研究政策的影响机制。结果如表6-4所示。

（1）降低化肥施用强度

表6-4的列（1）报告了农业生产性服务政策对化肥施用强度的回归结果。农业生产性服务政策的系数显著为负，表明政策试点可以降低试点地区的化肥施用强度。一种可能的解释是：基于诱致性技术变迁理论，农户通常用丰富且相对廉价的要素来取代稀缺的生产要素。在农村劳动力转移和农业劳动力成本持续上升的复合背景下，劳动力成为稀缺要素，理性的农民将通过外包服务或通过机械化替代劳动力来缓解劳动力资源短缺。首先，在中国化肥过量施用的背景下，农业生产性服务组织通过专业服务直接将测土配方施肥等绿色减肥技术引入农业生产过程（Yang et al.，2022）；其次，农业生产性服务组织通过规模经营实现减肥施用（Huan，2022）；最后，农业生产性服务组织可以通过推广、培训和示范效应，带动小农户掌握肥料信息的有效性，从而避免农民长期以来使用经验判断施肥的困境，从而实现化肥减量施用（张梦玲等，2023）。

表6-4　中介效应回归结果

变量	(1)	(2)	(3)
	化肥施用强度	土地流转	种植结构"趋粮化"
DID_{it}	-0.022^{***}	0.080^{***}	0.033^{***}
	(0.005)	(0.009)	(0.005)
控制变量	Yes	Yes	Yes
地区固定	Yes	Yes	Yes
时间固定	Yes	Yes	Yes
常数项	0.491^{***}	0.389^{***}	0.905^{***}
	(0.086)	(0.144)	(0.087)

注：①***代表1%的显著性水平。
　　②括号内数值是稳健标准误。

（2）推进土地流转，实现规模经营

表 6-4 的列（2）显示了农业生产性服务政策对于土地流转的影响的回归结果。政策试点的效应显著为正，表明政策试点能够促进区域土地流转。一个可能的原因是：农业生产性服务可以有效缓解农业规模经营面临的制约，而规模经营有利于实现农业绿色低碳发展（魏梦升等，2023）。因此，农业生产性服务政策通过促进规模经营实现农业碳减排。此外，通过实施土地托管等多种形式的农业生产性服务规模经营，可以实现专业化生产，达到减少农业碳排放的政策效果（冀名峰，2020；罗必良，2017）。

（3）促进种植结构"趋粮化"，实现农业碳减排

表 6-4 的列（3）显示了农业生产性服务政策对种植结构"趋粮化"的影响。该变量的系数为正，表明农业生产性服务政策的实施可以显著提高试点地区粮食作物种植面积的比例，即政策试点对种植结构的调整具有"趋粮化"的效果。一种可能的解释是：农业劳动力向非农产业转移促进了农民种植结构转向以粮食种植为主（仇童伟和罗必良，2018），而农业生产性服务可以缓解农业生产过程中的劳动力短缺约束，从而实现政策的"趋粮化"效应。而以粮食种植为主的种植结构调整对农业碳减排的影响假说已经得到证实（罗明忠和魏滨辉，2023）。因此，农业生产性服务政策可以通过促进种植结构"趋粮化"来实现农业碳减排。

6.3.5 异质性检验

（1）碳排放源的异质性影响

为了探讨农业生产性服务政策的实施对不同农业碳排放源的影响，本研究对不同碳排放源和政策虚拟变量进行了回归分析，回归结果如表 6-5 所示，其中列（1）至列（6）分别表示使用农药、化肥、农用柴油、农用薄膜、机械耕作和灌溉产生的碳排放。

表 6-5　政策对不同碳排放源的影响

变量	(1)	(2)	(3)	(4)	(5)	(6)
	农药	化肥	农用柴油	农膜	机械翻耕	灌溉
DID_{it}	-0.047^{**}	-0.047^{***}	-0.052^{*}	-0.177^{***}	-0.556^{**}	0.014
	(0.022)	(0.015)	(0.027)	(0.028)	(0.228)	(0.011)
控制变量	Yes	Yes	Yes	Yes	Yes	Yes
地区固定	Yes	Yes	Yes	Yes	Yes	Yes
时间固定	Yes	Yes	Yes	Yes	Yes	Yes

（续）

变量	(1)	(2)	(3)	(4)	(5)	(6)
	农药	化肥	农用柴油	农膜	机械翻耕	灌溉
常数项	12.611***	14.541***	11.607***	11.172***	4.199	10.618
	(0.362)	(0.245)	(0.452)	(0.458)	(3.762)	(0.176)

注：①***、**、*分别代表1%、5%和10%的显著性水平。

②括号内数值是稳健标准误。

从表 6-5 中可以看出，在 10% 的显著性水平下，农业生产性服务政策的实施可以有效减少农药、化肥、农用柴油、农用薄膜和机械耕作产生的碳排放，相应系数分别为 -0.047、-0.047、0.052、-0.177 和 -0.556。然而，可以发现，农业生产性服务政策对灌溉产生的碳排放有正向影响，但并不显著。可能的原因是：农业生产性服务政策有效地抑制了耕地抛荒（陈景帅和韩青，2021），从而增加了灌溉面积并导致农业生产性服务政策对灌溉的碳排放系数为正。由于中国严格遵守 18 亿亩耕地红线并推出一系列扶持粮食生产的政策，近年来弃地有所减少，导致系数不显著。

（2）农业碳排放强度分布的异质性

考虑到在农业碳排放强度不同的地区，农业生产性服务政策对农业碳排放强度的影响可能存在差异。本研究使用面板分位数模型来测试不同分位数下的政策碳减排效应，结果如表 6-6 的列（1）至列（3）列所示。通过观察可以发现，农业生产性服务政策对农业碳排放强度的负面影响在较低的 0.25 分位点处不显著，但在 0.5 分位点和 0.75 分位点处显著增强，这两个分位点的政策效应都在 1% 的显著性水平下通过了检验。系数从 -0.223 下降到 -0.287，表明与农业碳排放强度较低的地区相比，在农业碳排放强度较高的地区，政策的碳减排效果更显著。

（3）自然地理位置的异质性

为了进一步验证自然地理区域的异质性影响，本研究在模型中引入了"是否是西部地区"的虚拟变量和该虚拟变量与"政策"的交乘项。结果如表 6-6 的列（4）所示。可以看出，该变量的系数为 -0.087，表明与非西部地区相比，西部地区的政策效果较弱。一种可能的解释是：西部地区的农业生产性服务发展水平相对较低，农民倾向于采用基于风险规避的传统生产方式，而不是购买农业生产性服务（He et al.，2023），从而削弱了政策的减排效果。

（4）粮食生产功能区异质性

如表 6-6 的列（5）和列（6）所示，在粮食主产区样本中，农业生产性服务政策的实施对农业碳排放强度有显著的抑制作用，且通过 1% 水平下的显著性检验；而在非粮食主产区的样本中，农业生产性服务政策的实施会增加农业碳排放强度，但这种促进作用并不显著。造成这种情况的原因可能与农业生产性服务政策的定位密切相关。由于农业碳排放主要来源于粮食主产区，政策的实施重点也主要集中在粮食主产区。因此，在粮食主产区，农业生产性服务政策的实施对农业碳排放强度的抑制作用更为显著。

表 6-6 政策的异质性效应

变量	(1) 0.25 分位点	(2) 0.50 分位点	(3) 0.75 分位点	(4) 是否为西部地区	(5) 粮食主产区	(6) 非粮食主产区
DID_{it}	−0.097 (0.119)	−0.223*** (0.059)	−0.287*** (0.065)	— (—)	−0.076*** (0.020)	0.038 (0.048)
交乘项	— (—)	— (—)	— (—)	−0.087*** (0.016)	— (—)	— (—)
控制变量	Yes	Yes	Yes	Yes	Yes	Yes
地区固定	Yes	Yes	Yes	Yes	Yes	Yes
时间固定	Yes	Yes	Yes	Yes	Yes	Yes
常数项	0.009** (0.004)	0.006 (0.004)	0.006 (0.004)	6.080*** (0.221)	6.196*** (0.235)	5.905*** (0.503)

注：①***、**分别代表1%、5%的显著性水平。
②括号内数值是稳健标准误。

6.4 结论与政策启示

(1) 研究结论

本研究使用渐进 DID、PSM‐DID 模型、合成 DID 和中介效应模型来研究农业生产性服务政策对农业碳减排的因果效应、区域异质性和影响机制。主要研究结论如下：

①2008—2021 年，中国的农业碳排放强度经历了一个先增加后减少的过程，农业碳排放强度较高的地区主要集中在东部沿海地区。

②农业生产性服务政策可以显著促进农业碳减排，主要通过降低化肥施用强度、促进土地流转和促进种植结构"趋粮化"等 3 条路径实现。

③农业生产性服务政策的碳减排效果存在异质性。从农业碳排放强度来看，在农业碳排放强度较高的地区，政策的碳减排效果更显著；从碳排放源来看，政策可以有效减少农业生产中使用化肥、农药、农用薄膜、机械耕作和农用柴油的碳排放，但对农业灌溉的影响并不显著；从地理区域来看，政策在非

西部地区的碳减排效果更强；从生产功能区来看，政策能够有效促进粮食主产区农业碳减排，但非粮食主产区的政策效果并不显著。

（2）政策启示

农业生产性服务促进了农业分工的深化，农业生产性服务政策的碳减排效应是新发展阶段实现农业碳中和、促进农业可持续发展的新路径。

一方面，在农户分化的现实背景下，要加快建立与之相匹配的农业生产社会化服务体系，稳步促进土地流转，大力培育各类农业社会化服务组织，为各类农业生产主体提供全程社会化服务，促进小农户与现代农业有序衔接，通过农业生产性服务规模经营来克服传统土地规模经营的障碍。重点是要加大对西部地区和粮食主产区发展农业社会化服务的政策支持力度，引导小农户接受农业生产托管、半托管、联耕联种等多种农业社会化服务模式，推动农业碳减排高质量发展，最大限度发挥农业生产性服务政策在促进农业碳减排中的积极作用。在非粮食产区，政府应制定相应的政策措施，如通过补贴扩大农业社会化服务组织的数量，改善"软"实力环境，积极推动农业社会化服务发展。

另一方面，加快农业生产全面绿色化转型，落实农业农村部颁布的《到2025年化学农药减量化行动方案》，全面响应化肥农药减量化行动，统筹推进化肥农药施用的科学化、精准化、智能化、绿色化。积极探索构建施肥用药科学化模式和机制，加大政策支持与构建激励机制并举，推进绿色农业生产性服务水平的提升，调动全员合力参与，群策群力，协同推进农业绿色低碳发展。

第7章 农业生产性服务对农民增收影响的实证分析

实现农民收入持续稳定增长一直是"三农"问题的重点与难点。习近平总书记强调："农业农村工作,说一千、道一万,增加农民收入是关键。"有研究表明,我国农业生产面临劳动力老龄化、兼业化等问题,农业生产性服务业是破解"谁来种地""如何种好地"的有效手段(张红宇,2019),是转变农业发展方式、提升农业生产效率,促进农民收入增长的重要途径(钟甫宁,2007;冀名峰,2018;姜长云,2016;姜长云,2020)。据统计,截至2020年底,农业生产性服务业促进我国粮食增产 10%~20%、农户亩均节本增收 150~300 元[①]。现实中,农户面对劳动力外出务工的现实选择,绝大多数的农户选择将部分或者全部生产环节外包给专业的生产性服务组织(Ji等,2012),劳动力非农就业反过来又对农业生产性服务产生显著正向影响(赵培芳,2020)。那么,在现有研究背景下,农业生产性服务与农村劳动力转移之间存在着怎样的内在联系和互动机制?同时,农村劳动力转移在农业生产性服务影响农民增收中又发挥了怎样的作用?这些都是当前亟待深入探讨的问题。

7.1 理论机制分析

农业生产性服务是在专业化分工不断深化、技术创新不断推进、农业劳动力短缺日益加剧的背景下产生的(陈昭玖等,2016)。本研究在对以往文献进行归纳总结的基础上,将农民总收入细分为农业经营性收入与工资性收入,本研究将深入探讨农业生产性服务与劳动力转移对农民细分收入增长之间的综合作用机制,并进一步讨论农业生产性服务与劳动力转移的相互关系,加强对两者之间关系的理解。

[①] 资料来源:佚名,2020. 农业社会化服务组织年底预计超 90 万个 [EB/OL]. (2020 - 12 - 18)[2023 - 07 - 01]. http://www.gov.cn/xinwen/2020 - 12/18/content_5570943.htm.

7.1.1　农业生产性服务对农民细分收入增长的作用机制

（1）农业生产性服务通过农业技术进步提升农业生产效率，进而促进农民的农业经营性收入增长

各类农业生产性服务将知识、资本等现代先进生产要素以服务外包的形式导入农业生产过程中，一方面，通过增加对新技术的采纳，可以显著提高农作物产量与农业生产效率，进而提升农民的农业经营性收入增长（Ruifa，2012；Ragasa，2018；陈超，2012）；另一方面，通过购买生产性服务替代劳动，可以避免因农村劳动力不足而产生的技术效率损失，在农业生产成本不断提高与农业劳动力持续向非农部门转移的情况下，农业生产性服务的替代效应通过保证农业完成质量不过分下降而间接实现农业生产技术效率的提高（胡祎，2018；杨子，2019）。

（2）农业生产性服务通过农业生产性服务规模经营，在降低农业生产成本的同时，提升农民的农业经营性收入

学者们普遍认为农业生产性服务促进了土地的规模经营（刘强，2016；姜松，2016；杨子，2019），是推进中国农业规模经营的有效路径之一（王志刚，2011）。农业生产性服务将我国小农户卷入分工经济，从而内生出农业生产性服务规模经济性（罗必良，2017），实现外部化的农业生产性服务规模经营，有效地降低农业生产经营成本以及交易成本（翼名峰，2020），农业生产成本的降低反过来就表现为农业经营性收入的增长。另外，专业化分工通过增加农业生产的迂回程度提升农业生产效率（张露，2018；罗必良，2021），在价格既定的情况下表现为农业经营性收入的增加。

（3）农业生产性服务通过促进非农就业提高农民工资性收入增长

农业生产性服务通过服务外包、农业生产托管等形式的替代劳动，一方面将价格昂贵的人工成本转变为价格相对较低的服务成本，降低了农业投入；另一方面极大地解放了农村劳动力，促进农村劳动力向第二和第三产业转移（郑旭媛，2021），农户通过从事非农产业以增加工资性收入（李谷成，2018），尤其是兼业农户因为从事非农产业的时间增加，其工资性收入的提升更为显著（刘超，2018）。

基于以上分析，本研究认为，农业生产性服务可以通过技术进步效应和规模经济使农民的农业经营性收入增加，通过替代效应使农民的工资性收入增长。因此，本研究提出如下假说：

假说 7-1：在其他条件不变的情况下，农业生产性服务将显著增加农民总收入，且对农业经营性收入和工资性收入的影响均是正向的。

7.1.2 劳动力转移对农民细分收入增长的作用机制

理论上，农村劳动力向非农就业转移会直接增加农民工资性收入增长。至于劳动力转移对农业收入的影响，如果按照刘易斯模型的假设，富余劳动力的边际产出小于等于零，因此劳动力非农转移不会对农业生产造成影响。但应注意，农业生产具有季节性特征，在农忙时候农业劳动力相对供给短缺而并不是"过剩"，因此舒尔茨并不认同"零值农业劳动假说"。基于此，本研究认为农村劳动力转移会对农业经营性收入产生影响。有学者指出，劳动力转移对农业生产产生显著的负向影响（盖恩庆，2014）。现实中，劳动力转移后，一部分农户通过土地流转等方式将农业生产让渡给规模农户，绝大多数农户通过服务外包或者农业生产托管的方式实现对劳动的替代，而农业生产服务能够提高农业产出（张忠军，2015），农业生产性服务是缓解农村劳动力转移对农业生产产生负面影响的重要途径，在农业生产中发挥着不可替代的作用（孙顶强，2016）。因此，农业生产性服务是否能够抵消农村劳动力转移对农业生产的负面影响犹未可知，需要进一步实证。

基于如上分析提出以下假说：

假说 7-2：农村劳动力转移能够有效提升农民工资性收入。

考虑到农业生产性服务与农村劳动力转移之间的相互关系及其各自的农民增收效应，本研究进一步提出以下假说：

假说 7-3：农业生产性服务可以通过农村劳动力转移这一中介变量促进农民收入增长。

假说 7-4：劳动力转移可以通过农业生产性服务这一中介变量促进农民收入增长。

7.2 实证研究设计

7.2.1 变量选择与说明

（1）被解释变量

本研究的被解释变量是农民总收入（*Earning*），借鉴李谷成（2018）的做法，用农村居民人均可支配收入来衡量，并进一步采用细分的农业经营性收入和工资性收入作为农业收入和非农收入的代理指标。

（2）核心解释变量

本研究的核心解释变量为农业生产性服务水平（*assv*）与农村劳动力转移（*Ltrans*）。农业生产性服务水平借鉴张恒（2021）的研究，用农林牧渔服务业产值来衡量；劳动力转移则结合一般文献的具体做法，用农村第一产业从业人员数/就业人员总数进行衡量，该比值越大，说明农村劳动力转移越低，反之则农村劳动力转移越高。

（3）控制变量

本研究为进一步控制其他变量的影响，结合相关文献及数据可得性，选取的控制变量有农业机械总动力（*Machine*）和农村用电量（*Elec*）。为克服可能遗漏变量的影响，不同于传统的回归分析，在后文中将采用差分广义矩估计（GMM）方法进行估计。

7.2.2　数据来源与描述性统计分析

由于2003年国民经济统计口径的调整涉及核心解释变量农业生产性服务水平，因此本研究采用2003—2019年31个省份（不含香港特别行政区、澳门特别行政区和中国台湾省）的面板数据进行实证分析。所涉及的数据均来自国家统计局官网、相应年份的《中国农村统计年鉴》与《中国统计年鉴》，缺失数据用相关省份历年统计年鉴和农村统计年鉴数据补充。相关变量的描述性统计结果见表7-1。

表7-1　各变量的描述性统计结果

变量类别	变量	单位	N	均值	标准差	最大值	最小值
被解释变量	农民总收入（*Earning*）	元	527	8 359.43	5 526.45	33 195.20	1 564.66
	工资性收入	元	527	3 592.03	3 593.66	21 376.00	138.23
	农业经营性收入	元	527	3 305.30	1 661.61	8 264.30	589.70
核心解释变量	农业生产性服务水平（*assv*）	亿元/亩	527	2 050.69	1 770.59	10 603.37	168.26
	农村劳动力转移（*Ltrans*）	万人	527	58.76	18.68	98.46	12.71
控制变量	农业机械总动力（*Machine*）	万千瓦	527	2 898.55	2 758.92	13 353.00	94.00
	农村用电量（*Elec*）	千瓦·时	527	227.53	355.94	1 949.10	0.40

资料来源：作者根据统计数据整理得到。

7.2.3　模型设定

（1）动态面板模型

本研究考虑到农业生产性服务、劳动力转移之间可能存在的双向因果关系及其对农民总收入的影响与可能存在的时间惯性，以及变量之间可能的相关性和异方差问题，为了得到更为稳定的估计结果，本研究构建如下包含被解释变量滞后项的动态面板模型：

$$\ln Earning_{it} = \tau_0 + \tau_1 \ln Earning_{i(t-1)} + \tau_2 \ln assvs_{it} + \tau_3 \ln Ltrans_{it} +$$

$$\tau_4 \ln Machine_{it} + \tau_5 \ln Elec_{it} + \mu_i + \eta_t + \varepsilon_{it} \qquad (7-1)$$

式中：$Earning_{it}$ 为被解释变量，代表第 t 年 i 省份的农民总收入；$Earning_{i(t-1)}$ 代表第 $t-1$ 年 i 省份的农民总收入；$assv_{it}$ 与 $Ltrans_{it}$ 为核心解释变量，分别代表农业生产性服务水平和农村劳动力转移程度；控制变量为农业机械总动力和农村用电量，分别用 $Machine_{it}$、$Elec_{it}$ 表示；μ_i 表示地区固定效应；η_t 表示时间固定效应；ε_{it} 表示服从独立同分布的随机误差项。为了消除异方差的影响，对所有变量进行对数化处理。

（2）中介效应模型

为验证前文影响机制中可能存在的中介效应，本研究借鉴温忠麟（2014）的方法，提出如下中介效应模型：

$$\begin{cases} Y_{it} = \alpha_1 + \beta_1 Y_{i(t-1)} + cX_{it} + \varepsilon_{it} \\ M_{it} = \alpha_2 + \beta_2 M_{i(t-1)} + aX_{it} + \varepsilon_{it} \\ Y_{it} = \alpha_3 + \beta_3 Y_{i(t-1)} + c'X_{it} + bM_{it} + \varepsilon_{it} \end{cases} \qquad (7-2)$$

式中：Y_{it} 为被解释变量，X_{it} 为核心解释变量，M_{it} 为中介变量，α_1、α_2、α_3 表示截距项，β_1、β_2、β_3、a、b、c、c' 为对应变量的回归系数，ε_{it} 为随机误差项。

本研究采用逐步回归法检验中介效应，即当 a、b、c 均显著时，存在中介效应，中介效应的大小为 $a \times b$。假若 c 显著，a 与 b 至少一个不显著，则需要进一步利用检验统计量来检验 $a \times b$ 的显著性，$a \times b$ 显著，则存在中介效应。进一步，如果在存在中介效应的情况下，c' 并不显著，则表示完全中介，否则为部分中介。

7.3　实证结果与分析

7.3.1　基准回归结果

在估计方法的选择上，考虑到在模型中引入了因变量的滞后项，且农业生产性服务水平、农村劳动力转移的相互关系及可能存在的内生性问题，应用普通最小二乘方法进行估计结果可能是有偏的，故本研究采用 GMM 进行估计。同时，考虑了因变量的滞后项，采取差分 GMM 方法进行分析，估计结果见表 7-2。

从估计结果可以看出，农业生产性服务水平对农民总收入、农业工资性收入和经营性收入的影响均在 5% 的显著性水平下通过检验，且作用均为正向的，影响弹性系数分别为 0.023、0.045、0.065，对农业经营性收入的影响大于对工资性收入的影响。这充分说明农业生产性服务的直接产出效应大于替代效应所导致的收入增长，通过农业产出和农业生产效率的提高，直接带来农业经营性收入的增加。根据前文的分析，这说明农户通过农业生产性服务可能实现了农业生产性服务规模经营并且获取了规模收益。由此，前文机制分析中3条作用途径得到证实，假说7-1得到有效验证。因此，罗必良（2021）提出的农业生产性服务发展是促进农业增效、农民增收、农业现代化发展的"第三条道路"得到实证检验。

表7-2 差分GMM模型估计结果

变量	(1) 农民总收入	(2) 工资性收入	(3) 农业经营性收入
农业生产性服务水平	0.023** (2.284)	0.045*** (2.750)	0.065** (2.286)
农村劳动力转移	−0.097* (−1.673)	−0.268** (−1.905)	−0.084 (−1.036)
农业机械总动力	0.069*** (3.467)	0.098*** (3.083)	0.022** (2.119)
农村用电量	0.052* (1.659)	0.092 (1.018)	0.074 (0.857)
农业总收入的滞后项	0.901*** (46.832)		
工资性收入的滞后项		0.829*** (21.585)	
农业经营性收入的滞后项			0.802*** (16.063)
N	527	527	527
Wald检验P值	<0.001	<0.001	<0.001
AR（2）检验P值	0.472	0.291	0.359
Sargan检验P值	0.239	0.173	0.093

注：***、**、*分别表示1%、5%和10%的显著性水平。

从农村劳动力转移的估计结果来看，该指标属于逆向指标，数值越低，说明劳动力转移越充分。从差分GMM估计结果可以看出，农村劳动力转移对农民总收入的影响弹性系数为−0.097，对工资性收入的影响弹性系数为−0.268，均通过显著性检验，但对农业经营性收入的影响没通过检验。研究结论与向国成（2013）和李谷成（2018）的研究结论基本一致。从弹性系数的大小来看，劳动力转移对工资性收入的影响远远超过对农民总收入的影响，这说明农业从业人员占比的下降会显著促进农民工资性收入的增长，假说 7 - 2 得到充分证实。此外，可以看出农村劳动力转移对农业经营性收入的影响是不显著的，说明劳动力转移对于农业经营性收入的负向影响要远小于其对工资性收入增长的影响，造成这一现象的原因可能是：服务外包等形式的农业生产性服务能够实现对劳动力的替代，从而有效缓解劳动力资源不足对农业生产所造成的负面影响，即农业生产性服务在劳动力转移对农民总收入的作用中存在一定的中介作用。这在后文将进一步验证。

从被解释变量的滞后项来看，总体上滞后一期的被解释变量系数均为正且高度显著，进一步说明在相关分析中需要考虑收入增长的惯性和持续效应。从控制变量进一步可以看出农业机械总动力的影响均是显著的，农村用电量仅对农民总收入的影响是显著的。

综合分析 GMM 估计结果可以看出，实证结果很好地验证了前文机制分析中的作用路径和研究假说。农业生产性服务的发展不仅可以直接作用于农业生产，提高农业产出与农业生产效率，还可以通过促进农业生产性服务规模经营实现规模收益；此外还将通过替代劳动，促进农村劳动力向第二和第三产业转移，通过非农就业实现农民的工资性收入增长，这一中介作用后续将继续展开讨论。无疑，农业生产性服务在促进农民的农业经营性收入和工资性收入增长的同时会促进农民总收入的增长。从劳动力转移来看，劳动力转移毫无疑问将直接促进农民工资性收入增长，且劳动力转移对农业生产的影响可能随着农业生产性服务的发展而得到有效缓解甚至通过农业生产性服务的正向效应而得到进一步提高，这将在后文的中介效应分析中进一步展开讨论。

7.3.2 机制分析

（1）农村劳动力转移的中介效应

为进一步验证农业生产性服务在促进农民总收入增长的过程中劳动力转移是否发挥了中介作用，本研究利用中介效应模型进行了分析，结果见表 7 - 3。可以看出，农业生产性服务对农民总收入增长的正向影响弹性系数为 0.041，且能够显著促进劳动力转移，并且在控制农业生产性服务后，作为中介变量的劳动力转移对农民总收入增长的作用仍然是显著正向的。根据前文中介效应模型分析可以看出，系数均显著，表明存在部分中介效应。中介效应所占比重为 2.65%，说明农业生产性服务对农民总收入增长的总效应中，大约有 2.65% 是通过农村劳动力转移的中介作用所实现的。因此为机制分析中农业生产性服务所产生的劳动替代效应和中介效应得到验证，假说 7 - 3 得到证实。

（2）农业生产性服务的中介效应

农业生产性服务在劳动力转移促进农民总收入增长中是否发挥了作用，需要进一步验证。从表 7-4 中可以看出，劳动力转移对农民总收入的影响为显著正向的，且在宏观层面上对农业生产性服务产生的影响也是正向的，并通过显著性检验，进一步结合模型（9），可以计算出在劳动力转移促进农民总收入增长的作用中，农业生产性服务的中介效应所占比重为 9.68%，即劳动力转移对农民总收入增长的作用中有 9.68% 是通过农业生产性服务这一中介变量实现的，因此前文的假说 7-4 得到验证。结合前文 GMM 模型分析结果可以发现，农业生产性服务这一中介变量虽然能有效缓解劳动力转移对农业生产的负面影响，但劳动力转移对农业经营性收入增长的作用仍然不显著，可能的原因是当前农业生产性服务规模小、服务主体不多且服务质量无人监管等。

表 7-3 劳动力转移的中介效应

变量	(4)	(5)	(6)
	农民总收入	劳动力转移	农民总收入
农业生产性服务	0.041***	−0.007**	0.036***
	(3.054)	(−2.010)	(7.889)
劳动力转移	—	—	−0.158***
			(−4.398)
农业总收入的滞后项	0.944***		0.924***
	(77.112)		(65.083)
劳动力转移的滞后项		0.879***	—
		(46.941)	
N	527	527	527
Wald 检验 P 值	<0.001	<0.001	<0.001
AR（2）检验 P 值	0.483	0.324	0.359

注：***、**分别表示 1%、5% 的显著性水平。

表 7-4 农业生产性服务的中介效应

变量	(7)	(8)	(9)
	农民总收入	农业生产性服务	农民总收入
劳动力转移	−0.180***	−0.484***	−0.158***
	(−5.734)	(−2.755)	(−4.398)
农业生产性服务	—	—	0.036***
			(7.889)
农民总收入的滞后项	0.954***		0.924***
	(77.975)		(65.083)

（续）

变量	(7)	(8)	(9)
	农民总收入	农业生产性服务	农民总收入
农业生产性服务的滞后项	—	0.886***	—
		(3.111)	
N	527	527	527
Wald 检验 P 值	<0.001	<0.001	<0.001
AR（2）检验 P 值	0.215	0.383	0.359

注：***表示1%的显著性水平。

根据前文的分析，农业生产性服务可能存在另一条作用路径，即在促进劳动力转移促进农民工资性收入增长的过程中也发挥着中介作用。为了验证这一条路径是否存在，本研究进一步运用中介效应模型分析农业生产性服务、劳动力转移与工资性收入增长的关系，估计结果见表 7-5。通过计算可以得出，农业生产性服务在劳动力转移促进农民工资性收入增长的过程中发挥的部分中介作用所占的比例为 7.45%，比在农民总收入增长中的中介作用要小，这进一步说明农业生产性服务发挥着双重中介作用，能够有效缓解劳动力转移对农业生产所产生的负面影响。

表 7-5 农业生产性服务的中介效应

变量	(10)	(11)	(12)
	工资性收入	农业生产性服务	工资性收入
劳动力转移	−0.338**	−0.484***	−0.311**
	(−1.871)	(−2.755)	(−1.963)
农业生产性服务	—	—	0.052***
			(2.697)
工资性收入的滞后项	0.925***	—	0.885***
	(32.408)		(31.283)
农业生产性服务的滞后项	—	0.886***	—
		(3.111)	
N	527	527	527
Wald 检验 P 值	<0.001	<0.001	<0.001
AR（2）检验 P 值	0.394	0.383	0.361

注：***、**分别表示1%、5%的显著性水平。

综合中介效应分析可以看出，农业生产性服务与劳动力转移相互作用，既可以直接促进农民总收入增长，又可以通过另一方的中介作用间接促进农民总收入增长，两者相互影响、相辅相成，共同推进农民增收。

7.4　结论与政策启示

（1）研究结论

本研究选取 2003—2019 年全国 31 个省份的面板数据作为研究样本，运用动态面板数据模型和中介效应模型对农业生产性服务、劳动力转移之间的相互关系及其对农民总收入增长的影响进行实证分析。研究结果表明：

①农业生产性服务对农民总收入、农业经营性收入和工资性收入的影响均是正向且显著的，且对农业经营性收入的影响弹性远大于对工资性收入的影响弹性。

②劳动力转移直接作用于工资性收入增长，对农民总收入的作用也是显著的，弹性系数为 0.097，但对农业经营性收入的作用不显著。

③从具体的作用路径来看，农业生产性服务既可以直接作用于农业经营性收入增长，又可以通过劳动力转移这一中介变量作用于工资性收入增长，中介作用所占比例为 2.65%。劳动力转移直接作用于工资性收入增长，也显著促进总收入增长，且通过农业生产性服务在劳动力转移促进农民总收入增长中承担着"部分中介作用"，这一中介变量的作用所占比例为 9.68%；在劳动力转移促进农民工资性收入增长中，农业生产性服务发挥的部分中介作用所占比重为 7.45%。

（2）政策启示

基于以上结论，本研究认为，农业生产性服务与劳动力转移作为农民总收入增长的两条重要路径，两者相辅相成，能够形成良好的互动机制，共同作用于农民总收入增长。因此，需要进一步加大财政支持生产性服务业发展的力度，促进农业生产性服务业优质高效发展，为实现农业生产性服务规模经营，获取规模收益，开拓农民长效增收的"第三空间"；进一步优化就业环境，破除障碍，打通农民工进城就业的渠道，进一步挖掘劳动力转移的增收空间。还要关注到农业生产性服务既能促进农村劳动力转移，又能实现对劳动力的有效替代，缓解劳动力转移对农业生产的负面影响。在采取有效措施促进劳动力转移的同时，注意发展生产服务外包、农业生产托管等多种模式的农业生产性服务相配套，齐头并进，推进两者共同作用于农民持续长效增收。

第8章 农业生产性服务对高标准农田建设与农业高质量发展关系的中介效应分析

本书第4章至第7章在整体上实证考察农业生产性服务对农业高质量发展直接影响的基础上，进一步从农业高质量发展的3个具体方面揭示了农业生产性服务对农村产业结构升级、种植结构"趋粮化"、农业绿色发展和农民增收的影响及作用路径。自2011年开始，我国在全国范围内规范推进高标准农田建设，截至2022年，全国累计建成高标准农田6 666.67万公顷，为保障粮食稳定增产、农民节本增效提供了有利条件。党的二十大报告提出，要逐步把永久基本农田全部建成高标准农田。2023年中央1号文件提出要制定逐步把永久基本农田全部建成高标准农田的实施方案。接下来，立足小农生产、劳动力老龄化加剧以及农业生产性服务业和高标准农田建设快速发展等复合背景，第8章和第9章将高标准农田建设、农村劳动力老龄化、农村劳动力转移纳入农业生产性服务与农业高质量发展的研究框架中，揭示农业生产性服务的中介作用和调节作用。其中，第8章主要考察高标准农田建设对粮食绿色生产和农民增收的影响机制，以及农业生产性服务在两者关系中是否起到中介作用。

8.1 高标准农田建设对粮食绿色生产的影响——基于农业生产性服务的中介效应

8.1.1 理论机制分析

(1) 高标准农田建设对粮食绿色生产的直接影响

《高标准农田建设 通则》（GB/T 30600—2022）将高标准农田界定为"田块平整、集中连片、设施完善、节水高效、农电配套、宜机作业、土壤肥沃、生态友好、抗灾能力强，与现代农业生产和经营方式相适应的旱涝保收、稳产高产的耕地"。高标准农田是通过一系列综合性的农业技术和工程措施，对农田进行全面改造和提升的一种农田建设模式，旨在实现农田的高产、优质、高效、生态和安全，进而提升土地生产效率和农业生产的可持续性，为粮食的绿色生产提供坚实的保障（钱龙等，2024）。具体而言，高标准农田建设对粮食生产的影响主要体现在以下几个方面：首先，高标准农田建设通过土地整治、水利设施改善、优化农田生态环境等措施，提高了农田的基础地力（韩杨等，2022），从而实现"藏粮于地"。这不仅为粮食生产提供了更好的土壤和水源条件，还有利于提高粮食作物的生长速度和产量，增强粮食综合生产能力（梁伟，2024）。同时，通过科学合理的耕作制度，可以减少化肥和农药的使用量，从而降低对农田生态环境的污染，实现绿色生产。其次，高标准农田建设注重生态环境的保护和恢复。通过种植绿肥作物、实施秸秆还田等措施，可以增加土壤有机质含量，提高土壤肥力，同时进一步减少对农药化肥等化学投入品的依赖（梁志会等，2021）。再次，高标准农田建设能够重组和优化农业生产要素投入，诱致技术创新和技术推广（钱龙等，2024），从而实现"藏粮于技"。最后，高标准农田为农业适度规模经营和农业生产性服务规模经营提供了条件（王鹏，2021），进而诱致农户或社会化服务组织通过引进先进的农业技术和装备，推广节水灌溉、精准施肥、病虫害绿色防控等绿色生产技术，替代劳动力、农药化肥等要素投入，从而提高了粮食生产的科技含量和绿色化程度。基于以上分析，提出如下假说：

假说 8 - 1：高标准农田建设政策的实施能够促进粮食的绿色生产。

（2）高标准农田建设对粮食绿色生产的作用渠道

从促进粮食绿色生产的间接渠道来看，高标准农田建设可以通过农业生产性服务，进而推动粮食绿色生产。高标准农田建设通过推动农业生产性服务，实现了农业生产的社会化分工和专业化协作。专业化的农业生产性服务机构通过提供全程托管、代耕代种、联耕联种等多种服务模式，可以帮助农户解决生产中的困难和问题，提高粮食生产的组织化程度。这种服务模式不仅提高了农业生产效率（宋羽等，2023），还有助于降低农业生产成本（孔祥智，2019）、增加农民收入（穆娜娜，2019）。同时，专业化的农业生产性服务机构通过统一的技术标准和管理规范，可以为农户进行粮食生产提供绿色、优质、高效的技术支持，发挥技术嵌入效应（张仁慧等，2023），从而提升粮食绿色全要素生产率。基于以上分析，提出如下假说：

假说 8 - 2：高标准农田建设政策的实施通过促进农业生产性服务发展，实现粮食的绿色生产。

8.1.2 模型设定与变量说明

（1）方法与模型设定

①GML 指数法。以往研究关于 GML 指数的分解大多数是基于农业规模报酬不变的假定条件，但实际上这与主流经济学的内生技术进步等理论概念不

符（仇童伟和罗必良，2020）。因此，本研究采用 Ray 和 Desli（1997）提出的模型来分解 Malmquist 指数。该方法考虑到规模报酬可变，对全要素生产率的测算更加准确。具体而言，Ray 和 Desli（1997）将 GML 指数分解为纯技术效率变动（PEC）、技术进步（PTC）和规模效率变动（SCH）。GML 分解公式具体如下：

$$GML^{t,t+1}(x^t,\ y^t,\ b^t,\ x^{t+1},\ y^{t+1},\ b^{t+1})=EC^{t,\ t+1}\times TC^{t,\ t+1}$$
$$=PEC^{t,\ t+1}\times SCH^{t,\ t+1}\times PTC^{t,\ t+1}$$

$$(8-1)$$

$$PEC^{t,t+1}=\frac{E_v^{t+1}(x^{t+1},\ y^{t+1},\ b^{t+1})}{E_v^{t+1}(x^t,\ y^t,\ b^t)} \qquad (8-2)$$

$$SCH^{t,t+1}=\left[\frac{\dfrac{E_c^t(x^{t+1},\ y^{t+1},\ b^{t+1})}{E_v^t(x^{t+1},\ y^{t+1},\ b^{t+1})}}{\dfrac{E_c^t(x^t,\ y^t,\ b^t)}{E_v^t(x^t,\ y^t,\ b^t)}}\times\frac{\dfrac{E_c^{t+1}(x^{t+1},\ y^{t+1},\ b^{t+1})}{E_v^{t+1}(x^{t+1},\ y^{t+1},\ b^{t+1})}}{\dfrac{E_c^{t+1}(x^t,\ y^t,\ b^t)}{E_v^{t+1}(x^t,\ y^t,\ b^t)}}\right]^{\frac{1}{2}}$$

$$(8-3)$$

$$PTC^{t,t+1}=\left[\frac{E_v^t(x^{t+1},\ y^{t+1},\ b^{t+1})}{E_v^{t+1}(x^{t+1},\ y^{t+1},\ b^{t+1})}\times\frac{E_v^t(x^t,\ y^t,\ b^t)}{E_v^{t+1}(x^t,\ y^t,\ b^t)}\right]^{\frac{1}{2}}$$

$$(8-4)$$

式中：EC 是效率变动，TC 是技术变动，x 是投入要素，y 是期望产出，b 是非距离期望产出，t 是年份，E(x，y，b) 为方向性距离函数，E_c 是规模报酬不变的方向性距离函数，E_v 是规模报酬可变的方向性距离函数。

式（8-1）中，若 GML>1，则说明全要素生产正处于生产前沿状态，即效率有所提升。纯技术效率变动（PEC）表示的是粮食生产技术效率在两个时期内的相对变化，即追赶效应。当 PEC>1 时，反映此时粮食生产技术效率有所提高；反之，则意味着生产技术效率有所下降。规模效率变动（SCH）是指粮食生产规模报酬的变化。当 SCH>1 时，意味着资源得到合理配置，规模报酬呈递增趋势；反之，则意味资源配置不合理，规模报酬呈递减趋势。技术进步（PTC）表示规模报酬变化状态下两个时期内生产前沿面的移动，即表现为技术创新的程度以及资源要素在农业生产中是否得到高效的利用。当 PTC>1，意味着生产前沿面"向上"移动，表明技术进步和资源要素使用效率得到提升；反之，则意味着技术水平和资源要素使用效率降低。

②超效率 SBM 模型。超效率 SBM 模型能够整合多个非期望产出指标到效率评价体系中，同时结合方向距离函数，可使效率评价更加全面。超效率 SBM 模型表达式如下：

$$\min\rho = \frac{1 - \frac{1}{m}\sum_{i=1}^{m}\frac{\overline{s_i}}{x_{ik}}}{1 + \frac{1}{s_1 + s_2}\left(\sum_{i=1}^{s_1}\frac{s_i^g}{y_{ik}^g} + \sum_{i=1}^{s_2}\frac{s_i^b}{y_{ik}^g}\right)} \tag{8-5}$$

$$\text{s. t.}\begin{cases} X\psi + S^- = x_k \\ Y^g\psi - S^g = y_k^g \\ Y^b\psi + S^b = y_k^b \\ \psi \geqslant 0, \ S^- \geqslant 0, \ S^g \geqslant 0, \ S^b \geqslant 0 \end{cases} \tag{8-6}$$

式中：ρ 是评价单元的综合效率值，ψ 是权重，k 是研究对象省份的个数，Y^g 和 Y^b 分别为期望和非期望产出，s_1 为期望产出个数，s_2 为非期望产出个数，S^- 是投入松弛变量，S^g 和 S^b 分别为期望和非期望产出的松弛变量。

③基准回归模型。为探究高标准农田建设政策的实施对粮食绿色全要素生产率所产生的具体影响，本研究以 2011 年作为高标准农田建设政策在全国规范实施推行的年份，并运用连续双重差分（DID）模型进行评估。同时，鉴于各地区在高标准农田建设上的任务分配与进度推进存在差异，本研究采用连续变量来刻画地区维度，即按高标准农田建设面积的均值将样本分为实验组（高标准农田建设规模大的样本）和控制组（高标准农田建设规模小的样本）进行估计，以此更精准地把握和衡量地区间存在的差异性。连续 DID 模型的设定如下：

$$GTFP_{it} = \alpha + \beta HSFDumy_{it} + \delta X_{it} + \mu_i + \eta_t + \varepsilon_{it} \tag{8-7}$$

式中：$GTFP_{it}$ 为第 i 个省份在 t 时的粮食绿色全要素生产率；令 $HSFDumy_{IT} = \ln HSFS_i \times I_t^{\text{post}}$，$\ln HSFS_i$ 表示高标准农田建设面积的对数值，I_t^{post} 为刻画高标准农田政策实施时点的虚拟变量，当 $t \geqslant 2011$ 时，$I_t^{\text{post}} = 1$，反之则为 0；X_{it} 表示一系列随时间变化的控制变量；μ_i 为地区固定效应；η_t 为时间固定效应；ε_{it} 为随机扰动项，用于捕捉模型中未考虑的其他潜在因素；α 为常数项；β 和 δ 为待估计参数。

④机制检验模型。本研究采用两阶段法来验证高标准农田建设政策的实施影响粮食绿色全要素生产率的作用机制。第一阶段检验高标准农田建设政策的实施对农业生产性服务、农业经营规模和种植结构"趋粮化"的影响，第二阶段检验农业生产性服务、农业经营规模和种植结构"趋粮化"对粮食绿色全要素生产率的影响，并关注 $HSFDumy_{it}$ 系数的变化。本研究构建机制验证模型如下：

$$M_{it} = \alpha + \beta HSFDumy_{it} + \delta X_{it} + \mu_i + \eta_t + \varepsilon_{it} \tag{8-8}$$

$$GTFP_{it} = \alpha + \beta HSFDumy_{it} + \eta\zeta M_{it} + \delta X_{it} + \mu_i + \eta_t + \varepsilon_{it} \tag{8-9}$$

式中：M_{it} 为机制变量，包括农业生产性服务、农业经营规模和种植结构"趋粮化"；ζ 为机制变量的影响系数；其余变量与待估系数均与式（8-7）保持一致。

（2）变量说明

①被解释变量。选取超效率 SBM - GML 指数法所测算的粮食绿色全要素生产率（GTFP）作为被解释变量，粮食绿色全要素生产率的投入产出指标体系详见表 8 - 1。为保持数据的一致性，参照颜华（2023）的研究方法，将 2005 年设定为基期，并将该年度的粮食绿色全要素生产率标准化为 1，随后将其转换为以 2005 年为基期的累积形式作为被解释变量。其中，用于测算粮食绿色全要素生产率的投入指标，主要选取粮食生产中的劳动力、耕地、农业机械、化肥、农药、农膜和灌溉 7 个关键指标。为确保各投入要素与粮食产出在衡量标准上的统一，借鉴颜华等（2023）、闵锐和李谷成（2013）的做法，采用权重系数法对各个生产要素进行剥离。两种权重系数分别设定如下：W_1＝种植业总产值/农林牧渔业总产值，W_2＝粮食作物播种面积/农作物播种总面积。

表 8 - 1   粮食绿色全要素生产率测算指标体系

一级指标	二级指标	变量说明	单位
投入指标	劳动力投入	第一产业就业人数×W_1×W_2	万人
	土地投入	粮食作物播种面积	×10^3公顷
	机械投入	农用机械总动力×W_2	万千瓦
	化肥投入	化肥施用量×W_2	万吨
	农药投入	农药施用量×W_2	万吨
	农膜投入	农膜使用量×W_2	万吨
	灌溉投入	有效灌溉面积×W_2	×10^3公顷
期望产出	粮食产量	粮食总产量	万吨
非期望产出	粮食生产碳排放	粮食生产中化肥、农药、农膜、农用柴油、灌溉和翻耕碳排放总和	万吨

在考虑产出变量时，需兼顾期望产出与非期望产出两个方面。期望产出主要以各省份历年粮食总产量作为评估依据，以客观反映农业生产的主要成果。而非期望产出则聚焦于粮食生产过程中，因使用农药、化肥、农膜以及机械设备等因素，对生态环境产生的负面影响。为精确量化这一影响，本研究选取碳排放总量作为非期望产出的衡量指标，并采用以下公式进行计算：

$$CE = \sum CE_i = \sum T_i \times \theta_i \qquad (8-10)$$

式中：CE 为粮食生产碳排放总量，CE_i 为各类粮食生产物资碳排放量，T_i 为各类粮食生产物资量，θ_i 为各类农业物资排放系数。

表 8 - 2 显示了粮食生产碳源及其排放系数。

表 8-2　粮食生产碳源及其排放系数与参考来源

碳源	排放系数	单位	参考来源
化肥	0.895 6		美国橡树岭国家实验室
农药	4.931 4		美国橡树岭国家实验室
农膜	5.180 0		南京农业大学农业资源与生态环境研究所
灌溉	25.000 0	千克/公顷	Dubey 等（2009）
耕作	312.600 0	千克/公顷	中国农业大学生物与技术学院
柴油机械	0.592 7		IPCC 联合国气候变化政府间专家委员会（2006）

②核心解释变量。选取高标准农田建设规模与政策时点的交乘项 $HSF\text{-}Dumy = \ln HSFS_i \times I_t^{post}$ 作为解释变量。其中，囿于数据限制，高标准农田建设规模统计数据获取时间段为 2005—2017 年。

③控制变量。为尽可能减少遗漏变量，借鉴相关文献，本研究选取了以下控制变量：地区经济发展水平、非农就业、社会资本支持、成灾率、农业生产效率、农业财政支持强度、复种指数、工业化水平、农村居民平均受教育程度以及农村劳动力老龄化。

④机制变量。机制变量主要为农业生产性服务水平、农业经营规模、种植结构"趋粮化"。其中，此处的农业生产性服务水平用粮食生产社会化服务来表征，粮食生产社会化服务=农业生产性服务总产值×（种植业总产值/农林牧渔业总产值）×（粮食播种面积/农作物播种总面积）。然后对其进行平减处理，转化为以 2005 为基期的纵向可比变量。

8.1.3　数据来源与描述性统计分析

鉴于数据的连续性、可获取性，本研究选取 2005—2021 年 30 个省份（不含西藏自治区、香港特别行政区、澳门特别行政区和中国台湾省）的面板数据。数据主要来自相应年份的《中国统计年鉴》《中国财政年鉴》《中国农村统计年鉴》《中国农村经营管理统计年报》和《中国人口和就业统计年鉴》以及浙大卡特-企研中国涉农研究数据库（CCAD），部分缺失数据采用插值法补充。主要变量的描述性统计结果见表 8-3。

表 8-3　各变量的描述性统计结果

变量	变量说明	单位	N	均值	标准差
粮食绿色全要素生产率（GTFP）			390	1.016	0.319
纯技术效率变动（PEC）	由 SBM - GML 指数测算出的粮食		390	1.021	0.304
规模效率变动（SCH）	绿色全要素生产率，并将其转化为以		390	0.980	0.184
技术进步（PTC）	2005 年为基期的累积形式		390	1.132	0.935

（续）

变量	变量说明	单位	N	均值	标准差
高标准农田建设规模*（lnHS-FS）	中低产田改造与高标准农田建设面积之和		390	7.241	0.812
农业综合开发投资规模*（lnac-dinput）	农业综合开发投资金额		390	4.879	0.712
地区经济发展水平*（lnpgdp）	人均地区生产总值		390	10.314	0.621
非农就业*（lnouter）	农村劳动力转移人数		390	6.025	1.202
社会资本支持*（lnscs）	涉农金融机构数量		390	8.284	0.727
成灾率（czl）	农作物成灾面积占比	%	390	0.219	0.149
农业生产效率（ape）	第一产业增加值/第一产业就业人数	万元/人	390	1.959	1.404
农业财政支持强度（agrifiscal）	农林事务支出/农林牧渔业总产值		390	0.177	0.189
复种指数（repind）	农作物播种面积/耕地面积	%	390	1.306	0.392
工业化水平（indlev）	第二产业增加值/一二三产业增加值	%	390	0.439	0.081
农村居民平均受教育程度（edu）	6岁以上农村居民平均受教育年限	年	390	8.262	1.234
农村劳动力老龄化（aging）	农村中65岁及以上人口占比	%	390	0.103	0.028
农业生产性服务水平（assv）	农业生产性服务总产值×种植业总产值/农林牧渔业总产值×粮食播种面积/农作物播种总面积	10亿元	390	6.043	6.886
农业经营规模（aos）	农作物播种面积/第一产业从业人数	公顷/人	390	6.512	3.225
种植结构"趋粮化"（plantstr）	粮食种植面积/农作物播种面积	%	390	0.656	0.147

注：①鉴于高标准农田建设面积数据仅统计到2017年，为了统一时间段，表中汇报的数据时期为2005—2017年。
②带 * 的变量表示其值取自然对数。

8.1.4 实证结果分析

（1）粮食绿色全要素生产率时序演变及特征分析

①全国层面分析。2005—2021年全国粮食绿色全要素生产率及其分解结果见表8-4。2005—2021年我国GTFP从2005年的0.9910上升至2021年的1.0538，总体上呈现波动上升的趋势。在2010年以前，我国GTFP除2006—2007年、2007—2008年有所改善外，其余年份都低于1，在2010年以后，我国GTFP均大于1。在"十五"时期（2001—2005年）和"十一五"时期（2006—2010年），国家实施了粮食流通体制改革、取消农业税以及种粮直补等一系列政策，极大地激发了农户种粮的积极性。然而，受困于相对传统的农业生产方式、农业投入要素的使用效率不高以及环境保护意识的相对缺

乏，粮食生产的绿色全要素生产率在这一阶段出现了一定程度的下滑。自"十二五"（2011—2015 年）时期开始，我国积极调整农业政策和策略，强调并实施了加强农业科技创新、推广绿色农业技术、优化农村产业结构等一系列措施。这些新举措的实施有效地推动了粮食生产绿色全要素生产率的提升。同时，我国还致力于实施耕地治理、水土保持、生态农业等环境保护措施，有效改善了农业生态环境，为粮食绿色生产提供了坚实的生态环境基础。从 $GTFP$ 分解结果来看，观察期内纯技术效率变动（PEC）、规模效率变动（SCH）、技术进步（PTC）的均值分别为 1.023 2、0.999 6、1.035 4，年平均增长率分别为 1.76%、0.07%、2.45%。由此可见，粮食绿色全要素生产率的增长主要得益于技术进步。这表明我国在粮食生产领域的技术创新和绿色技术应用方面取得了显著成效，为粮食生产的可持续发展提供了有力支撑。

表 8-4　全国粮食绿色全要素生产率及其分解

时期	GTFP	PEC	SCH	PTC	时期	GTFP	PEC	SCH	PTC
2005—2006 年	0.991 0	0.969 4	1.025 9	1.011 3	2013—2014 年	1.011 4	1.148 2	0.952 8	0.966 2
2006—2007 年	1.014 9	1.277 6	1.003 1	0.825 8	2014—2015 年	1.017 5	0.995 6	0.992 3	1.049 1
2007—2008 年	1.030 4	0.848 5	1.004 6	1.258 2	2015—2016 年	1.015 3	0.945 1	1.021 9	1.083 9
2008—2009 年	0.960 5	1.200 6	0.996 1	0.842 5	2016—2017 年	1.000 6	1.028 6	0.975 5	0.999 1
2009—2010 年	0.967 5	0.958 9	0.970 8	1.067 6	2017—2018 年	1.078 2	1.137 3	1.035 7	0.927 2
2010—2011 年	1.038 9	0.905 8	1.003 2	1.164 0	2018—2019 年	1.069 1	1.004 1	0.994 4	1.073 3
2011—2012 年	1.022 7	1.028 4	0.980 3	1.026 7	2019—2020 年	1.036 7	1.045 5	1.002 8	0.993 1
2012—2013 年	1.050 3	0.923 3	1.005 2	1.192 1	2020—2021 年	1.053 8	0.953 4	1.028 7	1.087 1

②省域层面分析。2005—2021 年各省份粮食绿色全要素生产率及其分解结果见表 8-5。从 $GTFP$ 均值视角来看，北京、天津、河北等 23 个地区的 $GTFP$ 均值大于 1，实现了粮食绿色全要素生产率提升。其中，$GTFP$ 提升幅度最大的是重庆，平均增长率为 17.68%；$GTFP$ 降幅最大的是江苏，平均增长率为 −1.7%，表明省域之间 $GTFP$ 增长情况存在一定差异。从分解结果来看，PEC 均值大于 1 的省份有北京、天津、河北等 25 个，占比 83.33%；SCH 均值大于 1 的省份有天津、山西、内蒙古等 17 个，占比 56.67%，说明有接近一半的地区规模效率低于 1；PTC 均值大于 1 的省份有 27 个，占比 90%，仅有江西、重庆、新疆 3 个地区低于 1。因此，从整体上看，大部分地区的粮食绿色全要素生产率实现了提升，这主要得益于纯技术变化率和技术进步的推动。但值得关注的是，仍有接近一半的地区规模效率有所下降，这可能是由于这些地区的粮食生产规模不够合理，存在资源配置不当的问题。

表 8 - 5 2005—2021 年省级层面粮食绿色全要素生产率均值及其分解情况

省份	GTFP	PEC	SCH	PTC	省份	GTFP	PEC	SCH	PTC
北京	1.004 2	1.043 2	0.954 5	1.045 5	河南	1.024 5	0.992 2	1.000 0	1.033 7
天津	1.109 0	1.022 6	1.033 1	1.093 0	湖北	0.978 4	1.035 3	1.003 7	1.062 1
河北	1.044 7	1.037 5	0.991 4	1.029 7	湖南	1.013 1	1.033 8	1.004 5	1.043 6
山西	1.026 4	1.019 2	1.000 7	1.009 5	广东	0.996 7	1.001 7	1.000 2	1.007 6
内蒙古	1.027 7	1.000 2	1.015 4	1.006 8	广西	0.931 9	1.022 3	0.995 9	1.012 0
辽宁	1.065 1	1.060 8	1.002 8	1.030 7	海南	0.997 2	1.001 9	1.071 2	1.091 6
吉林	1.007 8	0.997 9	0.999 7	1.008 4	重庆	1.022 2	1.015 2	1.000 8	0.993 8
黑龙江	1.040 2	1.013 1	0.996 0	1.031 2	四川	0.977 3	1.042 0	0.993 6	1.006 1
上海	1.019 0	0.989 8	0.994 4	1.035 3	贵州	1.072 5	1.060 4	1.013 5	1.049 8
江苏	1.055 4	1.048 0	0.990 4	1.102 0	云南	1.007 5	1.015 6	1.001 3	1.003 4
浙江	1.065 5	1.018 0	1.001 6	1.086 5	陕西	0.991 6	1.019 4	0.962 8	1.069 7
安徽	1.029 4	1.024 9	0.989 3	1.030 8	甘肃	1.016 4	1.016 0	1.002 0	1.005 2
福建	0.997 1	0.996 2	0.995 8	1.011 3	青海	1.008 4	1.004 2	0.989 4	1.006 9
江西	1.023 4	1.054 0	1.000 5	0.988 4	宁夏	1.008 5	0.996 8	1.002 3	1.009 0
山东	1.050 0	1.059 2	0.913 1	1.211 5	新疆	1.061 5	1.053 9	1.067 8	0.948 5

（2）基准回归分析

表 8 - 6 报告了高标准农田建设政策对粮食绿色全要素生产率的影响。为了确保结果的准确性和可靠性，本研究分别采用了普通标准误、稳健标准误、省级层面聚类稳健标准误和 Bootstrap 自助随机抽样 1 000 次后获得的标准误进行回归估计，结果如表 8 - 6 的列（1）至列（4）所示。可以发现，无论是否考虑控制变量，在双固定效应下，高标准农田建设政策的实施对粮食绿色全要素生产率的影响系数均为正，说明结果具有稳健性。各模型纳入控制变量后，高标准农田建设政策的实施对粮食绿色全要素生产率的影响系数为 0.114，且在 1% 的水平下显著，表明该项政策的实施能够促进粮食的绿色生产，假说 8 - 1 得到验证。

表 8 - 6 高标准农田建设政策与粮食绿色全要素生产率的基准回归

变量	(1)	(2)	(3)	(4)
	稳健标准误	普通标准误	省级聚类稳健标准误	Bootstrap 随机抽样标准误
	GTFP	GTFP	GTFP	GTFP
HSFDumy	0.093***	0.114***	0.114***	0.114***
	(0.02)	(0.03)	(0.03)	(0.04)

（续）

变量	(1) 稳健标准误	(2) 普通标准误	(3) 省级聚类稳健标准误	(4) Bootstrap 随机抽样标准误
	GTFP	*GTFP*	*GTFP*	*GTFP*
常数项	0.647***	3.426*	3.426	3.630
	(0.09)	(1.74)	(2.47)	(2.72)
控制变量	No	Yes	Yes	Yes
地区固定	Yes	Yes	Yes	Yes
时间固定	Yes	Yes	Yes	Yes
N	390	390	390	390
*R*²	0.742	0.786	0.786	0.255
*Adj. R*²	0.711	0.753	0.753	0.140

注：① *** 、 ** 、 * 分别表示 1%、5%、10% 的显著性水平。

　　②括号内数值为标准误。

（3）平行趋势检验与政策的动态影响分析

DID 模型的有效性在于满足平行趋势检验的前提条件，即在政策实施之前，实验组和控制组的粮食绿色全要素生产率在时间上的变动趋势应保持一致。以政策实施年份 2011 年作为基准组，验证在高标准农田建设政策实施之前，实验组与控制组的粮食绿色全要素生产率在时间上的变动趋势。如图 8-1

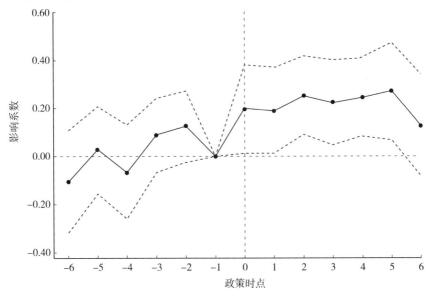

图 8-1　平行趋势检验

（注：虚线折线为置信区间的上下限）

所示，高标准农田建设政策实施前的置信区间包含了 0，这充分证明了在政策实施之前，实验组和控制组在粮食绿色全要素生产率上不存在显著差异。这一结论支持了事前平行趋势的假设，从而验证了 DID 模型在评估政策效应时的有效性。

此外，表 8－7 展示了高标准农田建设政策的动态影响。不难发现，高标准农田建设政策的实施对粮食绿色发展的正向影响具有一定的持续性。但值得注意的是，2017 年高标准农田建设对粮食绿色全要素生产率的影响并不显著，显示出政策影响力可能正在减弱。这背后的原因可能是：一方面，高标准农田建设初期投入较大，资金和技术门槛较高，部分地区在短期内难以实现理想的建设成效；另一方面，高标准农田建设的长期效益需要时间来显现，尤其是在粮食绿色全要素生产率方面，其提升并不是直观的线性过程，还需搭配其他措施共同来实现。

表 8－7　高标准农田建设政策的动态影响

交乘项	估计系数	稳健标准误	P 值
$\ln HSFS \times 2011$	0.197**	2.10	0.037
$\ln HSFS \times 2012$	0.191**	2.11	0.036
$\ln HSFS \times 2013$	0.254***	3.08	0.002
$\ln HSFS \times 2014$	0.225**	2.49	0.013
$\ln HSFS \times 2015$	0.245***	2.94	0.003
$\ln HSFS \times 2016$	0.275***	2.64	0.009
$\ln HSFS \times 2017$	0.125	1.15	0.252

注：①采用标准误进行估计。
　　②***、**分别表示 1%、5% 的显著性水平。

8.1.5　稳健性检验

（1）安慰剂检验

为了验证估计系数的稳健性，本研究对实验组随机抽取 500 次，以验证实验组的系数是否与基准回归估计结果显著不同，结果见图 8－2。经过 500 次抽样发现，抽样估计结果远离基准回归估计的系数 0.114，且双侧检验 P 值为 0，说明虚构实验组的系数与基准回归估计的系数存在显著差异，表明结果具有稳健性。

（2）替换核心解释变量

利用农业综合开发投入对数值（$\ln acdinput$）与政策实施时点虚拟变量的交乘项 $HFLD$ 替换 $HSFDumy$ 进行回归，从投入角度验证结果的稳健性。农

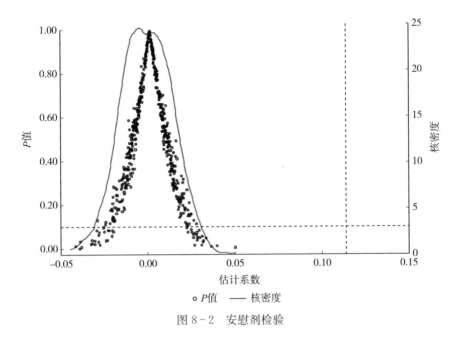

图 8-2　安慰剂检验

业综合开发投入主要投向中低产田改造、高标准农田示范工程建设等项目，用其作为替代变量有其合理性。从表 8-8 中列（1）的估计结果可知，$HFLD$ 的系数在 1% 的水平下显著为正，与基准回归估计结果保持一致，说明结果具有稳健性。

（3）排除其他政策干扰

近年来，我国政府为支持粮食生产已实施了多项政策，这些政策可能会在不同层面对粮食绿色全要素生产率产生影响。为确保研究结果不受多个政策干扰，本研究特地对 2013 年后实施的土地确权颁证政策以及 2015 年后的农业面源污染防治政策进行了剔除。表 8-8 中列（2）和列（3）的结果显示，高标准农田建设政策的影响系数显著为正，表明排除农地确权和农业面源污染防治政策的干扰后，高标准农田建设政策的实施能够促进粮食的绿色生产的结论依然稳健。

（4）剔除直辖市样本量

考虑到直辖市在政策和经济发展上的独特地位，其数据可能对回归结果产生异常值干扰。为确保研究的稳健性，本研究剔除北京、上海、天津、重庆 4 个直辖市的数据样本，进行重新检验。表 8-8 中列（4）的结果显示，即使在剔除了这 4 个直辖市的样本后，高标准农田建设政策的实施对粮食绿色全要素生产率的影响系数依然显著为正，表明高标准农田建设政策的实施能够促进粮食的绿色生产的结论是稳健的。

（5）基于 PSM - DID 的实证

为了进一步提高样本选择的精确性，减少潜在偏差对研究结果的干扰，本研究选用双重差分倾向得分匹配（PSM - DID）进行分析。具体的做法是，将所有控制变量作为筛选标准，采用卡尺最近邻匹配进行匹配。根据匹配样本重新运用连续 DID 模型进行分析，结果见表 8 - 8 的列（5）。可以看到，高标准农田建设政策的实施对粮食绿色全要素生产率的影响显著为正，表明基准模型估计结果是稳健的。

表 8 - 8　稳健性检验结果

变量	(1) GTFP	(2) GTFP	(3) GTFP	(4) GTFP	(5) GTFP
HFLD	0.178*** (4.82)				
HSFDumy		0.106*** (3.75)	0.108*** (4.08)	0.107*** (2.97)	0.090*** (2.68)
常数项	2.898* (1.66)	8.297*** (4.55)	5.844*** (2.86)	5.203** (2.56)	4.039 (1.53)
控制变量	Yes	Yes	Yes	Yes	Yes
地区固定	Yes	Yes	Yes	Yes	Yes
时间固定	Yes	Yes	Yes	Yes	Yes
N	390	270	300	338	276
R^2	0.789	0.825	0.821	0.818	0.840
$Adj. R^2$	0.757	0.788	0.786	0.787	0.806

注：①***、**、*分别表示1%、5%、10%的显著性水平。
②括号内数值为 t 统计量。

8.1.6　异质性检验

（1）分维度异质性检验

粮食绿色全要素生产率指数主要由纯技术效率变动（PEC）、规模效率变动（SCH）和技术进步（PTC）构成，为了明确高标准农田建设对三者的差异，本研究对其进行分维度异质性检验。从表 8 - 9 中的列（6）至列（8）可知，高标准农田建设政策的实施会显著促进技术进步，而对纯技术效率变动和规模效率变动不具有显著的影响。原因可能是：高标准农田建设政策主要侧重于改善农业生产条件，提升农业技术水平和生产效率。一般而言，技术进步是推动农业生产发展的重要动力。高标准农田建设政策的实施，通过引进先进的农业技术、推广新型农业设备、优化农业生产结构等措施，有效促进了农业生产的技术进步。这不仅提高了粮食产量，还提升了粮食生产的质量和效益。然而，纯技术效率和规模效率的提升并非一蹴而就。纯技术效率的提升需要农民具备较高的农业生产技能和管理水平，而规模效率的提升则需要农业生产达到一定的规模和集约化水平，这都需要时间和持续的努力。因此，高标准农田建设政策的实施对纯技术效率变动和规模效率变动的影响在短期内可能并不显著。

（2）基于土地流转的异质性检验

不同地区的土地流转程度不同，可能导致各地高标准农田建设政策对粮食绿色全要素生产率的影响有所差异。因此，本研究按土地流转的均值将样本划分为土地流转程度高的地区和土地流转程度低的地区，进行异质性分析。表 8-9 中列（9）和列（10）的结果表明，与土地流转程度较高的地区相比，高标准农田建设政策对粮食绿色全要素生产率的促进作用在土地流转程度较低的地区表现得更为显著。原因可能是：在土地流转程度较高的地区，由于土地经营权的集中和规模化经营，农业生产已经具备较高的效率和产出水平，高标准农田建设政策虽然能够进一步提升这些地区的农业基础设施和生产条件，但相对于土地流转程度较低的地区，其边际效益可能较低；相反，在土地流转程度较低的地区，农业生产往往面临更多的挑战和制约因素，如土地碎片化、农业基础设施薄弱等，这些地区的农业生产效率相对较低，高标准农田建设政策的实施能够显著改善农业生产条件，提高土地的产出能力和生产效益。因此，在土地流转程度低的地区，高标准农田建设政策对粮食绿色全要素生产率的促进作用可能表现得更为显著。

（3）基于农业功能区定位的异质性检验

农业功能区分为粮食主产区和非粮食主产区[①]。高标准农田建设是以保障粮食安全为目的的，这必然会促进粮食生产。鉴于功能定位的差异，粮食主产区和非粮食主产区的高标准农田建设政策对粮食绿色全要素生产率的影响可能存在差异。因此，根据农业功能区定位的差异，对高标准农田建设政策的实施效果进行区域异质性分析。表 8-9 中列（11）的结果显示，高标准农田建设政策与分区变量 M 的交乘项系数为 0.022，且在 1‰的水平下显著，说明在粮食主产区，高标准农田建设政策对粮食绿色全要素生产率的影响更为显著。原因在于：粮食主产区由于其主要功能是粮食生产，因此在高标准农田建设政策的推动下，会更多地注重粮食生产的技术创新和绿色化发展，而这些区域可能

---

① 根据 2003 年 12 月财政部印发的《关于改革和完善农业综合开发若干政策措施的意见》，粮食主产区包括河北、内蒙古、辽宁、吉林、黑龙江、山东、河南、江苏、安徽、江西、湖北、湖南、四川等 13 个省份。

会投入更多的资源用于提高粮食生产的效率和质量，例如采用先进的农业技术、推广绿色种植模式等。这些措施不仅能够提高粮食产量，还能够减少农业生产对环境的负面影响，从而推动粮食绿色全要素生产率的提升。相比之下，非粮食主产区由于其功能定位的差异，可能在高标准农田建设政策的推动下，更注重农业生产的多样性和经济效益。这些区域可能会更加注重发展特色农业、休闲农业等，以提高农业的整体效益和农民收入。虽然高标准农田建设政策在非粮食主产区的实施也能够促进农业的发展，但对粮食绿色全要素生产率的推动作用不如在粮食主产区那样明显。

表 8 - 9 异质性检验结果

变量	(6)	(7)	(8)	(9)	(10)	(11)
	PEC	SCH	PTC	GTFP	GTFP	GTFP
HSFDumy	0.013	−0.026	0.302***	0.073	0.093**	
	(0.43)	(−1.23)	(2.78)	(1.51)	(2.09)	
HSFDumy×M						0.022***
						(5.55)
常数项	1.531	2.109**	4.010	1.828	3.683	3.194*
	(0.93)	(2.25)	(0.92)	(0.46)	(1.62)	(1.81)
控制变量	Yes	Yes	Yes	Yes	Yes	Yes
地区固定	Yes	Yes	Yes	Yes	Yes	Yes
时间固定	Yes	Yes	Yes	Yes	Yes	Yes
N	390	390	390	150	240	390
R^2	0.712	0.645	0.465	0.880	0.756	0.792
$Adj. R^2$	0.668	0.590	0.383	0.816	0.698	0.760

注：① ***、**、* 分别表示 1%、5%、10% 的显著性水平。
②括号内数值为 t 统计量。

8.1.7 农业生产性服务的中介效应检验

根据前文理论分析，高标准农田建设政策的实施可能通过农业生产性服务发展，进而推动粮食绿色生产，机制检验结果见表 8 - 10。

表 8 - 10 中列（12）的估计结果显示，高标准农田建设政策的实施对农业生产性服务具有显著的正向推动作用，系数为 3.71，且在 1% 的水平下显著，表明高标准农田建设政策的实施会促进农业生产性服务的发展。表 8 - 10 中列（13）的估计结果显示，高标准农田建设政策的估计系数由 0.114 下降至 0.081，且在 1% 的水平下显著。同时，农业生产性服务对粮食绿色全要素生

产率的影响系数为 0.001，且在 5% 的水平下显著，表明高标准农田建设政策的实施会通过促进农业生产性服务发展，间接提高粮食绿色全要素生产率，假说 8-2 得证。

表 8-10 机制检验结果

变量	(12)	(13)
	assv	*GTFP*
HSFDumy	3.710***	0.081***
	(7.89)	(2.93)
assv		0.001**
		(2.58)
常数项	−9.409	3.511**
	(−0.36)	(2.15)
控制变量	Yes	Yes
地区固定	Yes	Yes
时间固定	Yes	Yes
N	390	390
R^2	0.882	0.791
$Adj. R^2$	0.864	0.757

注：①***、**分别表示 1%、5% 的显著性水平。
②括号内数值为 t 统计量。

8.1.8 结论与政策启示

(1) 研究结论

利用中国 30 个省份 2005—2021 年的相关数据分析了中国粮食绿色全要素生产率的变化情况，采用连续 DID 模型评估了高标准农田建设政策的实施对粮食绿色全要素生产率的影响及其作用机制。主要研究结论有：

①高标准农田建设政策对粮食绿色全要素生产率具有显著的正向影响。

②异质性分析表明，高标准农田建设政策的实施对技术进步具有显著的促进作用，而对纯技术效率变动与规模效率变动不具有显著影响。相比土地流转程度高的地区，高标准农田建设政策对土地流转程度较低地区的粮食绿色生产促进效应更大。相比非粮食主产区，高标准农田建设政策的实施对粮食主产区的粮食绿色生产促进效应更为显著。

③中介机制分析表明，高标准农田建设政策的实施通过推动农业生产性服务业发展，进而促进粮食绿色生产。

（2）政策启示

基于以上结论，为更好地发挥高标准农田建设政策对粮食绿色生产的积极影响，需要采取以下措施：

①优化资源配置，促进粮食生产规模与当地的资源环境承载能力相匹配。对于规模效率低于1的地区，合理调整耕地布局、优化种植结构、提高农业用水和农业废弃物的利用效率等。

②加大对农业科技创新的支持力度，巩固提升高标准农田建设成效。一方面，持续推进农业科技创新，研发和推广先进的农业绿色生产技术、提升农业机械化水平、推广智能农业等，以提高粮食生产的科技含量和绿色水平；另一方面，完善高标准农田建设相关政策措施，加大对高标准农田建设的资金投入，实现高标准农田建设质量的有效提升。

③实施绿色种业和技术创新工程，完善农业社会化服务体系建设。强化政府引导作用，增加如优质、高产、高效粮食作物的种植面积，加快绿色优质稻新品种选育及保优栽培技术研发。加快推进以农业绿色发展为导向的农业社会化服务体系建设，提高农业生产的社会化分工和专业化协作水平，为农户提供绿色、优质、高效的技术支持。

8.2 高标准农田建设对农民增收的影响——基于农业机械化服务的中介效应

8.2.1 理论机制分析

（1）高标准农田建设政策的实施对农民增收的直接影响

根据高标准农田建设国家标准，高标准农田是土地平整、集中连片、设施完善、土壤肥沃、生态良好、抗灾能力强，与现代农业生产和经营方式相适应的旱涝保收、高产稳产，划定为永久基本农田的耕地。高标准农田建设不仅关乎国家粮食安全，亦是农民增收的重要途径。具体来看，首先，高标准农田建设通过采取诸如"小田并大田""化零为整"等土地整治措施，可以有效减轻土地细碎化和分散化程度，优化耕作条件，促进土地流转（陈江华等，2022），实现集中连片、适度规模经营（龚燕玲等，2023），从而获取规模经济效应，提升农业经营效益（钱龙等，2023），促进农民的农业经营性收入增长。其次，高标准农田建设通过土壤改良、耕地质量提升等措施，有助于提高化肥、农药等化学投入品利用率，进而提升作物产量与质量，增强农产品的市场竞争力。因此，在农产品价格稳定的前提下，农民的收入水平将得到提升。最后，高标准农田建设通过改善农田基础设施，能够显著增强农田防灾、抗灾、减灾能力，减少农户因不确定性风险带来的减产损失，稳定农户的收益预期（龚燕玲等，2023），从而提高农户农业生产经营积极性，使其愿意扩大农业生产规模（罗必良等，2017），获得相比高标准农田建设前更高的边际收益。基于以上分析，提出如下研究假说：

假说 8-3：高标准农田建设政策的实施会促进农民增收。

（2）高标准农田建设政策的实施对农民增收的间接影响

高标准农田建设政策促进农民增收的内在逻辑在于提质节本增效。具体而言，高标准农田建设政策促进农民增收可能通过以下两条路径实现：

①高标准农田建设政策的实施通过提高土地产出率促进农民增收。土地是农民赖以生存的基石，高标准农田建设是改善耕地禀赋的重要途径。一方面，高标准农田建设涵盖中低产田改造、土地整治、农田水利、田间道路建设以及"小田并大田"等建设内容，从"质"和"量"两个方面整体提升耕地禀赋，进而为增产增收奠定了基础；另一方面，随着耕地质量的提升，农户投入的化肥、农药、人工等要素成本相对减少，农产品产量和质量均得到提升，使土地综合收益显著增加，进而整体上提升了农民种植效益，从而实现了农民增收。

②高标准农田建设政策的实施通过改善农机作业条件提升农业机械化水平，进而促进农民增收。通过集中连片地进行高标准农田建设，将碎地变整田、小块并大块、坡地变平地、陡地变梯田、劣地变沃土、分割变连通、分散生产整合为规模经营，为农业生产性服务规模经营创造了有利条件。这不仅有助于改变传统的粗放型农业生产方式，还有助于促进机械替代人工以节省生产成本和交易成本，从而实现农业生产效率提升，保障农户持续增收（陈涛等，2022）。同时，农业机械化的快速发展也同步推动了劳动力的解放。在农民的经济理性和生存理性的驱动下，越来越多的农民选择转移至收入相对更高的非农部门，以获取非农收入，从而提升家庭经济状况（李谷成等，2018）。

因此，本研究认为高标准农田建设政策的实施将会从提高土地产出率与农业机械化水平两个方面促进农业生产提质节本增效，从而实现农民增收。基于此，提出如下研究假说：

假说 8-4：高标准农田建设政策的实施会通过提高土地产出率促进农民增收。

假说 8-5：高标准农田建设政策的实施会通过提升农业机械化水平促进农民增收。

8.2.2 变量选择

（1）被解释变量

被解释变量为农民总收入（*Earning*），用农村居民人均可支配收入衡量。

（2）核心解释变量

核心解释变量为高标准农田建设政策（$HSFD$），用高标准农田建设面积占比与高标准农田建设政策实施时点的虚拟变量的交乘项（$HSF_i \times I_t^{post}$）来表征。其中，高标准农田建设面积占比为改造中低产田与高标准农田面积占年末耕地面积比重。I_t^{post} 为高标准农田建设政策实施时点的虚拟变量，当 $t \geqslant 2011$，取 $I_t^{post} = 1$；反之则为 0。鉴于各地区高标准农田建设任务与进度的差异，本研究采用连续变量来刻画地区维度，同时将其按均值分类为实验组（高标准农田建设面积占比高的样本）和控制组（高标准农田建设面积占比低的样本）。这种做法既可以充分捕捉地区的差异性，同时还能避免人为设定实验组和控制组可能带来的偏差。

（3）机制变量

①土地产出率（$landpro$），根据种植业总产值除以年末耕地面积求出。

②农业机械化水平（$mech$），鉴于缺少数据，本研究采用农林牧渔业总产值除以农业机械总动力作为代理变量，即单位农机投入产出越高，农户越倾向使用农机进行农业生产。

（4）控制变量

①人均地区生产总值（$pgdp$），反映当地区域经济发展水平。

②城镇化率（ubr），用城镇人口占总人口的比重来衡量，用于反映区域的发展阶段。

③农村劳动力老龄化（$aging$），用农村老年人口抚养比来表征，反映当地农村劳动力老龄化程度。

④农村居民平均受教育程度（edu），用农村居民平均受教育年限来表征，其计算公式为：农村居民平均受教育年限＝（文盲人数×0＋小学学历人数×6＋初中学历人数×9＋高中和中专学历人数×12＋大专及本科以上学历人数×16)/6 岁以上人口数量。用于反映农村人力资本情况。

⑤农业生产性服务水平（$assv$），用农林牧渔服务业产值来表征，其计算公式为：农林牧渔服务业产值＝农林牧渔业总产值－种植业总产值－林业总产值－畜牧业总产值－渔业总产值。

⑥农村产业结构（$astr$），用种植业总产值除以农林牧渔业总产值来衡量，用以控制农村产业结构调整对农民总收入的影响。

⑦复种指数（$repind$），本研究采用耕地上全年内农作物的总播种面积与耕地面积之比表示，用以控制耕地的利用效率对农民总收入的影响。

8.2.3 模型设定

（1）基准回归模型

本研究以 2011 年作为高标准农田建设政策在全国规范实施推行的年份，

为检验高标准农田建设政策的增收效应，在后文中将使用连续型 DID 模型进行评估，连续 DID 模型设定如下：

$$\ln Earning_{it} = \alpha + \beta HSF_i \times I_t^{post} + \delta X_{it} + \mu_i + \eta_t + \varepsilon_{it} \quad (8-11)$$

式中：$Earning_{it}$ 表示 i 省在 t 年的农民总收入（其值取自然对数）；HSF_i 表示高标准农田建设面积占比，I_t^{post} 表示高标准农田政策实施时点的虚拟变量，令 $HSFD = HSF_i \times I_t^{post}$；$X_{it}$ 表示一系列随时间变化的控制变量；μ_i 为地区固定效应；η_t 为时间固定效应；ε_{it} 为随机扰动项；a 为常数项；δ 为待估计参数；β 为实施高标准农田建设政策对农民总收入的净影响，本研究预期 β 的符号为正。

（2）机制验证模型

本研究利用两阶段法来验证高标准农田建设政策影响农民总收入的作用机制。第一阶段检验高标准农田建设政策对土地产出率和农业机械化水平的影响，第二阶段检验土地产出率和农业机械化水平对农民总收入的影响。本研究机制验证模型如下：

$$M_{it} = \alpha + \beta HSF_i \times I_t^{post} + \delta X_{it} + \mu_i + \eta_t + \varepsilon_{it} \quad (8-12)$$

$$\ln Earning_{it} = \alpha + \beta HSF_i \times I_t^{post} + \zeta M_{it} + \delta X_{it} + \mu_i + \eta_t + \varepsilon_{it}$$
$$(8-13)$$

式中：M_{it} 为机制变量，包括土地产出率和农业机械化水平；ζ 为机制变量的影响系数；其余变量与待估系数均与式（8-11）保持一致。

8.2.4　数据来源与描述性证据

（1）数据来源

本研究选取 2007—2017 年，除西藏自治区、香港特别行政区、澳门特别行政区和中国台湾省以外的 30 个省份的面板数据进行实证分析。本研究数据主要来自历年《中国统计年鉴》《中国农村统计年鉴》《中国财政年鉴》《中国农村经营管理统计年报》《中国人口和就业统计年鉴》，部分缺失数据采用插值法补充。为缓解数据的波动性与异方差性，本研究对农民总收入、人均地区生产总值、农村居民平均受教育程度、农业生产性服务水平、土地产出率、农业机械化水平进行对数化处理，同时为使数据可比，对产值数据进行了平减处理。各变量的描述性统计结果见表 8-11。

（2）描述性证据

高标准农田占比和农村居民人均可支配收入的变化情况如图 8-3 所示。从变化趋势不难看出，两者均呈现上升态势，且呈现高度一致性。其中，2014 年以前，两者均呈现快速发展的态势；2014 年以后，高标准农田占比呈现先快速上升后平缓的走势，农村居民人均可支配收入增速逐步放缓。根据相关性检验分析，高标准农田占比与农村居民人均可支配收入的 Person 相关系数达到 0.53，且在 1% 的水平下显著，可以初步表明高标准农田建设正向影响农民增收。

表 8-11 各变量的描述性统计结果

变量类型	变量	单位	N	均值	标准差
被解释变量	农民总收入*（ln$Earning$）		330	9.24	0.53
核心解释变量	高标准农田建设政策（$HSFD$）		330	38.95	22.65
控制变量	人均地区生产总值*（ln$pgdp$）		330	10.45	0.54
	城镇化率（ubr）	%	330	54.44	13.57
	农村劳动力老龄化（$aging$）	%	330	14.90	4.52
	农村居民平均受教育程度*（lnedu）		330	2.131	0.136
	农业生产性服务水平*（ln$assv$）		330	4.32	1.20
	农村产业结构（$astr$）	%	330	52.02	8.31
	复种指数（$repind$）		330	1.28	0.38
机制变量	土地产出率*（ln$landpro$）		330	10.21	0.52
	农业机械化水平*（ln$mech$）		330	9.13	0.53

注：带 * 的变量表示其值取自然对数。

图 8-3 2007—2017 年高标准农田建设与农村居民人均可支配收入的变化情况

8.2.5 实证结果分析

(1) 基准回归分析

表 8-12 报告了高标准农田建设政策对农民增收的影响。在基准回归中，

表 8-12 列（1）至列（4）分别为采用普通标准误、稳健标准误、聚类稳健标准误和 Bootstrap 随机抽样标准误的估计结果，结果显示高标准农田建设政策对农民增收的影响显著为正。在控制变量保持不变的情况下，高标准农田建设政策对农民增收的影响系数为 0.074，即就边际效应而言，高标准农田建设政策的实施能够促进农民增收 7.4%。在控制变量中，以列（2）的结果为例，人均地区生产总值、农业社会化服务以及复种指数均对农民增收具有显著的促进作用，表明农民总收入会随着地区经济发展水平、农业生产性服务水平以及耕地利用程度的提升而增长。城镇化水平的影响显著为负，说明当前城镇化结构不利于促进农民持续增收。农村劳动力老龄化的影响显著为负，表明农村劳动力老龄化会抑制农民增收的效果。

表 8-12　高标准农田建设政策与农民增收的基准回归

变量	(1)	(2)	(3)	(4)
	普通标准误	稳健标准误	聚类稳健标准误	Bootstrap 随机抽样标准误
	ln*Earning*	ln*Earning*	ln*Earning*	ln*Earning*
HSFD	0.074***	0.074***	0.074**	0.074**
	(0.02)	(0.02)	(0.03)	(0.03)
ln*pgdp*	0.642***	0.642***	0.642***	0.642***
	(0.03)	(0.03)	(0.06)	(0.06)
ubr	−0.445***	−0.445***	−0.445*	−0.445*
	(0.14)	(0.15)	(0.24)	(0.26)
aging	−0.362***	−0.362***	−0.362*	−0.362**
	(0.09)	(0.10)	(0.16)	(0.18)
ln*edu*	−0.021	−0.021	−0.021	−0.021
	(0.06)	(0.06)	(0.12)	(0.13)
ln*assv*	0.058***	0.058***	0.058**	0.058**
	(0.01)	(0.01)	(0.02)	(0.03)
astr	0.128	0.128	0.128	0.128
	(0.08)	(0.08)	(0.13)	(0.15)
repind	0.020	0.020*	0.020	0.020
	(0.01)	(0.01)	(0.02)	(0.02)
常数项	2.508***	2.508***	2.508***	2.159***
	(0.28)	(0.30)	(0.58)	(0.58)
地区固定	Yes	Yes	Yes	Yes

（续）

变量	（1）普通标准误	（2）稳健标准误	（3）聚类稳健标准误	（4）Bootstrap 随机抽样标准误
	ln*Earning*	ln*Earning*	ln*Earning*	ln*Earning*
时间固定	Yes	Yes	Yes	Yes
N	330	330	330	330
R^2	0.998	0.998	0.998	0.997
$Adj. R^2$	0.997	0.997	0.997	0.996

注：①＊＊＊、＊＊、＊分别表示1%、5%、10%的显著性水平。

②括号内数值为标准误。

（2）平行趋势检验与政策的动态影响分析

DID 模型估计的有效性是以满足平行趋势检验为前提，即在政策干预之前，实验组和控制组的农民增收效应在时间上的变动趋于一致性。本研究以政策实施年份 2011 年为基准组，验证在高标准农田建设政策实施之前，实验组与控制组的农民增收效应在时间上的变动情况。图 8 - 4 显示了估计系数的变动趋势及相应的 95％置信区间。从图 8 - 4 中可以看到，该政策实施前的估计系数在 95％的置信区间内几乎都包含了 0，表明政策实施前农民增收效应的系数无明显差异，事前平行趋势假设得到验证。

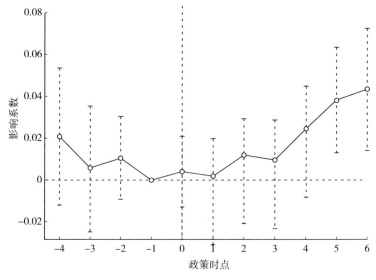

图 8 - 4　平行趋势检验结果

但值得注意的是，结合图 8 - 4 和表 8 - 13 可知，在政策实施后，估计系数在政策实施后的第 4 年（2015 年）才存在显著差异，说明高标准农田建设政策的增收效应存在滞后效应。原因在于：高标准农田建设施工期较长，且建成后的高标准农田在前几年时间内并不能发挥特别好的效果。江西多个粮食主产县的调研情况显示，高标准农田投入使用后，因基底不实导致机械深陷泥土，严重影响了机械化操作，故而节本增效并不显著；部分整治后的田块因耕作层受损，如剥离后的耕作层未按要求回填，导致需要 2～3 年时间才能够逐步恢复土壤的肥力，因此在投入使用的前几年，高标准农田建设政策的增收效果并未显现，甚至存在减产减收的可能。但随着前几年耕作的累积以及农民对高标准农田管理的逐渐深入，同时得益于农田建设投入标准的提高以及管护要求的强化，高标准农田促进农民增产增收的作用才逐渐显现。从动态影响来看（表 8 - 13），从 2015 年开始，高标准农田建设政策的增收效应逐渐增强，且具有持续性。

表 8 - 13　高标准农田建设政策对农民增收的动态影响

交乘项	估计系数	稳健标准误	P 值
HSF×2007	0.021	1.24	0.215
HSF×2008	0.005	0.35	0.724
HSF×2009	0.011	1.05	0.294
HSF×2011	0.004	0.47	0.641
HSF×2012	0.002	0.20	0.839
HSF×2013	0.012	1.38	0.170
HSF×2014	0.010	1.03	0.305
HSF×2015	0.024	2.34	0.020
HSF×2016	0.038	2.97	0.003
HSF×2017	0.043	2.91	0.004

注：采用稳健标准误进行估计。

8.2.6　稳健性检验

本研究通过安慰剂检验、替换核心解释变量、排除其他干扰政策与剔除直辖市样本量 4 种方法，对基准回归模型进行稳健性检验，估计结果如表 8 - 14 所示。

（1）安慰剂检验

为了验证结果的稳健性，本研究对交乘项随机抽取 500 次，验证虚构交乘项系数是否与基准估计结果存在显著差异。500 次抽样结果中，抽样估计结果皆远离基准估计系数 0.074，且双侧检验 P 值为 0，说明结果存在显著差异。同时，从图 8-5 中可以发现，随机抽样系数以零为均值，呈正态分布，抽样系数远离基准估计数 0.074。说明除了高标准农田政策外，不存在其他不可估计的变量对农民增收产生影响。

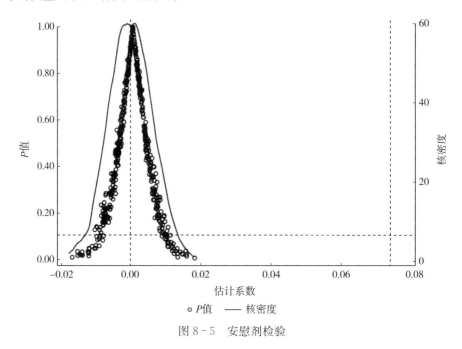

图 8-5　安慰剂检验

（2）替换核心解释变量

本研究从投入角度，利用单位农作物播种面积的农业综合开发投入与政策实施时点虚拟变量的交乘项 CADID 替换 HSFD 进行回归。农业综合开发投入主要投向中低产田改造、高标准农田示范工程建设等项目，用其作为替代变量有其合理性。表 8-14 中的列（1）汇报了替代变量的估计结果，CADID 系数显著为正，且在 1% 的水平下显著，结果与基准回归保持一致，说明结果具有稳健性。

（3）排除其他政策干扰

近年来，国家出台了多项政策支持农业农村发展与建设，可能在不同的层面上均会对农民增收产生一定的影响。因此，为了避免这类政策对估计结果的干扰，本研究剔除了 2013 年后土地确权颁证的政策影响和 2015 年后化肥农药零增长的政策影响。表 8-14 中列（2）和列（3）的结果显示，高标准农田建设政策的影响系数显著为正，表明排除农地确权和化肥农药零增长政策的干扰后，高标准农田建设促进农民增收的结论依然稳健。

（4）剔除直辖市样本

考虑直辖市在政策、经济发展上的优势，本研究将北京、上海、天津、重庆4个直辖市的样本剔除，然后对变量进行稳健性检验。表8-14中列（4）的结果显示，在剔除4个直辖市的样本后，高标准农田建设对农民增收的影响系数仍显著为正，表明高标准农田建设政策能够促进农民增收的结论是稳健的。

表8-14 稳健性检验结果

变量	(1) lnEarning	(2) lnEarning	(3) lnEarning	(4) lnEarning
CADID	0.015***			
	(2.82)			
HSFD		0.038**	0.046***	0.060***
		(2.11)	(2.62)	(3.38)
常数项	2.540***	2.634***	2.548***	2.774***
	(8.14)	(6.85)	(7.78)	(8.99)
控制变量	Yes	Yes	Yes	Yes
地区固定	Yes	Yes	Yes	Yes
时间固定	Yes	Yes	Yes	Yes
N	330	210	240	286
R^2	0.997	0.997	0.998	0.998
$Adj. R^2$	0.997	0.997	0.997	0.997

注：①***、**分别表示1%、5%的显著性水平。

②括号内数值为t统计量。

8.2.7 异质性检验

不同地区所处的地理位置以及拥有的资源禀赋有所差异，可能导致高标准农田建设对农民增收的作用大小不同。因此，本研究拟从抗风险能力、政府财政支持力度以及农业功能区定位差异3个不同差异进行异质性分析。

（1）基于抗风险能力的异质性检验

针对抗风险能力的比较，本研究以受灾程度来进行划分，受灾程度越高的地区，表明抗风险能力越弱，反之，则越强。因而，按均值划分为抗风险能力强和抗风险能力弱两个样本。表8-15中列（5）和列（6）的结果显示，在抗风险能力弱的地区，高标准农田的增收效应更为明显，影响系数为0.091，且在1%的水平下显著。但在抗风险能力强的地区，高标准农田的增收效应则不显著。原因可能是：相较于抗风险能力强的地区，高标准农田建设有效改善了受灾程度高地区的农业生产条件，并提高了现有农业装备水平，使其抗风险能力得到显著提高，降低了农业生产因受灾带来的损失，使农民总收入的增幅扩大。

（2）基于政府财政支持力度的异质性检验

不同地区的财政支农力度存在差异，这可能导致各地高标准农田建设政策对农民增收的影响有所不同。因此，本研究按照农林水事务支出占财政支出比重的均值将样本划分为政府财政支持力度大的地区和政府财政支持力度小的地区进行异质性分析。表 8-15 中列（7）和列（8）的结果显示，在政府支农力度大的地区，高标准农田建设政策显著促进农民增收，但在政府支农力度小的地区，该政策的增收效应则不显著。原因可能是：与财政支农力度小的地区相比，在政府财政支农力度大的地区，高标准农田亩均投资标准更高，能够覆盖不同地形、田块的高标准农田建设，能够显著提升高标准农田的建设质量，提高耕地资源禀赋，从而有效地激发耕地的综合生产能力，促进农民增产增收。

（3）基于农业功能区定位的异质性检验

根据粮食生产功能定位，对粮食主产区与非粮食主产区的高标准农田建设政策的实施效果进行异质性分析。表 8-15 中列（9）和列（10）的结果显示，在非粮食主产区，高标准农田建设政策显著促进农民增收，但在粮食主产区，高标准农田建设政策的增收效应则不显著。原因可能是：粮食主产区的资源禀赋丰富，生产条件优越，高标准农田建设政策的边际效应有限；而非粮食主产区的资源禀赋较差，农业生产条件欠佳，高标准农田建设显著提升了当地的综合生产能力，带来的提质节本增效效应更为明显。

表 8-15　异质性检验

变量	(5)	(6)	(7)	(8)	(9)	(10)
	抗风险能力弱	抗风险能力强	财政支农力度小	财政支农力度大	粮食主产区	非粮食主产区
HSFD	0.091***	0.037	0.021	0.085**	0.059	0.065**
	(3.50)	(1.66)	(1.20)	(2.65)	(1.12)	(2.22)
常数项	2.406***	2.711***	3.228***	1.021	1.737***	2.257***
	(4.40)	(6.88)	(11.20)	(1.18)	(3.18)	(2.93)
控制变量	Yes	Yes	Yes	Yes	Yes	Yes
地区固定	Yes	Yes	Yes	Yes	Yes	Yes

（续）

变量	(5)	(6)	(7)	(8)	(9)	(10)
	抗风险能力弱	抗风险能力强	财政支农力度小	财政支农力度大	粮食主产区	非粮食主产区
时间固定	Yes	Yes	Yes	Yes	Yes	Yes
N	165	165	165	165	161	169
R^2	0.997	0.998	0.999	0.997	0.997	0.997
$Adj. R^2$	0.997	0.998	0.998	0.996	0.996	0.997

注：① *** 、 ** 分别表示 1%、5% 的显著性水平。

　　②括号内数值为 t 统计量。

8.2.8　农业机械化服务的中介效应检验

根据前文理论分析，高标准农田建设政策对农民增收的影响可能通过提高农业机械化水平促进农民增收，机制检验结果见表 8-16。

表 8-16 中列（11）的估计结果显示，高标准农田建设政策的实施对农业机械化水平的影响系数为 0.279，且在 1% 的水平下显著，说明高标准农田建设政策改善了农机作业环境，能够促进农业机械化发展，并显著提升单位农机投入产出。列（12）的估计结果显示，政策的估计系数由 0.074 下降至 0.056，且在 1% 的水平下显著；农业机械化水平对农民增收的影响系数为 0.063，且在 1% 的水平下显著，表明高标准农田建设政策的实施会通过提升农业机械化水平，增强单位农机投入产出，从而促进农民增收，证明了假说 8-5。

表 8-16　机制检验结果

变量	(11)	(12)
	lnmech	lnEarning
HSFD	0.279***	0.056***
	(4.08)	(3.40)
lnmech		0.063***
		(4.42)
常数项	10.424***	1.848***
	(7.29)	(5.78)
控制变量	Yes	Yes
地区固定	Yes	Yes
时间固定	Yes	Yes

（续）

变量	(11)	(12)
	ln*mech*	ln*Earning*
N	330	330
R^2	0.954	0.998
$Adj. R^2$	0.946	0.997

注：① *** 表示 1% 的显著性水平。
　　② 括号内数值为 t 统计量。

8.2.9　结论与政策启示

（1）研究结论

利用中国 30 个省份 2007—2017 年的面板数据，采用连续 DID 模型评估了高标准农田建设政策对农民增收的影响，并验证了该政策促进农民增收的作用机制与路径。主要研究结论有：

①高标准农田建设政策的实施能够显著促进农民增收，增收效应达到 7.4%。动态估计结果表明，高标准农田建设政策的增收效应存在一定的滞后性。具体而言，该政策的增收作用在 2015 年开始显现，并在随后持续增强。

②土地产出率与农业机械化水平在高标准农田建设政策的增收效应中起到中介作用，即高标准农田建设政策通过提升土地产出率和农业机械化水平促进农民增收。

③异质性检验发现，在抗风险能力弱的地区，高标准农田建设政策的增收效应更为显著；而在抗风险能力强的地区不显著。在财政支农力度大的地区，高标准农田建设政策表现出更为显著的增收效应；而在财政支农力度小的地区不显著。在非粮食主产区，高标准农田建设政策的实施显著促进了农民的增收；而在粮食主产区，其增收效应则不显著。

（2）政策启示

基于上述结论，为充分发挥高标准农田建设政策的增收效应，需要采取以下措施：

①持续推进高标准农田建设政策。鉴于高标准农田建设政策对农民增收的显著促进作用，政府应继续加大对该政策的投入和支持，因地制宜地提升高标准农田的建设标准和投入标准，确保高标准农田建设工作的规范性和有效性，坚决防止建设过程中出现偏离政策初衷、走样变形的情况。同时，要加强高标准农田管护，加快建立高标准农田长效保护机制，确保高标准农田能够持续发挥作用，从而进一步释放其对农民增收的潜力。

②注重土壤改良和地力提升与农机化配套设施建设。一方面，要全方位实施测土配方施肥、土壤有机质提升等工程，有效改善土壤结构，提高土壤肥力，增强土地产出能力；另一方面，要不断完善农田配套设施，大力推广使用先进的农业机械和智能化技术，加快提升农业机械化水平，充分发挥农业机械在提升农业生产效益、降低成本和推动规模经营方面的关键作用，从而提高农业生产效率。

③综合考虑地区差异和产业发展特点，因地制宜地制定发展策略。针对抗风险能力弱的地区，政府应给予更多的关注和支持，通过加强基础设施建设、提供农业保险等方式，提高这些地区的抗风险能力，并充分发挥高标准农田建设政策的增收效应。对财政支农力度小的地方，政府应加大财政对农业的投入，优化财政支出结构，确保资金能够精准投向农业生产的关键领域和薄弱环节，促进农业持续健康发展。对于非粮食主产区，可以探索更多适合当地特色的农业发展模式，促进农民增收；对于粮食主产区，则应注重提高粮食生产的科技含量和附加值，增强粮食产业的竞争力。

第9章　农业生产性服务对劳动力变化与农业高质量发展关系的调节效应分析

农业绿色发展不仅是农业高质量发展的核心内容，更是实现农业可持续发展的重要保障。在当前农业现代化的进程中，推动农业绿色发展显得尤为紧迫和重要。改革开放40多年来，我国农业劳动力结构发生巨大变化。目前，我国有3亿多青壮年劳动力外出务工，从事非农产业，农村劳动力短缺、老龄化现象日益凸显，兼业化越来越普遍。据调查，2001—2010年，农村劳动力平均年龄为46岁；2011—2020年，农村劳动力平均年龄为58岁；2021—2023年，农村劳动力的平均年龄为65岁。这种从业人员结构，要保证14多亿人口大国的农产品供给问题，就迫切需要发展农业生产性服务业，以确保粮食和重要农产品稳定安全供给，支撑农业高质量发展。鉴于此，本章主要考察劳动力老龄化和劳动力转移对农业绿色发展的影响机制，以及农业生产性服务是否在两者关系中起到调节作用。

9.1　劳动力老龄化对农业绿色发展的影响——基于农业生产性服务的调节效应

9.1.1　理论机制分析

（1）农村劳动力老龄化对农业绿色发展的影响

从要素投入者角度来看，农村劳动力老龄化导致农业劳动力体能衰退、健康水平降低，进而导致农业劳动力供给衰减和质量下降，导致老龄农户选择化肥、农药、薄膜等现代农业生产资料来替代劳动力要素。但作为老龄农户，受制于自身有限的知识水平和生产技能，无法掌握专业的农药化肥施用知识，易导致农药化肥滥用和技术效率损失（黄季焜，2008），从而抑制农业绿色发展。从生产决策者角度来看，随着年龄的不断增长，相比青年劳动力而言，老龄农户生产经验虽然更为丰富，可能在一定程度上通过人力资本积累实现农业绿色生产率提升，但囿于知识体系陈旧、认知能力和学习能力转弱，风险规避倾向逐渐增强，老龄农户原有的生产决策难以转变，现实中大多数老龄农户依然维持施肥施药越多越好的旧式思维，甚至不愿意接触和学习新的农业生产技术并应用于生产实践，因而阻碍了绿色生产技术推广、生产技能提升以及农业生产的绿色转型。此外，根据人力资本存量生命周期理论，农业劳动力人力资本存量是一个动态变化的过程，呈现一种倒 U 形的变化趋势，即随着年龄的增长，在劳动供给能力（应瑞瑶，2014）、认知能力（汪伟，2016）以及学习能力（郭晓鸣，2015）等方面人力资本存量会由少到多，直至在某一年龄达到峰值后，再逐步下降，呈现人力资本弱化效应。这意味着，在人力资本存量边际递减作用下，农村劳动力老龄化对农业绿色发展可能存在非线性影响，即农村劳动力老龄化对农业绿色发展的边际影响存在差异。基于上述分析，本研究提出如下假说：

假说 9－1：农村劳动力老龄化会抑制农业绿色发展。

假说 9－2：农村劳动力老龄化对农业绿色发展的影响具有非线性效应。

（2）农业生产性服务在农村劳动力老龄化影响农业绿色发展中的调节作用

农业生产性服务是政府公共机构、农村专业合作组织、龙头企业、科研教育单位和其他社会服务组织为农户生产经营所提供的各种服务，服务内容涵盖产前、产中、产后各个环节。从要素替代和引致创新理论来看，农村劳动力老龄化导致农业劳动力供给呈现衰减趋势，倒逼农业生产性服务业发展。有学者研究表明，发展农业生产性服务业是应对农村劳动力老龄化的重要举措（纪月清等，2016；彭柳林等，2019）。现实中，老龄农户由于体力下降、技术掌握程度不高、家庭劳动力短缺、要素投入成本上涨等原因会更偏向于采用农业生产性服务，愿意将农业生产的各个环节外包给专门的社会化服务提供者，而农业生产性服务的介入，可以改善老龄农户进行农业生产的各类要素约束，实现"专业的人干专业的事"，提高了农业绿色生产效率的同时也降低了农业绿色生产的成本，在确保农产品优质优价的情况下，会促使农户参与到农业绿色生产的循环中，并将创新技术、绿色技术外溢给周边老龄农户，从而实现经济和环境效益双赢。尤其是农业技术培训与推广服务，一定程度上能够有效缓解老龄化对农户采纳绿色生产技术的阻碍，使老龄农户科学施药、施肥的认知和技能得以提升，并引致农业生产方式发生转变，从而实现农业绿色发展。因此，随着农业生产性服务水平的提升以及规模的扩大，农村劳动力老龄化对农业绿色发展的抑制作用可能会被弱化，甚至会被抵消。基于上述分析，本研究提出如下假说：

假说 9－3：农业生产性服务能够缓解农村劳动力老龄化对农业绿色发展的抑制作用。

9.1.2　变量选择与数据来源

（1）被解释变量

被解释变量为农业绿色发展水平（AGD）。根据前文分析，基于数据的可得性和适用性，力求指标能够科学、客观、准确反映农业绿色发展的实质，借鉴赵会杰、于法稳（2019）以及魏琦等（2018）的做法，从资源节约、环境友好、生态保育、经济效益4个角度选择19个具体指标构建农业绿色发展水平指标体系。

①资源节约是实现农业绿色发展的基本特征。在土地、水资源约束趋紧背景下，通过科技创新和劳动者素质提升，合理提高农业投入要素利用率和生产效率，是实现农业绿色发展的基础。因此，选择农业用水效率、复种指数、单位播种面积农机总动力、农业用电强度、有效灌溉率和农业财政投入占比6个指标反映资源利用强度。环境友好是实现农业绿色发展的内在要求。

②环境友好的关键在于实现农业生产与自然生态环境的和谐统一，主要表现为对水土资源的保护以及对污染的遏制，因而选择单位耕地面积农药施用量、单位耕地面积化肥施用量、单位耕地面积薄膜用量、单位农机耗油量4个指标反映环境友好程度。

③生态保育是实现农业绿色发展的重要抓手。有效控制生态环境恶化，能够有效提升农业防灾减灾能力，同时改善农业生产的生态环境，从而实现农业绿色化、可持续发展。因此，选取水土流失治理面积占比、森林覆盖率、成灾率、自然保护区占比、除涝面积5个指标反映生态保育程度。

④经济效益是实现农业绿色发展的重要目标，农业绿色发展不仅仅在于满足人们对农产品数量与质量的需求，同时还在于提升农业生产效率和农民的生活收入。因此，选择粮食单产、农业土地产出率、农业劳动生产率、农民纯收入增长率4个指标来反映农民生产生活情况。

本研究采用熵值法计算农业绿色发展水平，相关指标和权重如表9-1所示。数据来自2004—2021年的《中国统计年鉴》和《中国环境统计年鉴》。

表9-1　农业绿色发展水平指标体系

一级指标	二级指标	三级指标	属性	熵值法权重	CRITIC法权重	组合权重	计算公式	单位
农业绿色发展水平	资源节约	农业用水效率	—	0.006	0.066	0.036	农业用水量/农林牧渔业总产值	米³/万元
		复种指数	—	0.021	0.047	0.034	农作物播种面积/年末耕地面积	次
		单位播种面积农机总动力	—	0.006	0.072	0.039	农业机械总动力/农作物播种面积	千瓦/公顷
		农业用电强度	—	0.003	0.089	0.046	农村用电量/农林牧渔业总产值	（千瓦·时/万元）

（续）

一级指标	二级指标	三级指标	属性	熵值法权重	CRITIC法权重	组合权重	计算公式	单位
农业绿色发展水平	资源节约	有效灌溉率	＋	0.060	0.040	0.050	有效灌溉面积/耕地面积	％
		农业财政投入占比	＋	0.036	0.044	0.040	农林水事务支出/财政支出占比	％
	环境友好	单位耕地面积农药施用量	－	0.013	0.046	0.030	农药施用量/年末耕地面积	吨/公顷
		单位耕地面积化肥施用量	－	0.028	0.039	0.034	化肥施用折纯量/年末耕地面积	吨/公顷
		单位耕地面积薄膜用量	－	0.010	0.055	0.033	农用塑料薄膜使用量/年末耕地面积	吨/公顷
		单位农机耗油量	－	0.010	0.052	0.031	农用柴油使用量/农业机械总动力	吨/千瓦
	生态保育	水土流失治理面积占比	＋	0.110	0.052	0.081	水土流失治理面积/国土面积	％
		森林覆盖率	＋	0.079	0.034	0.056	森林面积/国土面积	％
		成灾率	－	0.020	0.055	0.037	成灾面积/受灾面积	％
		自然保护区占比	＋	0.107	0.042	0.075	自然保护区面积/国土面积	％
		除涝面积	＋	0.251	0.050	0.150	除涝面积/国土面积	％
	经济效益	粮食单产	＋	0.045	0.047	0.046	粮食总产量/粮食播种面积	吨/公顷
		农业土地产出率	＋	0.092	0.057	0.074	种植业总产值/主要农作物播种面积	元/公顷
		农业劳动生产率	＋	0.086	0.055	0.070	农林牧渔业总产值/乡村人口	元/人
		农民纯收入增长率	＋	0.018	0.057	0.038	（本期农村居民纯收入－上期农村居民纯收入）/上期农村居民纯收入	％

（2）核心解释变量

核心解释变量为农村劳动力老龄化（$aging$）。采用农村中 65 岁及以上人口数占总人口数的比重来衡量农村劳动力老龄化。同时，选取农村老年人口抚养比（fyb）作为替代变量进行稳健性检验。数据均来自 2004—2021 年的《中国人口与就业统计年鉴》。

（3）调节变量

调节变量为农业生产性服务水平（$assv$）。长期以来，相关统计年鉴没有专门针对农业生产性服务进行统计，参照郝爱民（2015）做法，用农林牧渔服务业产值[①]作为农业生产性服务业产值的代理变量来衡量农业生产性服务发展水平。农林牧渔服务业具体指对种植业、林业、畜牧业、渔业生产活动进行的各种支持性服务活动，虽不包括各种科学技术和专业技术服务活动，但在概念和内容上与农业生产性服务业相近，能够表征农业生产性服务发展水平（张恒，2021）。为了使数据具有纵向可比性，将农林牧渔服务业产值转化为以 2003 年为基期的可比变量。其中，数据来自 2004—2021 年的《中国统计年鉴》和《中国第三产业统计年鉴》。

（4）控制变量

①人均地区生产总值（$pgdp$）。用以控制当地经济发展水平对农业绿色发展水平的影响。

②城镇化率（ubr），用城市人口占地区总人口（包括农业和非农）的比重来衡量。城镇化率越高，从农村迁入城市的人口越多。用以控制农村居民生产经营活动的增减变化对农业绿色发展水平的影响。

③农业种植结构（aps），用粮食作物播种面积与非粮食作物播种面积（农作物种植面积－粮食播种面积）之比衡量。一般认为，农作物种植结构的调整能够优化农业生产布局、推动农药化肥减量化和耕地轮作休耕，从而实现农业可持续发展（Xie et al.，2023）。

④农业规模化程度（asc），用农作物总播种面积与乡村人口之比衡量。一般认为规模化经营能够有效推动农业生产方式转变，影响农业绿色发展。

⑤工业化程度（ist），用第二产业增加值占地区生产总值的比重来衡量。用以衡量工业化发展情况对农业绿色发展的影响。数据来自 2004—2021 年的《中国统计年鉴》。

其中，模型中主要变量的描述性统计结果如表 9-2 所示。采用方差膨胀因子（VIF）对模型中变量进行了多重共线性检验，结果显示所有变量的

[①] 自 2003 年起，农林牧渔服务业产值＝农林牧渔业总产值－种植业总产值－林业总产值－畜牧业总产值－渔业总产值。

VIF 值均小于 5，且方差膨胀因子均值为 2.53，表明各变量之间不具有多重共线性问题。同时，运用 LLC 检验、IPS 检验和 Fisher 检验进行单位根检验，所有变量至少通过上述两种面板单位根检验，表明上述所选变量皆具有平稳性。此外，为了缓解数据的波动性和克服异方差问题，对农业生产性服务和人均地区生产总值两个变量进行对数化处理。部分缺失数据采用均值法填充。

表 9 - 2　主要变量的描述性统计结果

变量分类	变量	单位	N	平均值	标准差	最小值	最大值
被解释变量	农业绿色发展水平（AGD）		558	0.31	0.06	0.19	0.55
	资源节约指数（REI）		558	0.07	0.01	0.04	0.12
	环境友好指数（EFI）		558	0.04	0.01	0.02	0.06
	生态保育指数（ECI）		558	0.13	0.04	0.04	0.30
	经济效益指数（EEI）		558	0.07	0.03	0.01	0.18
核心解释变量	农村劳动力老龄化（aging）		558	0.11	0.04	0.05	0.19
	农村老年人口抚养比（fyb）		558	0.15	0.06	0.07	0.30
调节变量	农业生产性服务水平（assv）	亿元	558	160.14	196.53	0.95	1 222.51
控制变量（Control）	人均地区生产总值（pgdp）	元	558	38 590.68	27 543.13	3 708.00	164 158.00
	城镇化率（ubr）		558	0.53	0.15	0.20	0.90
	农业种植结构（aps）		558	2.90	3.32	0.62	23.08
	农业规模化程度（asc）		558	0.26	0.19	0.32	1.37
	工业化程度（ist）		558	0.42	0.08	0.16	0.62

9.1.3　实证模型与结果分析

（1）实证模型

①基准回归模型。为探究农村劳动力老龄化与农业绿色发展两者的关系，本研究构建基准回归模型如下：

$$AGD_{it} = \iota_0 + \iota_1 aging_{it} + \sum \iota_j Control_{it} + \mu_i + \eta_t + \varepsilon_{it} \quad (9-1)$$

$$AGD_{it} = \iota_0 + \iota_1 aging_{it} + \iota_2 aging_{it}^2 + \sum \iota_j Control_{it} + \mu_i + \eta_t + \varepsilon_{it}$$
$$(9-2)$$

$$AGD_{it} = \iota_0 + \iota_1 aging_{it} + \iota_2 aging_{it}^2 + \iota_3 aging_{it}^3 + \sum \iota_j Control_{it} + \mu_i + \eta_t + \varepsilon_{it}$$
$$(9-3)$$

式中：AGD_{it} 为各省的农业绿色发展水平，$aging_{it}$ 为各省的农村劳动力老龄化程度，$Control_{it}$ 包括人均地区生产总值、城镇化率、种植结构、农业规模化程度和工业化程度等控制变量，μ_i 为地区固定效应，η_t 为时间固定效应，ε_{it} 为随机扰动项。为了验证农村劳动力老龄化对农业绿色发展水平的非线性作用，在式（9-2）和式（9-3）中分别引入农村劳动力老龄化的平方项和三次项。

②调节效应模型。为了考察农业生产性服务在农村劳动力老龄化影响农业绿色发展的调节效应，在式（9-1）的基础上构建模型如下：

$$AGD_{it} = \lambda_0 + \lambda_1 aging_{it} + \lambda_2 Mod_{it} + \lambda_3 aging_{it} \times Mod_{it} +$$
$$\sum \lambda_j Control_{it} + \mu_i + \eta_t + \varepsilon_{it} \qquad (9-4)$$

式中：Mod_{it} 为调节变量，取农业生产性服务水平的自然对数（$lnassv$）；控制变量中，人均地区生产总值取自然对数（$lnpgdp$），其余变量解释同式（9-1）。为了规避多重共线性问题，分别对农村劳动力老龄化和农业生产性服务进行中心化处理，随后将两者的交乘项放入式（9-7）中，λ_3 为调节效应估计系数，预期符号为正。

(2) 实证结果分析

在进行实证检验之前，本研究采用 stata16 进行 Hausman 检验，其结果为 chi2(6)＝25.85，$Prob > chi2 = 0.0002$，说明拒绝采用随机效应模型，因而采用固定效应模型进行估计。同时，为了确保结果的准确可靠，在下列模型中均采用稳健标准误进行估计。

表9-3报告了基准回归结果。模型（1）结果显示，农村劳动力老龄化对农业绿色发展水平具有显著的抑制作用，农村老年人口占比每提高1个单位，农业绿色发展水平下降0.12。从控制变量来看，人均地区生产总值和农业种植结构对农业绿色发展具有显著的正向影响，工业化程度对农业绿色发展具有显著的负向影响，城镇化率和农业规模化对农业绿色发展不具有显著的正向影响。模型（2）加入了农村劳动力老龄化的平方项，结果显示，一次项回归系数显著为负，二次项回归系数显著为正，表明农村劳动力老龄化对农业绿色发展的影响呈现 U 形曲线，即农村劳动力老龄化对农业绿色发展的影响呈现"先抑后扬"的状态。这可能是因为，随着农村劳动力老龄化程度加深，未来会进一步放大新服务模式、生产技术以及资本等要素替代效应，从而改善因老龄化对农业绿色发展的抑制作用，甚至推动其抑制作用转变为促进作用。模型（3）同时加入了农村劳动力老龄化的平方项和立方项，发现农村劳动力老龄化对农业绿色发展的影响不存在更高幂次的函数关系。因此，上述结果表明，我国农村劳动力老龄化负向影响农业绿色发展，且这种影响呈现 U 形的非线性关系，验证了假说9-1和假说9-2。

表 9 - 3 基准回归结果

变量	(1)	(2)	(3)
	AGD	AGD	AGD
aging	−0.120**	−0.754***	−1.246*
	(−1.99)	(−3.09)	(−1.80)
$aging^2$		2.349***	6.550
		(2.68)	(1.07)
$aging^3$			−11.299
			(−0.65)
$\ln pgdp$	0.049***	0.047***	0.046***
	(6.03)	(5.50)	(5.51)
ubr	0.026	0.044	0.047
	(0.65)	(1.03)	(1.11)
aps	0.002***	0.002***	0.002***
	(3.11)	(3.71)	(3.71)
asc	0.012	0.020	0.019
	(0.97)	(1.40)	(1.31)
ist	−0.098***	−0.087***	−0.088***
	(−3.82)	(−3.49)	(−3.51)
地区固定	Yes	Yes	Yes
时间固定	Yes	Yes	Yes
常数项	−0.164**	−0.114	−0.097
	(−2.30)	(−1.49)	(−1.24)
N	558	558	558
R^2	0.950	0.951	0.951
$Adj. R^2$	0.945	0.946	0.946
F 值	15.070	13.496	12.696

注：①***、**、*分别表示在1%、5%、10%的水平下统计显著。

②括号内数值为 t 统计量。

值得注意的是，农村劳动力老龄化对农业绿色发展的边际影响为 $\dfrac{\mathrm{d}AGD}{\mathrm{d}aging}=$ $4.698aging-0.754$，令其为 0 时，可得模型（2）的转折点为 0.16。结合

图 9-1，可以发现计算所得的转折点位于农村劳动力老龄化对数值最大值（0.19）的左侧，表明当前的研究样本落在转折点的左右两侧。也就是说，我国农村劳动力老龄化对农业绿色发展的影响正在由单调递减向单调递增转变。其中，转折点左侧样本量为 539，右侧样本量为 49，这说明当前农村劳动力老龄化对农业绿色发展的边际影响仍是以负向为主，但农村劳动力老龄化越过转折点的部分地区呈现出老龄化的倒逼效应，即农村劳动力老龄化对农业绿色发展有一定的促进作用。

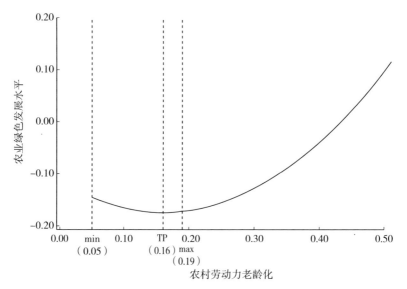

图 9-1　农村劳动力老龄化与农业绿色发展水平的非线性关系
（注：转折点为 0.16，最大值为 0.19，最小值为 0.05）

9.1.4　稳健性检验

在基准回归估计中，可能存在方法选择和变量选择的误差导致结果有偏，为了确保基准回归结果的可靠性，本研究进行如下稳健性检验。

（1）替换被解释变量

鉴于熵值法无法考虑指标之间的相关关系，可能对农业绿色发展水平测算存在偏差，导致回归结果有偏。因此，为了修正这种偏差，本研究通过采用 CRITIC 模型重新计算权重 W_{cri}，并与熵值法计算的权重 W_{en} 重新确定组合权重 W_{con}，即 $W_{con}=0.5\times W_{en}+0.5\times W_{cri}$，使最终的权重能够综合反映指标数据的特性以及指标之间的相关性，从而使农业绿色发展水平测算更为准确，如表 9-4 所示。表中模型（4）的结果显示，农村劳动力老龄化对农业绿色发展具有显著的抑制作用，与模型（1）结果具有一致性。

(2) 替换核心解释变量

选择农村老年人口抚养比（fyb）作为农村劳动力老龄化的替代指标代入式（9-1）和式（9-2）进行回归分析。由表9-4中模型（5）和模型（6）的回归结果可知，农村老年人口抚养比变量系数的方向和显著性均未发生改变，说明上述回归结果具有稳健性。

(3) 缩减样本量

考虑北京、天津、上海、重庆四个直辖市在经济发展和政策导向上具有一定的独立性，为了规避该类样本的估计偏差，本研究剔除四个直辖市的子样本再进行估计。由表9-4中模型（7）的回归结果可知，农村劳动力老龄化的估计系数仍显著为负，证明基准回归的结果是稳健可靠的。

表9-4 稳健性检验结果

变量	(4)	(5)	(6)	(7)
	AGD	AGD	AGD	AGD
$aging$	−0.138**			−0.123*
	(−2.24)			(−1.73)
fyb		−0.068*	−0.476***	
		(−1.93)	(−3.30)	
fyb^2			0.010***	
			(2.89)	
控制变量	Yes	Yes	Yes	Yes
地区固定	Yes	Yes	Yes	Yes
时间固定	Yes	Yes	Yes	Yes
常数项	0.107	−0.167**	−0.095	−0.037
	(1.40)	(−2.36)	(−1.22)	(−0.57)
N	558	558	558	486
R^2	0.900	0.950	0.952	0.947
$Adj.R^2$	0.889	0.945	0.946	0.941
F值	7.071	15.212	14.106	18.651

注：①***、**、*分别表示在1%、5%、10%的水平下统计显著。
②括号内数值为t统计量。

(4) 内生性检验

考虑到模型中可能存在因遗漏变量和潜在的互为因果关系导致的内生性问题，分别采用以下两种方法进行检验：一种方法是在表9-5模型（8）中分别加入土地流转（ltr）、农作物综合机械化率（$mech$）和农村居民平均受教育程度（lnedu）3 个控制变量①，进一步验证结果的稳健性；另一种方法是参照金绍荣和王佩佩（2023）的做法，本研究取社会保障与就业财政支出（其值取自然对数）② 作为工具变量，并采用两阶段最小二乘法（IV_2SLS）和系统 GMM（IV_GMM）模型估计农村劳动力老龄化对农业绿色发展的影响。估计结果显示，一阶段 F 值为 76.72，远大于经验值（10），说明工具变量与内生变量高度相关。同时，根据弱工具变量检验，模型（9）和模型（10）的 $Cragg-Donald\ Wald\ F$ 统计量为 100.654，远大于 10% 临界值（16.38），且 $Kleibergen-Paap\ rk\ LM$ 统计量均在 1% 的显著性水平下拒绝不可识别的原假设。另外，$Hansen\ J$ 统计量显示不存在过度识别的问题，表明所选的工具变量是适当的。因此，结合表 9-5 模型（8）至模型（10）的结果表明，在 5% 的显著性水平下，农村劳动力老龄化对农业绿色发展的影响是负向的，与基准回归结果保持一致。

表 9-5 内生性检验结果

变量	(8)	(9)	(10)
	AGD	AGD	AGD
$aging$	-0.124^{**}	-0.333^{**}	-0.333^{**}
	(-2.17)	(-1.98)	(-1.98)
$Kleibergen-Paap\ rk\ LM$ 统计量		72.143	72.143
		[0.000]	[0.000]
$Cragg-Donald\ Wald\ F$ 统计量		100.654	100.654
		[16.38]	[16.38]
$Hansen\ J$ 统计量		0.000	0.000
控制变量	Yes	Yes	Yes
地区固定	Yes	Yes	Yes
时间固定	Yes	Yes	Yes
常数项	-0.114	-0.318^{***}	-0.318^{***}
	(-1.58)	(-7.09)	(-7.09)

---

① 土地流转（ltr）用家庭承包土地流转总面积占家庭承包经营耕地面积的比重来衡量，数据来自相应年份的《中国农村统计年鉴》《全国农村经济情况统计资料》《中国农村经营管理统计年报》。农作物综合机械化率（mech）=机耕率×40%+机播率×30%+机收率×30%；农村居民平均受教育程度（lnedu）=（文盲人数×0+小学学历人数×6+初中学历人数×9+高中和中专学历人数×12+大专及本科以上学历人数×16）/6 岁以上人口数量，数据来自相应年份的《中国人口与就业统计年鉴》。

② 社会保障与就业财政支出数据来自相应年份的《中国统计年鉴》，本书中对数据进行了平减，转化为以 2003 年为基期的可比变量。

（续）

变量	(8)	(9)	(10)
	AGD	AGD	AGD
N	558	558	558
R^2	0.950	0.563	0.563
$Adj. R^2$	0.945	0.558	0.558
F 值	10.02	130.240	130.240

注：① *** 、** 分别表示在 1%、5% 的水平下统计显著。

②圆括号内数值为 t 统计量。

③ $Kleibergen - Paap\ rk\ LM$ 值的方括号内为 P 值，$Cragg - Donald\ Wald\ F$ 统计量的方括号内为 $Stock - Yogo\ weak\ ID\ test$ 中 10% maximal IV size 对应的临界值。

9.1.5　异质性检验

鉴于我国农村劳动力老龄化问题凸显，老龄化程度不同可能对农业绿色发展的影响不同，本研究按均值将样本划分为低老龄化区域和高老龄化区域进行检验。同时，本研究尝试从不同的维度考虑农村劳动力老龄化对农业绿色发展各个子系统的异质性影响，表 9-6 报告了异质性检验结果。

由表 9-6 中列 （11） 和列 （12） 可知，在低老龄化区域的农村劳动力老龄化会显著抑制农业绿色发展，而高老龄化区域则不显著，表明农村劳动力老龄化对农业绿色发展的抑制效应在老龄化程度不同的区域具有差异。这可能是因为：在高老龄化区域，老龄农户的体能、健康水平急剧衰退，部分丧失劳动力的老龄农户通过土地流转退出农业生产，或者依赖现代农业生产新模式，如购买农机服务、农业生产托管服务，从而缓解了农村劳动力老龄化对农业绿色发展的不利冲击。而在低老龄化区域，老龄农户的身体机能还处于较好的阶段，本身对先进知识、先进技术和先进服务模式的依赖程度不高，而且该区域的农户趋于选择简单保守的种植模式，即仍以小农经营的粗放型农业生产方式为主 （Xie et al.，2023），因而对农业绿色发展的抑制作用更为显著。

由表 9-6 中列 （13） 至列 （16） 可知，农村劳动力老龄化对资源节约指数 （REI） 和经济效益指数 （EEI） 具有显著的抑制作用，对环境友好指数 （EFI） 具有显著的促进作用，即随着农村老年人口占比每提高 1 个单位，资源节约指数和经济效益指数分别下降 0.085 和 0.125，环境友好指数上升 0.04，而农村劳动力老龄化对生态保育指数 （ECI） 的影响为正，但不显著。原因在于：农村劳动力老龄化对农业资源利用、生产环境保护、农业生产具有直接的关联，农户本身的生产行为会直接影响水土等资源利用、农药化肥要素投入、农业生产效率提升以及农业收入的获得，尤其是随着年龄的增长，农户资源节约意识减弱，且受自身劳动力质量以及健康水平下降的影响，自我增收能力也日趋下降。为了维持正常生计，一方面，农户会倾向于投入大量的生产要素，从而造成资源浪费与生产效率低下；另一方面，农户会寻求外部支持来缓解人力资本下降带来的减收影响，如将农业生产中部分或者全部作业环节委托给第三方服务组织，从而能够改善老龄农户粗放型的生产方式，并带动化肥农药减量化，促进环境友好发展。而生态保育对于农户来说，如大面积的水土流失治理、除涝、植树造林以及防灾等工程则更需要国家政策的支持，农户本身的影响相对较小，因而农村劳动力老龄化对生态保育的影响并不明确。另外，结合模型（13）至模型（16）的结果可知，农村劳动力老龄化对农业绿色发展各组成指数影响虽有所不同，但综合各个模型的影响系数来看，农村劳动力老龄化的负向作用相较于正向作用更大，农村劳动力老龄化总体上对农业绿色发展的影响是负向的。

表 9 - 6   异质性检验结果

变量	(11)	(12)	(13)	(14)	(15)	(16)
	AGD	AGD	REI	EFI	ECI	EEI
aging	-0.328^{**}	-0.118	-0.085^{***}	0.040^{***}	0.051	-0.125^{***}
	(-2.37)	(-1.05)	(-4.10)	(3.80)	(1.39)	(-3.35)
控制变量	Yes	Yes	Yes	Yes	Yes	Yes
地区固定	Yes	Yes	Yes	Yes	Yes	Yes
时间固定	Yes	Yes	Yes	Yes	Yes	Yes
常数项	-0.022	0.493^{***}	0.084^{***}	0.016	-0.259^{***}	-0.005
	(-0.18)	(2.65)	(3.58)	(1.33)	(-5.76)	(-0.13)
N	316	242	558	558	558	558
R^2	0.961	0.957	0.895	0.952	0.963	0.920
$Adj. R^2$	0.954	0.946	0.884	0.947	0.959	0.911
F 值	9.555	6.789	12.216	13.751	17.190	5.891

注：① ***、** 分别表示在 1%、5% 的水平下统计显著。
②括号内数值为 t 统计量。

9.1.6 农业生产性服务的调节机制检验

农业生产性服务在农业生产中发挥着重要的作用，为了验证农业生产性服务在农村劳动力老龄化对农业绿色发展影响中具有调节效应，本研究加入农业生产性服务与农村劳动力老龄化的交乘项进行验证，同时加入农业生产性服务与农村老年人口抚养比的交乘项进行稳健性检验。表 9 - 7 中列（17）和列

(18) 报告了农业生产性服务调节效应检验结果，均显示交乘项系数显著为正，表明农业生产性服务水平的提升可以显著缓解农村劳动力老龄化对农业绿色发展的抑制作用。从列（17）的结果来看，农村劳动力老龄化对农业绿色发展的边际影响是关于农业生产性服务的函数，即 $\dfrac{\mathrm{d}AGD}{\mathrm{d}aging}=0.064\mathrm{ln}assv-0.151$，这也反映了农村劳动力老龄化对农业绿色发展的整体影响。令 $0.064\mathrm{ln}assv-0.151=0$，求得 $\mathrm{ln}assv=2.36$，即为农村劳动力老龄化对农业绿色发展的影响的拐点。因此，当农业生产性服务对数值小于 2.36 时，农村劳动力老龄化对农业绿色发展的影响为负；反之为正。从表 9-2 可知，当前我国农业生产性服务均值为 160.14 亿元、最大值为 1 222.51 亿元，其对数值分别为 5.08、7.11，这表明当前我国大部分地区农业生产性服务水平已经越过了拐点，农业生产性服务关于农村劳动力老龄化对农业绿色发展的正向促进作用已经显现。从列（18）的稳健性检验结果来看，在 1% 的显著性水平下，农业生产性服务在农村老年人口抚养比对农业绿色发展的影响中具有正向的调节作用，与列（17）的结果基本保持一致，且拐点的位置相近（$\mathrm{ln}assv=2.39$），表明上述结果具有可靠性，验证了假说 9-3。

表 9-7 农业生产性服务调节效应检验结果

变量	(17)	(18)
	AGD	AGD
$aging$	-0.151^{**} (-2.24)	
fyb		-0.105^{***} (-2.66)
$\mathrm{ln}assv$	0.006^{***} (3.15)	0.006^{***} (3.17)
$\mathrm{ln}assv \times aging$	0.064^{***} (2.72)	
$\mathrm{ln}assv \times fyb$		0.044^{***} (2.99)
控制变量	Yes	Yes
地区固定	Yes	Yes
时间固定	Yes	Yes
常数项	-0.078 (-1.05)	-0.066 (-0.91)

（续）

变量	(17)	(18)
	AGD	AGD
N	558	558
R^2	0.952	0.952
$Adj. R^2$	0.947	0.947
F 值	13.967	14.516

注：① ***、** 分别表示在 1%、5% 的水平下统计显著。
②括号内数值为 t 统计量。

9.1.7 结论与政策启示

（1）研究结论

本研究基于 2003—2020 年我国 30 个省份的统计数据，采用固定效应面板模型就农村劳动力老龄化对农业绿色发展的影响以及农业生产性服务在二者关系中的作用进行实证分析，主要结论如下：

①农村劳动力老龄化对农业绿色发展具有显著的抑制效应，经过稳健性和内生性检验结论依然成立。进一步的异质性检验发现，农村劳动力老龄化对农业绿色发展的抑制作用在东部更为明显。

②农村劳动力老龄化与农业绿色发展之间存在显著的 U 形非线性关系，且当前的研究样本均落在转折点的左侧，表明农村劳动力老龄化对农业绿色发展的边际影响以负向为主。

③农业生产性服务的发展对农村劳动力老龄化对农业绿色发展的影响具有显著的正向调节效应，能够有效缓解农村劳动力老龄化对农业绿色发展的抑制效应。

（2）政策启示

依据前文的理论分析和实证研究结果，得出如下政策启示：

①加快创新完善农村老年教育、技能培训方式，鼓励老龄农户将经验转化为知识进行传播，有效提升老龄农户人力资本积累效应。

②出台相关政策，引导农村年轻人口有序回归农业，补充农村劳动力缺口，并鼓励支持和培育高素质农民，优化农村人力资本结构，为农业绿色发展提供人才支撑。

③加大政策支持力度，积极鼓励农业服务公司、农民合作社、农村集体经济组织、基层供销合作社发展农业生产性服务，不断壮大农业生产性服务体系，有效提升农业生产性服务的供给质量，充分发挥农业社会化服务在农村劳动力老龄化影响农业绿色发展中的正向调节效应。

④引导老龄农户积极融入农业生产性服务，采纳绿色生产技术、农业生产新模式、现代农业机械装备等现代农业绿色生产资料进行农业生产，从而促进要素资源投入结构优化调整，进一步提升农业绿色全要素生产效率。

9.2　劳动力转移对农业面源污染的影响——基于农业生产性服务的调节效应

9.2.1　理论机制分析

农业面源污染防治是实现农业高质量发展、确保农产品质量安全的重要抓手。当前，面源污染防治形势依然严峻。党中央、国务院高度关注农业面源污染防治工作，先后出台了一系列政策措施，对农业面源污染防治发挥了有效作用。学术界对农业面源污染问题同样给予了极大的关注，围绕农业面源污染成因（金书秦，2013；闵继胜，2016）、防治措施（Xue et al.，2020；Zhou et al.，2021）、影响因素（Zhang et al.，2021；Wang et al.，2022）以及风险评估（Li et al.，2022；朱康文等，2022；）等方面展开了研究。

（1）农村劳动力转移对农业面源污染的影响

根据要素替代理论，农村劳动力脱离农业生产部门流入非农部门中，必然导致农业劳动力短缺并影响农业生产（Zhang et al.，2020）。农户作为理性的决策主体，为了维持农业正常生产，会倾向于采用现代农业生产技术，也就是通过增加农药、化肥等现代农资要素投入，来弥补劳动力减少所带来的减产损失（Chang et al.，2012）。在现实中，转移出去的多为受教育程度较高、年轻力壮的劳动力，而留守的老年劳动力因缺乏农业生态环保意识，且习惯于粗放的农业生产方式，更倾向在既有的耕地上过度施用农药、化肥，不仅造成生产效率低下，而且对农业生态环境产生不利影响（史常亮等，2016）。此外，农村劳动力外流致使农业劳动力短缺，会引致劳动力工资上涨（Ge，2014），而农业要素相对价格的变化会诱使农户为降低生产成本采用其他丰裕的生产要素替代相对稀缺的劳动力（Gallardo et al.，2018；Nguyen et al.，2019），从而激励农户增加农药、化肥、机械服务等要素的购买以提高生产效率（Guo et al.，2022）。长此以往，因农药、化肥等投入要素激增致使农业面源污染。因此，提出如下假说：

假说9-4：农村劳动力转移对农业面源污染产生正向影响。

（2）农村劳动力转移对农业面源污染的门槛效应

农村劳动力转移实质是家庭劳动力资源的再配置（王跃梅等，2013），当农村劳动力转移规模较小时，农村劳动力转移对家庭劳动力分工以及收入的影响是较小的，可能不会影响农业正常生产。但随着农村劳动力转移规模扩大，家庭劳动力的流失率激增，必然会刺激家庭农业生产格局发生改变，导致以往以劳动力投入为主的农业生产转向以现代生产要素投入为主的农业生产。同时，农户为尽力维持收入稳定，倾向施用更多的农药、化肥等化学投入品来保障生产，并保持较高的农药、化肥施用频率（葛继红，2012；Li et al.，2023），进而造成农业面源污染。但随着农村劳动力转移规模达到最大化甚至位于最大值右侧，新的农业生产格局趋于稳定，现以农药、化肥等化学投入品为主的要素结构所产生的边际收益呈递减趋势，且环境污染愈发严重，从而农户期待改变这种现状。此时，农业绿色生产技术的更新与农业生产性服务组织的出现，使原有农户从依赖过度施用农药、化肥等化学投入品来实现增产增收的方式发生了改变。相应地，在国家持续推进化肥农药减量化的政策驱动下，农户出于利己心理，也更愿意采用以绿色生产为目的的农业生产性服务和绿色生产技术来进行农业生产，并摒弃过量使用化肥农药的行为，从而为农业面源污染治理提供了契机。所以，在农村劳动力转移的不同阶段和规模下，其对农业面源污染的边际影响可能不同。因此，提出如下假说：

假说 9-5：农村劳动力转移对农业面源污染的影响存在非线性特征。

（3）农村劳动力转移、非农收入与农业面源污染

从经济逻辑来看，农村劳动力外出务工是农户获取非农收入以增加家庭总收入的重要途径（Wang et al.，2019）。国家统计局的数据显示，2022 年我国农民外出获取的工资性收入占农民家庭收入比重超过 42%，是农民增收贡献的主要来源。农村居民家庭收入的增长在一定程度上缓解了农户购买农药、化肥等投入要素的资金限制，农户可能会施用更多的化肥、农药等化学投入品来替代短缺的劳动力。同时，农村居民家庭总收入的增加也意味着农户生计能力和风险抵抗能力将得以增强，农户对农业风险的认识程度也将提高，使得农户的生产行为与决策行为发生变化，可能不再局限于种植单一的粮食作物，反而转向种植农药、化肥需求量较大且经济风险较大的经济作物（Xin et al.，2012），从而导致农药、化肥施用总量增加，增加土壤、水体污染的概率。因此，在收入效应及其所引发的种植结构调整的共同作用下，农户会增加农药、化肥施用量，从而加剧农业面源污染（栾江等，2016）。因此，提出如下假说：

假说 9-6：非农收入在农村劳动力转移正向影响农业面源污染过程中起到中介作用。

（4）非农收入、农业生产性服务与农业面源污染

非农收入的增长实现了农户家庭收入水平的整体提升，促使农户购买多元化的生产性服务成为了可能，在一定程度上扭转了农户仅仅依靠购买农药化肥来弥补因劳动力缺失带来农业生产效率下降的问题。实践中，农业生产的各个环节都可以外包给专门的服务供应商（罗必良，2017），从而实现"专业的人干专业的事"。相较于农户直接购买农药、化肥等化学投入品而言，购买农业生产性服务具有较为显著的成本优势，因而在节省成本和获取更高利润收益的共同驱动下，主要依靠于非农收入的农民家庭更愿意将农业产前、产中、产后各个环节委托给第三方服务组织。在提供服务时，一方面，服务供应商基于利润最大化的经营目标，会自发减少农药、化肥等化学品用量以减少要素投入成本（杨高第，2020；张露，2019），从而减少农业面源污染；另一方面，服务供应商具备获取先进技术和市场信息的优势，它能够通过服务将施用标准、环保意识以及高效的农药、化肥施用技术传导至农户，促使农户科学施药、施肥的认知和技能得以提升，从而使农户以往过度依赖农药化肥的生产方式发生改变，因而使非农收入增长所带来的农业面源污染得到缓解。因此，提出如下假说：

假说9-7：农业生产性服务会抑制非农收入在农村劳动力转移影响农业面源污染的中介作用。

9.2.2　变量选择与数据来源

（1）被解释变量

被解释变量为农业面源污染（$ANPP$），用每公顷农作物播种面积化肥农药施用总强度来表征。化肥和农药是农业面源污染的重要输入来源（姜松等，2021；Wang et al.，2022），本研究参考邵帅和李宝礼（2020）研究成果，以各省化肥农药的施用强度来表征农业面源污染，$ANPP$的计算公式如下：

$$ANPP_{it} = \frac{Total\,fert_{it} + Total\,pest_{it}}{Crop_{it}} \qquad (9-5)$$

式中：$Total\,fert_{it}$为化肥施用折纯量，$Total\,pest_{it}$为农药施用量，$Crop_{it}$为农作物播种面积。

（2）核心解释变量

核心解释变量为农村劳动力转移（$rlft$），用农村外出务工劳动力表征。农村外出务工劳动力人数等于常年外出务工劳动力人数和季节性外出务工劳动力人数，其中常年外出务工劳动力人数等于乡外县内务工劳动力人数、县外省内务工劳动力人数和省外务工劳动力人数总和。

（3）中介变量

中介变量为非农收入（$nfin$），用农民外出务工获得的工资性收入占农村居民可支配收入的比重来表征。一般地，农民外出务工获得的工资性收入越多，农民家庭收入水平越高。

（4）调节变量

调节变量为农业生产性服务水平（$assv$），用农林牧渔服务业产值来表征。

农林牧渔服务业是指对种植业、林业、畜牧业、渔业生产活动进行的各种支持性服务活动，不包括各种科学技术和专业技术服务活动，但在概念和内容上与农业生产性服务业相近，能够表征农业生产性服务发展水平（张恒，2021；高恩凯等，2023）。为了使数据具有纵向可比性，将农林牧渔服务业产值进行平减转化为以 2005 年为基期的可比变量。

（5）控制变量

①农村老年人口抚养比（fyb），用以表示农村劳动力老龄化程度。老龄化程度加深会倒逼农户采纳绿色生产技术进行农业生产，可能会对农业面源污染产生抑制作用。

②人均地区生产总值（$pgdp$），用地区生产总值与总人口数的比值来表征。人均地区生产总值越高，意味着经济发展越发达，经济越发达的地区，人们对生态环境的重视程度越高，更加关注对面源污染的治理。

③城镇化率（ubr），用城镇常住人口占该地区常住总人口的比重表示。城镇化水平越高的地区，人口密度更加集中，易挤占农业资源，产生大量的生产、生活污染源，加重对生态环境的破坏，不利于农业面源污染的治理。

④农村居民平均受教育程度（edu），用农村居民平均受教育程度[①]表示。农村居民受教育程度越高，越倾向于采用绿色生产资料进行农业活动，从而缓解农业面源污染。

⑤农业技术创新（ati），用农业企业专利授权数量（为发明、实用、外观专利授权数量之和）衡量。技术进步有利于提高农业生产效率和改进农业生产方式，从而促进农业面源污染的治理。

⑥财政涉农支出（$finp$），用农林水事务支出占财政总支出的比重来表示。农业财政支出对于农业污染的影响存在不确定性，一方面，农业财政支出有助于减少农业污染物的排放；另一方面，如农资补贴等涉农支出会刺激农户增加化肥农药等要素投入，加剧农业面源污染（叶初升，2016）。

⑦复种指数（$repind$），用耕地上全年内农作物播种面积与耕地面积之比表示。在现有耕地上进行适度的复种，能够优化农作物种植结构，并带动农业投入品要素结构的优化调整，从而缓解农业面源污染。

（6）数据来源

本研究选取 2005—2020 年共 16 年的 30 个省份（不包括西藏自治区、香港特别行政区、澳门特别行政区和中国台湾省）的面板数据作为研究样本。研究数据均来自 2006—2021 年《国家统计年鉴》《中国农村统计年鉴》《全国农村经

---

① 农村居民平均受教育程度＝（文盲人数×0＋小学学历人数×6＋初中学历人数×9＋高中和中专学历人数×12＋大专及本科以上学历人数×16）/6 岁以上人口数量。

济情况统计资料》《中国农村经营管理统计年报》《中国农村政策与改革统计年报》《中国人口与就业统计年鉴》《中国第三产业统计年鉴》和各省统计年鉴，以及浙大卡特-企研中国涉农研究数据库（CCAD）等，少量数据缺失采用均值法进行填充。为了缓解数据的波动性，克服异方差等问题，对农业面源污染、农村劳动力转移、农业生产性服务、人均地区生产总值、农村居民平均受教育程度、农业技术创新进行对数化处理，各变量的描述性统计结果见表 9-8。

表 9-8　各变量的描述性统计结果

变量类别	变量	N	均值	标准差	最小值	最大值
被解释变量	农业面源污染*（$\ln ANPP$）	480	5.864	0.384	4.576	6.728
核心解释变量	农村劳动转移*（$\ln rlft$）	480	6.075	1.192	2.674	7.899
中介变量	非农收入（$nfin$）	480	0.392	0.139	0.075	0.763
调节变量	农业生产性服务*（$\ln assv$）	480	4.452	1.296	1.087	6.965
交乘项	$nfin \times \ln assv$	480	-0.018	0.214	-0.990	0.516
控制变量*（Control）	农村老年人口抚养比（fyb）	480	0.161	0.058	0.071	0.446
	人均地区生产总值*（$\ln pgdp$）	480	10.454	0.651	8.560	12.009
	城镇化率（ubr）	480	0.552	0.140	0.269	0.896
	农村居民平均受教育程度*（$\ln edu$）	480	2.126	0.150	1.639	2.540
	农业技术创新*（$\ln ati$）	480	6.286	1.601	0.000	9.464
	财政涉农支出（$finp$）	480	0.106	0.034	0.021	0.204
	复种指数（$repind$）	480	1.265	0.383	0.418	2.503

注：带*的变量表示其值取自然对数。

9.2.3　实证模型

（1）基准回归模型

为验证本研究所提出的研究假设，建立基准回归模型如下：

$$\ln ANPP_{it} = \alpha_0 + \alpha_1 \ln rlft_{it} + \alpha_2 Control_{it} + \mu_i + \eta_t + \varepsilon_{it} \quad (9-6)$$

式中：$ANPP_{it}$ 为 i 地区 t 年农业面源污染，$rlft_{it}$ 为 i 地区 t 年农村劳动力转移人数，$Control_{it}$ 为控制变量的集合，α_0 为常数项，α_1、α_2 分别为对应变量的影响系数，μ_i 为地区固定效应，η_t 为时间固定效应，ε_{it} 为随机扰动项。

式（9-6）反映了农村劳动力转移对农业面源污染的总效应。

（2）门槛效应模型

为考察农村劳动力转移对农业面源污染影响的非线性特征，本研究参照 Hansen（1999）提出的面板数据门槛模型理论，以农村劳动力转移作为门槛变量构建门槛模型如下：

$$\ln ANPP_{it} = \lambda_0 + \lambda_1 \ln rlft_{it} \times I(\ln rlft_{it} \leqslant q_1) + \lambda_2 \ln rlft_{it} \times I(\ln rlft_{it} > q_n) +$$
$$\lambda_3 Control_{it} + \mu_i + \eta_t + \varepsilon_{it} \quad\quad (9-7)$$

式中：q 为门槛值；示性函数 $I(*)$ 表示当门槛变量满足括号内条件时取值为 1，否则为 0；λ_0 为常数项，λ_1、λ_2 分别为对应门槛值是 $\ln rlft_{it} \leqslant q_1$、$\ln rlft_{it} > q_n$ 时的系数，λ_3 为控制变量的估计系数，μ_i 为地区固定效应，η_t 为时间固定效应，ε_{it} 为随机扰动项，其他符号的设置与式（9-6）相同。

（3）中介效应模型

为了验证非农收入在农村劳动力转移对农业面源污染的影响中是否发挥中介效应，参照 Baron 和 Kenny（1986）的研究成果，本研究构建中介效应模型如下：

$$nfin_{it} = \beta_0 + \beta_1 \ln rlft_{it} + \beta_2 Control_{it} + \mu_i + \eta_t + \varepsilon_{it} \quad (9-8)$$
$$\ln ANPP_{it} = \gamma_0 + \gamma_1 \ln rlft_{it} + \gamma_2 nfin_{it} + \gamma_3 Control_{it} + \mu_i + \eta_t + \varepsilon_{it}$$
$$(9-9)$$

式中：β_0、γ_0 为常数项；β_1 表示农村劳动力转移对非农收入的影响系数；γ_1 表示农村劳动力转移对农业面源污染的影响系数，$nfin_{it}$ 为 i 地区第 t 年的非农收入，γ_2 为非农收入对农业面源污染的影响系数，β_2、γ_3 为控制变量的系数，其余变量的含义同式（9-6）。

式（9-8）和式（9-9）分别反映了农村劳动力转移对非农收入的影响以及农村劳动力转移通过非农收入作用于农业面源污染的间接影响。

（4）调节效应模型

为探究农业生产性服务是否在非农收入与农业面源污染之间存在调节效应，本研究构建调节效应模型如下：

$$\ln ANPP_{it} = \delta_0 + \delta_1 \ln rlft_{it} + \delta_2 pwincome_{it} + \delta_3 \ln assv_{it} +$$
$$\delta_4 pwincome_{it} \times \ln assv_{it} + \delta_5 Control_{it} + \mu_i + \eta_t + \varepsilon_{it}$$
$$(9-10)$$

式中：$assv_{it}$ 为 i 地区 t 年农业生产性服务产值；$nfin_{it} \times \ln assv_{it}$ 为非农收入与农业生产性服务产值对数值的交乘项，用于考察农业生产性服务的调节效应；δ_0 为常数项；δ_1、δ_2、δ_3、δ_4、δ_5 分别为对应变量的影响系数；其余变量的含义同式（9-6）。

9.2.4　实证结果分析

（1）农村劳动力转移对农业面源污染的影响

在进行模型估计之前，本研究先对模型的适用性进行检验。经过 Hausman 检验 ［chi2(8)＝70.61，$Prob$＞chi2＝0.000］，拒绝采用随机效应模型，表明适宜采用固定效应模型进行估计，同时在下列回归模型中均采用稳健标准误进行估计。此外，使用 Levin Lin Chu（LLC）检验、Bruiting 检验、Im Peraran Shin（IPS）检验和 Augmented Dickey-Fuller（ADF）检验进行单位根检验。所有变量至少通过3类单位根检验，表明所选变量是平稳的，可直接代入模型中进行回归。

表9-9报告了农村劳动力转移对农业面源污染的影响。采用 OLS 混合回归估计发现，农村劳动力转移对农业面源污染的影响为负，但不显著，表明在不考虑个体差异性下，所得结果存在有偏性，无法真实反映农村劳动力转移与农业面源污染的关系。采用随机效应模型发现，农村劳动力转移对农业面源污染的影响系数显著为正，表明农村劳动力转移会显著加剧农业面源污染。进一步考虑控制个体和时间效应情况下，采用固定效应模型发现，农村劳动力转移对农业面源污染的影响系数为0.2，且在1%的显著性水平下通过检验，表明农村劳动力转移提升1%，农业面源污染将增长0.2个百分点，这与假说9-4一致。在控制变量中，农村老年人口抚养比、人均地区生产总值、农村居民平均受教育程度和复种指数均能显著抑制农业面源污染，具有减污作用；城镇化率、财政涉农支出和农业机械化程度会加剧农业面源污染，具有增污作用；农业技术创新对农业面源污染的影响为正，但不显著，表明当前农业技术创新的减污作用还不确定。总体上，各控制变量对农业面源污染的影响较为符合上述判定。

表9-9　农村劳动力转移对农业面源污染的影响评估

变量	(1)	(2)	(3)	(4)
	OLS	RE	FE	FE
	ln$ANPP$	ln$ANPP$	ln$ANPP$	ln$ANPP$
ln$rlft$	−0.015	0.092***	0.243***	0.200***
	(−0.49)	(3.03)	(5.02)	(4.34)
fyb	−1.685***	−1.326***		−0.448*
	(−4.66)	(−8.97)		(−1.88)

（续）

变量	(1)	(2)	(3)	(4)
	OLS	RE	FE	FE
	ln$ANPP$	ln$ANPP$	ln$ANPP$	ln$ANPP$
ln$pgdp$	0.540***	0.078*		0.032
	(5.22)	(1.73)		(0.63)
ubr	−2.114***	−0.069		0.102
	(−5.18)	(−0.27)		(0.33)
lnedu	0.613***	0.118		−0.310**
	(3.02)	(1.35)		(−2.15)
lnati	−0.008	−0.007		0.002
	(−0.38)	(−0.71)		(0.17)
$finp$	−6.489***	0.626**		0.889***
	(−9.44)	(2.18)		(2.72)
$repind$	−0.013	−0.136***		−0.154***
	(−0.28)	(−4.88)		(−4.03)
地区固定	No	No	Yes	Yes
时间固定	No	No	Yes	Yes
常数项	1.196**	4.642***	4.391***	5.080***
	(2.02)	(18.79)	(14.95)	(9.24)
N	480	480	480	480
R^2	0.339		0.958	0.963
$Adj. R^2$	0.328		0.954	0.958
F 值	27.676		25.232	10.522

注：①***、**、*分别表示1%、5%、10%的显著性水平。

②括号内数值为t统计量。

（2）农村劳动力转移对农业面源污染的非线性影响

为了进一步验证农村劳动力转移影响农业面源污染的非线性特征，本研究采用门槛效应模型对其进行门槛效应检验。由表9−10可知，农村劳动力转移通过了单一门槛检验，门槛值为3.951，F值在5%的水平下显著，这表明农村劳动力转移对农业面源污染的影响存在单一门槛效应，具有非线性的特征。同时由表9−11可知，农村劳动力转移对数值低于3.951时的估计系数要高于农村劳动力转移对数值高于3.951时的估计系数。具体而言，当农村劳动力转移对数值小于等于3.951时，其对农业面源污染的估计系数为0.246，且在1%的水平下显著；当农村劳动力转移对数值大于3.951时，其对农业面源污染的估计系数为 0.196，且在 1% 的水平下显著。这表明，随着农村劳动力转移规模的扩大直至门槛值，农村劳动力转移对农业面源污染的正向影响将降低，即验证了假说 9-5，农村劳动力转移对农业面源污染的影响存在非线性特征。

表 9-10　门槛效应检验

门槛变量	模型	F 统计量	P 值	Boostrap 抽样次数/次	置信水平			门槛值
					10%	5%	1%	
	单一门槛	67.52**	0.020	500	49.640	59.445	73.809	3.951
ln$rlft$	双重门槛	21.09	0.670	500	45.652	53.413	69.073	5.497
	三重门槛	22.74	0.670	500	49.925	55.967	74.261	6.342

注：** 表示在 5% 的水平下统计显著。

表 9-11　农村劳动力转移影响农业面源污染的非线性特征

变量	ln$ANPP$
ln$rlft$（ln$rlft$≤3.951）	0.246***
	(6.44)
ln$rlft$（ln$rlft$>3.951）	0.196***
	(5.46)
控制变量	Yes
门槛值	3.951
N	480
R^2	0.428

注：① *** 表示在 1% 的水平下统计显著。
②括号内数值为 t 统计量。

9.2.5　稳健性检验

在基准回归估计中，可能存在方法选择和变量选择的误差导致结果有偏，为了确保基准回归结果的可靠性，我们进行如下稳健性检验。

（1）替换核心解释变量

本研究选择采用农村外出务工人数占比作为农村劳动力转移的替代变量，农村外出务工人数占比＝农村外出务工总人数/农村劳动人数×100%。同时，本研究还采用第二和第三产业就业人数之和作为农村劳动力转移替代指标（赵康杰，2019；蒋团标等，2023）。表 9-12 中模型（5）、模型（6）报告了替换核心解释变量的稳健性检验结果，可知农村劳动力转移的系数分别在 1%、5% 的显著性水平下通过检验，且方向与表 9-9 中模型（4）的结果具有一致性，说明结论具有稳健性。

(2) 选择子样本

鉴于北京、天津、上海、重庆 4 个直辖市在我国政策和经济发展上的优势，为了规避该类样本的估计偏差，本研究剔除 4 个直辖市的子样本再进行估计。表 9-12 中模型（7）报告了剔除子样本后的稳健性检验结果，可知农村劳动力转移的系数显著性和方向与表 9-9 中模型（4）的结果保持高度一致性，说明结论具有稳健性。

(3) 内生性检验

农村劳动力转移对农业面源污染的影响可能存在互为因果的内生性问题。选择适宜的工具变量能够较好地解决内生性问题，并能有效解决自选择偏差问题。为了保证模型估计结果的无偏性，本研究将从以下两种方式对模型的内生性问题进行探讨。首先，参照史常亮等（2020）的做法，取核心解释变量滞后一期和被解释变量未来一期代替当期值放入模型中来缓解潜在的内生性问题。其次，选取合适的工具变量对模型进行估计，选择工具变量的原则是与农村劳动力转移相关，而不直接对农业面源污染产生影响。鉴于该项原则与数据可得性，由于城乡收入差距过大，会长期激发农村居民外出务工寻求财富增长的机会，因此本研究选择城乡收入比作为工具变量。同时，借鉴 Kung（2002）和赵等（2020）的做法，还选择除本省外其他地区的农村劳动力转移对数值均值作为工具变量，理由是：一方面，在农村劳动力转移群体中农户做出外出务工的决策存在相似性，呈现"同群效应"；另一方面，外省农村劳动力转移并不能直接对本省农业面源污染产生影响，因而选择该工具变量既与内生变量相关，又满足外生性假定。本研究采用两阶段最小二乘法（IV_2SLS）和系统 GMM 模型（IV_GMM）估计农村劳动力转移对农业面源污染的影响。一阶段的 F 值为 25.70，大于经验值（10），且 *Cragg-Donald Wald F* 统计量为 38.939，大于 10% 临界经验值（16.38），说明不存在弱工具变量的问题。同时，*Kleibergen-Paap rk LM* 统计量均在 1% 的显著性水平下拒绝不可识别的原假设。此外，*Hansen J* 统计量显示不存在过度识别的问题，表明所选的工具变量是适当的。由表 9-12 中模型（8）至模型（11）的回归结果可知，农村劳动力转移对农业面源污染影响的显著性水平和影响方向基本一致，即经过内生性处理后，仍对农业面源污染产生正向的影响。

表 9-12 稳健性检验和内生性检验结果

变量	(5)	(6)	(7)	(8)	(9)	(10)	(11)
	lnANPP	lnANPP	lnANPP	lnANPP	lnANPP	lnANPP	lnANPP
lnrlft	0.164***	0.147**	0.281***	0.160***		0.693***	0.703***
	(3.51)	(2.47)	(3.67)	(2.67)		(5.34)	(5.48)

（续）

变量	(5)	(6)	(7)	(8)	(9)	(10)	(11)
	ln$ANPP$	ln$ANPP$	ln$ANPP$	ln$ANPP$	ln$ANPP$	ln$ANPP$	ln$ANPP$
ln$rlft$ 滞后一阶					0.162***		
					(2.87)		
Kleibergen-Paap rk LM 统计量						38.939	38.939
						[0.000]	[0.000]
Cragg-Donald Wald F 统计量						20.759	20.759
						[19.93]	[19.93]
Hansen J 统计量						0.567	0.567
控制变量	Yes	Yes	Yes	Yes	Yes	Yes	Yes
地区固定	Yes	Yes	Yes	Yes	Yes	Yes	Yes
时间固定	Yes	Yes	Yes	Yes	Yes	Yes	Yes
常数项	6.490***	5.135***	5.233***	5.134***	5.419***	−2.513**	−2.608**
	(12.63)	(8.39)	(8.01)	(8.32)	(9.31)	(−2.00)	(−2.10)
N	480	480	416	450	450	480	480
R^2	0.962	0.961	0.973	0.965	0.967	−1.117	−1.158
$Adj. R^2$	0.958	0.956	0.970	0.961	0.963	−1.148	−1.190
F 值	8.821	6.787	9.699	7.933	11.233	14.747	16.297

注：①***、**、*分别表示在1%、5%、10%的水平下统计显著。

②Kleibergen-Paap rk LM 统计量的方括号内为 P 值，Cragg-Donald Wald F 统计量的方括号内为 Stock-Yogo weak ID test 中 10% maximal IV size 对应的临界值。

③常数项的圆括号内数值为 t 统计量。

9.2.6 异质性检验

（1）不同类型农村劳动力转移影响农业面源污染的异质性分析

为了进一步分析不同类型农村劳动力转移对农业面源污染的影响程度，本研究分别将农村外出务工劳动力人数划分为常年外出务工劳动力人数（ln$rlft_1$）和季节性外出务工劳动力人数（ln$rlft_2$），考察农村劳动力长期转移和短期转移对农业面源污染的影响差异。同时，将常年外出务工劳动力人数划分为乡外县内务工劳动力人数（ln$rlft_3$）、县外省内务工劳动力人数（ln$rlft_4$）和省外务工劳动力人数（ln$rlft_5$），考察农村劳动力本地转移、省内转移和跨省转移对农业面源污染的影响差异。表9-13中模型（12）和模型（13）报告了常年农村劳动力转移与季节性农村劳动力转移的回归系数，从中可以发现常年农村劳动力转移对农业面源污染的影响显著，而季节性农村劳动力转移对农业面源的影响不显著。原因可能是：常年在外务工的农户能获取稳定工资性收入并提高生计能力，从而更倾向于购买更多的农药、化肥等农资来弥补因长期劳动力短缺而减少的农业收入；而进行季节性转移的农户仍是以农业生产为主，只是在农忙之后外出务工，且在转移过程中可能受外部信息的影响，导致农药、化肥的施用决策存在不确定性。模型（14）、模型（15）和模型（16）分别报告了农村劳动力本地转移、省内转移和跨省转移影响农业面源污染的回归系数，可以发现本地转移的回归系数显著小于省内转移和跨省转移的回归系数，而跨省转移的回归系数显著小于省内转移的回归系数。原因可能是：本地转移成本费用不高，而且农村劳动力相对集中在县域范围内非农部门或者农业部门，在一定程度上能够减少劳动力短缺的不利影响，并能缓解因需增加其他如农药、化肥、农业机械等农业生产要素投入所带来的不利影响。相较于跨省转移，省内转移所带来的收入效应可能较低于跨省转移，从而农户更倾向于增加农业要素投入，扩大农业生产，进而增加自身的整体家庭收入，由此在一定程度上会扩大农业面源污染。

表 9 – 13　不同类型农村劳动力转移影响农业面源污染的异质性检验

变量	(12) ln$ANPP$	(13) ln$ANPP$	(14) ln$ANPP$	(15) ln$ANPP$	(16) ln$ANPP$
ln$rlft_1$	0.230*** (4.87)				
ln$rlft_2$		0.021 (1.41)			
ln$rlft_3$			0.090* (1.65)		
ln$rlft_4$				0.160*** (3.68)	
ln$rlft_5$					0.139*** (5.26)
控制变量	Yes	Yes	Yes	Yes	Yes
地区固定	Yes	Yes	Yes	Yes	Yes
时间固定	Yes	Yes	Yes	Yes	Yes
常数项	5.071*** (9.54)	5.725*** (10.96)	6.116*** (12.23)	5.969*** (11.84)	5.030*** (9.48)
N	480	480	480	480	480
R^2	0.967	0.963	0.964	0.965	0.967
$Adj. R^2$	0.962	0.959	0.959	0.960	0.963
F 值	15.010	9.311	9.301	12.590	18.900

注：①***、*分别表示在1%、10%的水平下统计显著。
　　②括号内数值为 t 统计量。

（2）不同区域农村劳动力转移影响农业面源污染的异质性分析

考虑到不同区域的农村劳动力转移规模不同，可能对农业面源污染的影响不同。本研究将全样本划分为东部地区（模型17）、东北地区（模型18）、中部地区（模型19）和西部地区（模型20）进行区域异质性分析。由表9-14可知，东部地区农村劳动力转移对农业面源污染的影响系数为0.092，在5%的水平下显著；西部地区农村劳动力转移对农业面源污染的影响系数为0.281，在5%的水平下显著；东北地区农村劳动力转移的回归系数为负，中部地区农村劳动力转移的回归系数为正，但二者皆不显著。综合而言，农村劳动力转移对农业面源污染的影响在西部地区更强，在东部地区偏弱，而在东北地区和中部地区不显著。究其原因，东部地区作为发达地区，吸引了我国其他区域的绝大多数农村劳动力，从而也推动了东部地区的城镇化建设，人口过度集聚导致生产、生活污染向农村地区扩散，易引发农业面源污染，但发达地区对于生态环境的保护力度较大，人们更加重视对生态环境污染的治理，从而也抵消了部分因农村人口转移引发的农业面源污染，导致其影响偏弱。西部深处内陆，人口较少、经济不发达且生态环境脆弱，加之农村人口外流较多，诸如粮食种植、畜禽养殖等农业生产对于农业生产资料的依赖程度高，粗放型的生产方式极易引发农业面源污染。相较于东部地区和西部地区，东北地区和中部地区是我国主要的农业生产区域，近年来国家高度重视该两区域的农业面源污染治理，并深入推进了高标准农田建设以及农业生产性服务发展，在很大程度上改善了农业生产条件，也进一步缓和了农业生产与劳动力短缺的矛盾，优化了农业生产要素投入结构，使得两区域的农村劳动力转移对农业面源污染的影响并不明确。

表9-14 不同区域农村劳动力转移影响农业面源污染的异质性检验

变量	(17)	(18)	(19)	(20)
	ln$ANPP$	ln$ANPP$	ln$ANPP$	ln$ANPP$
ln$rlft$	0.092**	0.147	−0.065	0.281**
	(2.52)	(1.06)	(−0.33)	(2.43)
控制变量	Yes	Yes	Yes	Yes
地区固定	Yes	Yes	Yes	Yes
时间固定	Yes	Yes	Yes	Yes
常数项	7.591***	5.603***	2.236*	9.033***
	(6.13)	(3.91)	(1.80)	(9.34)
N	160	96	48	176

（续）

变量	(17)	(18)	(19)	(20)
	ln*ANPP*	ln*ANPP*	ln*ANPP*	ln*ANPP*
R^2	0.951	0.976	0.999	0.972
$Adj. R^2$	0.938	0.966	0.997	0.965
F 值	44.751	13.089	20.527	10.182

注：①***、*分别表示在1%、10%的水平下统计显著。

②括号内数值为 t 统计量。

9.2.7　中介机制检验

为了检验农村劳动力转移是否会通过非农收入间接作用于农业面源污染，本研究采用中介效应模型进行实证估计。表9-15报告了非农收入的中介效应。在表9-15中，模型（1）反映了农村劳动力转移对农业面源污染的总体效应；模型（2）反映了农村劳动力转移对非农收入的影响。结果显示，农村劳动力转移能够显著提升非农收入，即农村劳动力转移变动1个百分点，非农收入能够显著提升0.079个百分点，说明中介效应存在。模型（3）反映了控制农村劳动力转移对农业面源污染的直接效应后，非农收入对农业面源污染的影响。结果显示，农村劳动力转移与农业收入作用于农业面源污染的系数分别为0.163、0.469，且在1%的显著性水平下通过检验，说明间接效应显著，验证了假说9-6。综合上述结果可知，农村劳动力转移对农业面源污染的正向影响会遵循"农村劳动力转移→非农收入→农业面源污染"的作用路径，也就是说非农收入在农村劳动力转移对农业面源污染的影响中发挥着部分中介的作用。为了进一步验证结论的稳健性，本研究采用Sobel和Bootstrap检验中介效应。由表9-15可知，Sobel检验的Z值为2.896且显著，其中直接效应系数为0.163，间接效应系数为0.037，非农收入中介效应占比为18.5%，说明非农收入起到部分中介作用。表9-16为自助抽样500次的中介效应Bootstrap检验结果，结果表明，直接效应和间接效应的系数均显著为正，且中介效应检验在95%的置信区间内不包含0，表明中介效应存在（HAYES，2014），再次证明非农收入在农村劳动力转移对农业面源污染的影响中存在部分中介效应。

9.2.8　农业生产性服务的调节机制检验

表9-15中模型（4）报告了农业生产性服务的调节作用。在进行回归估计之前，为了规避多重共线性问题，分别对农业生产性服务水平、非农收入进

行标准化处理，再相乘生成交乘项放入模型（4）中。其中，农业生产性服务的回归系数为-0.046，且在10%的水平下显著，表明农业生产性服务的发展能够显著抑制农业面源污染。具体来看，农业生产性服务与非农收入的交乘项系数为-0.243，且在1%的水平下显著，同时非农收入的系数由0.469下降至0.326，表明农业生产性服务能够弱化非农收入在农村劳动力转移影响农业面源污染中的中介作用。进一步可以测算出非农收入对农业面源污染的边际影响，即$0.326-0.243\ln assv$。令$0.326-0.243\ln assv=0$，可得$\ln assv=1.342$（$assv$为3.827亿元）。当农业生产性服务产值超过3.827亿元时，非农收入的增污作用将会发生逆转，即随着农业生产性服务产值的增加，非农收入对农业面源污染的正向作用转为抑制作用。从表$9-8$中可知，农业生产性服务对数值最小值为1.087，最大值为6.965，说明当前我国绝大多数省份的农业生产性服务产值已经超过该产值，农业生产性服务的减污作用凸显，并能在非农收入影响农业面源污染中发挥显著的调节作用。该结果验证了假说$9-7$关于农业生产性服务会抑制非农收入增加所带来的农业面源污染的假说。

表 9-15　非农收入中介效应与农业生产性服务调节效应

变量	(1) $\ln ANPP$	(2) $nfin$	(3) $\ln ANPP$	(4) $\ln ANPP$
$\ln rlft$	0.200***	0.079***	0.163***	0.173***
	(4.34)	(3.55)	(3.95)	(4.34)
$nfin$			0.469***	0.326***
			(5.01)	(3.67)
$\ln assv$				-0.046*
				(−1.96)
$nfin \times \ln assv$				-0.243***
				(−5.50)
控制变量	Yes	Yes	Yes	Yes
地区固定	Yes	Yes	Yes	Yes
时间固定	Yes	Yes	Yes	Yes
常数项	5.080***	0.949***	4.635***	5.276***
	(9.24)	(3.65)	(8.05)	(9.25)
Sobel Test		2.896***		
Goodman-1		2.859***		
Goodman-2		2.935***		

（续）

变量	(1)	(2)	(3)	(4)
	ln*ANPP*	*nfin*	ln*ANPP*	ln*ANPP*
N	480	480	480	480
R^2	0.963	0.935	0.965	0.967
$Adj. R^2$	0.958	0.927	0.960	0.963
F 值	10.522	6.996	14.108	16.759

注：①***、* 分别表示在 1%、10% 的水平下统计显著。
②括号内数值为 *t* 统计量。

表 9 - 16　Bootstrap 检验结果

效应类别	系数	Bootstrap 标准误	*Z* 值	*P* > |*Z*|	95% 置信区间	
间接效应	0.037	0.011	3.16	0.002	0.014	0.060
直接效应	0.163	0.045	3.59	0.000	0.074	0.251

9.2.9　结论与政策启示

(1) 研究结论

本研究基于 2005—2020 年中国 30 个省份的统计数据，采用固定效应模型、中介效应模型、调节效应模型、工具变量估计和门槛效应模型，系统验证了农村劳动力转移对农业面源污染的影响及其作用机制，得到如下主要结论：

①农村劳动力转移会显著正向影响农业面源污染，进一步的异质性检验表明，不同类别和不同区域的农村劳动力转移对农业面源污染的影响程度存在差异。首先，从劳动力转移的长短期来看，农村劳动力长期转移对农业面源污染的影响要显著大于农村劳动力季节性转移带来的影响；其次，从跨地转移来看，农村劳动力省内转移对农业面源污染的影响最大，跨省转移次之，本地转移最小；最后，从不同区域来看，农村劳动力转移对农业面源污染的影响在西部地区最为显著，东部地区次之，而东北地区和中部地区的农村劳动力转移对农业面源污染的影响不显著。

②农村劳动力转移对农业面源污染影响存在单一门槛效应，促进作用呈现"由强转弱"的非线性特征。

③农村劳动力转移会显著促进农民收入，进而正向影响农业面源污染，表明农民收入在农村劳动力转移正向影响农业面源污染的过程中起到中介作用，其中介效应为 18.5%。

④农业生产性服务在农民收入正向影响农业面源污染的过程中起到调节作

用，会抑制农民收入在农村劳动力转移正向影响农业面源污染的过程中的中介作用。

（2）政策启示

本研究为推进农业面源污染防治提供了一些政策启示：

①要充分认识农村劳动力转移与农业面源污染的关系，重视运用宏观调控手段，合理引导农村劳动力自由流动，防止农村劳动力过快流动加深农业面源污染，同时注重农村劳动力转移与农业面源污染防治政策的协同性。

②要持续推进化肥农药减量化行动，在源头上遏制化肥农药等化学投入品过量使用，同时注重绿色生产技术的推广应用，加强留村农户节肥增效知识与技能培训，推动农业生产方式向集约化、精细化转变。

③要大力发展乡村产业，推动农村劳动力本土就业，保障劳动力供给，同时要不断拓宽农户增收渠道，增强农户抗风险能力，减少对化学品投入要素的依赖。

④要加快发展以绿色发展为目的的农业生产性服务，健全农业生产性服务体系，并积极引导农户融入社会化服务，鼓励农户采纳绿色生产技术、农业生产新模式、现代农业机械装备等现代农业绿色生产资料进行农业生产，推动农村劳动力替代要素绿色化，从而促进要素资源投入结构优化调整，进一步提升农业绿色全要素生产效率。

第*10*章 政策建议及研究展望

10.1 政策建议

本研究深入分析了农业生产性服务与农业高质量发展之间的内在关系，并基于农业生产性服务视角，探索回答中国农业高质量发展"能不能"和"为什么能"两个重要问题。结合前文的理论分析和实证研究结论，提出以下主要政策建议：

10.1.1 加快农业生产性服务业发展，推动农业进入高质量发展轨道

(1) 强化政策引导，促进农业生产性服务业健康有序发展

为了规范农业生产性服务业发展、促进农业生产性服务市场繁荣发展，有必要加强政策引导，营造农业生产性服务业发展的优质环境。

①建立健全农业生产性服务的法律法规体系。政府应加快完善相关立法工作，明确服务提供者、农户及其他参与方的权利与义务，制定具体的操作规范和标准，为农业生产性服务的发展提供坚实的法律支撑。

②加强财政支持。政府应加大对农业生产性服务的财政投入力度，通过设立专项资金、提供资金补贴、实施税收减免等方式，吸引更多的社会资本进入该领域。建立农业生产性服务的融资担保机制，降低服务提供者的融资难度和成本。

③加强政策宣传与引导。政府应充分利用各种渠道和平台，广泛宣传农业生产性服务的意义、作用及成功案例，提高农民对农业生产性服务的认识和参与度。

(2) 完善农业生产性服务体系，提升服务质量与效率

强化农业生产性服务体系建设，是增强农业综合竞争力、促进农业现代化的有效措施。

①高标准培育农业生产性服务主体。培育和引进一批以提供农业生产性服务为主的龙头企业，加强服务人员的培训和管理，提高服务水平。加快全程机械化综合农事服务中心建设，重点支持一批服务能力在 1 万亩、10 万亩以上的服务组织。加快推动国家级农业社会化服务创新试点县建设，努力推进省级

农业社会化服务创新试点县建设。

②加强服务网络的构建。通过完善农业生产性服务的组织架构,建立起覆盖广泛、层级清晰的服务网络,利用现代科技和信息手段提高服务效率,确保服务能够深入田间地头,为农业生产提供及时、有效的支持。

③强化服务供给的广度和深度。各级政府应根据农业生产的实际需求,贯穿农业生产作业全链条,支持鼓励服务组织将服务链条从生产延伸到加工、销售。因地制宜发展单环节、多环节、全程生产托管等服务模式,有效满足多样化的服务需求。大力推广"服务主体+农村集体经济组织+农户""服务主体+各类新型经营主体+农户"等组织形式,推动农资企业、农业科技公司、互联网平台等各类涉农组织向农业生产性服务业延伸。

(3) 突出重点,因地制宜推动农业生产性服务业差异化发展

前文的实证研究发现,农业生产性服务对农业高质量发展的影响存在区域异质性。因此,在推动农业生产性服务发展的过程中,应充分考虑各地区的实际情况,因地制宜地制定相关政策。

①粮食产销平衡区、中部地区和西部地区应重点加强农业生产性服务的基础设施建设,提高服务覆盖面和普及率,以满足这些地区农业生产的基本需求。而在粮食主产区、粮食主销区、东部地区和东北地区,则应更加注重提升农业生产性服务的技术含量和创新水平,以满足这些地区对高品质、高附加值农业产品的需求。

②在农业高质量发展水平较低的地区,应首先解决农业生产性服务的基础问题,例如加强基础设施建设、提高农民素质等;而在农业高质量发展水平较高的地区,则应更加注重服务的创新与升级,以推动农业高质量发展迈向更高阶段。

10.1.2 深入推进高标准农田建设,夯实农业高质量发展基础

(1) 加大高标准农田建设政策的落实和执行力度

通过制定具体的实施方案和监管措施,确保政策的有效实施和目标的顺利实现。加大资金投入,提高高标准农田建设的质量和效益。同时,创新投融资机制,鼓励社会资本参与高标准农田建设,拓宽融资渠道,提高资金利用效率。

(2) 强化高标准农田建设技术研究和应用

依托科研机构和高校,加强高标准农田建设相关技术的研发和推广,提高农田建设的科技含量和创新能力。加强技术培训和指导,培养一支具备专业技能的农田建设队伍,提升农田建设的整体水平和质量。同时,要注重农田建设的生态环保,确保高标准农田建设符合可持续发展的要求。

(3) 推动高标准农田建设与农业现代化有机结合

高标准农田建设作为推动农业现代化的重要手段,能通过优化农业生产布

局，提高农田综合生产能力，促进农业转型升级。因此，应加强高标准农田建设与农村产业结构调整、农村人居环境改善等方面的有效衔接，实现农业、农村、农民的协调发展。

（4）加强高标准农田建设的监督和评估

建立完善的监督和评估机制，对高标准农田建设项目的实施情况进行定期检查和评估，确保建设质量和效益达到预期目标。同时，要及时总结经验教训，不断完善政策体系和技术标准，为今后的高标准农田建设提供有力的支持和保障。

10.1.3 创新农业绿色发展举措，擦亮农业高质量发展的底色

（1）进一步深化推进化肥农药减量化行动

落实农业农村部制定的《到 2025 年化学农药减量化行动方案》，优化配套政策支持，推动农业补贴方式由生产支持向非生产支持转变，加大绿色防治、土壤改良等技术补贴力度，统筹推进化肥农药施用的科学化、精准化、智能化、绿色化。加大政策支持与构建激励机制并举，推进绿色农业生产性服务水平的提升，调动全员共同参与，群策群力，协同推进农业绿色低碳发展。

（2）大力推广绿色农业生产技术和管理模式

强化农业生态环境保护意识，通过培训、示范、推广等方式，提高农民对绿色农业的认识和实践能力，推动农业绿色发展理念深入人心。积极引导农户融入社会化服务，鼓励农户采纳绿色生产技术、农业生产新模式、现代农业机械装备等现代农业绿色生产资料进行农业生产，推动农村劳动力替代要素绿色化，从而促进要素资源投入结构优化调整，进一步提升农业绿色全要素生产效率。

（3）建立完善的农业绿色发展监测和评价体系

通过定期监测和评价农业绿色发展的各项指标，及时发现和解决问题，推动农业绿色发展的持续改进和提升。同时，完善农业绿色发展考核机制，确保各级政府和相关部门履职尽责。

10.1.4 提高人力资本水平，破解农业高质量发展的瓶颈制约

（1）培育新型农业经营主体

推进种养大户、合作社、家庭农场、龙头企业等新型农业经营主体发展壮大。聚焦农业高质量发展目标任务，建立健全农村人才培养与激励机制，鼓励、吸引和留住有志从事农业的返乡农民工、在校大学生等加入农村人才队伍。完善教育体系，推进涉农职业教育发展，深化实施"一村一名大学生"工

程，加大"一懂两爱"（懂农业、爱农村、爱农民）的高素质农民培育力度。政府和企业应携手合作，为农民和新型经营主体提供多样化培训课程，满足不同群体的需求。

（2）提升老龄农村劳动力的人力资本

完善社会保障体系，积极应对农村人口老龄化，通过提高营养、卫生、医疗水平等来提升老龄农村劳动力的健康水平，保证务农老人从事粮食生产拥有足够的体力和耐力。同时，通过电视、广播、网络、科技下乡等多渠道方式来提高老龄农村劳动力对现代农业的认识，提高现代农业要素的接受和应用水平，推广智能化、信息化农业技术，提升农业"新品种、新技术、新模式、新装备"成果转化与应用效率。

（3）拓宽农民增收渠道

①推进农村集体产权制度改革，完善农村土地制度和产权保护制度。通过土地流转、股份合作等方式，促进土地资源的优化配置，推进适度规模经营，实现农业生产节本增效和农民财产性收入的增加。

②树立多元化发展理念，发挥农民合作社和龙头企业带动的作用，鼓励农民参与农村产业融合发展，通过发展乡村旅游、特色种植养殖等产业，增加农民的收入来源和渠道。

③优化利益联结机制。鼓励农民以土地、山林、资金等入股，探索建立"农民入股＋兜底性收益＋按股分红""订单收购＋分红""反租倒包再就业"等利益联结机制，促进农民增收。

10.1.5　实施强产业、强科技、强龙头、强融合、强品牌"五强"并举战略，全方位推进农业高质量发展

加快推进农业高质量发展是一项复杂的系统性工程，全国各地需要立足资源禀赋，采取宏观、系统和前瞻的战略思维，发挥比较优势，从政策、制度等各方面综合施策、形成合力。

（1）做强支柱产业，加快构建现代农业产业体系

①夯实粮食和重要农产品生产根基　严防耕地"非农化"、严控耕地"非粮化"，积极响应新一轮千亿斤粮食产能提升行动。

②推动绿色、特色农产品开发。打造一批全国知名的绿色有机农产品标准化生产基地，推动"绿色生态"农产品全产业链标准化建设。设立发展专项资金，做实"土特产""贡字号"文章，深挖"土"的资源，彰显"特"的优势，拓展"产"的链条，重振"贡"字号农产品辉煌。

③促进乡村休闲旅游产业提质扩面。创新乡村休闲旅游新业态，加强以乡村、文化和农业为载体的乡村研学基地建设，发展乡村休闲度假、饮食养生、

民俗节庆、避暑旅游等旅游新业态。引进大型旅游企业，培育本土乡村旅游开发与经营主体，盘活农村土地和房屋资源，建立健全联农带农利益机制。加强信息化支撑，升级智慧旅游平台功能，拓展线上线下农旅产品分销渠道，串联城乡旅游资源，打造精品路线。

（2）强化科技支撑，加强区域关键共性技术攻关

①优化农业科技力量布局。针对底盘技术、核心种源、丘陵山区关键农机装备等研究重点，构建梯次分明、分工协作、适度竞争的农业科技创新体系，深化"政产学研推用"一体化农业科技协同创新。

②加强关键共性技术研发。推进现代种业本土创新，研发耕地质量提升和绿色安全高效关键技术，推进丘陵山区关键农机装备和高效种养加工技术集成与研发，开发现代智慧农业信息技术和智能装备。

③开展农业科技综合体建设。服务培育壮大主导产业和特色产业，加快省级示范综合体建设，探索市、县级综合体建设，构建覆盖全省主导产业和市、县优势特色产业的三级综合体体系，加快农业科技成果转化应用，促进农业科研与生产紧密衔接。

（3）加强龙头带动，加快提升农业产业化水平

①培育农业龙头"链主"企业，坚持"外引内培"双轮驱动，铆住主导产业，瞄准特色优势产业集聚程度高地区进行延链补链拓链靶向招商，引进一批农业行业头部企业和大型企业集团，培育一批全国有影响力的龙头企业。

②抓好现代农业产业园建设。针对农业科技园区进行一次"大体检"，淘汰一批、整顿一批，加大资源整合力度，调优做强一批现代农业产业园区。

③加快建设农产品现代流通体系。建立农产品直供体系，促进绿色、特色农产品入驻高档商超、列入采购名单。建立健全冷链物流体系，推进农产品供应链体系建设，打通农产品种养、流通、销售等各环节，健全安全畅通高效的农产品流通体系。

（4）促进三产融合，加快农产品精深加工业发展

①选准农产品加工业发展细分赛道，瞄准农产品加工业高集聚地区进行靶向招商。例如，预制菜龙头企业重点从广东、山东、江苏等地招商，农产品加工业重点从全国农产品加工企业集聚程度排名前3位的山东、河南和湖北招商，食品业重点从全国食品生产企业集聚程度排名前3位的广东、河南和福建引进大型企业集团，饮料制造业重点从全国饮料生产企业集聚程度排名前3位的四川、贵州和江苏招商。

②打造农产品加工产业集群。设立农产品加工专项基金，创设农产品加工科技创新联盟。因地制宜构建优势产业集群，建设重要农产品精深加工基地，引导企业向农业优势产业、优势区域聚集发展。

（5）铸造特色品牌，实施新一轮农业品牌提升行动

①编制品牌强农发展规划，积极推进农产品标准化生产，完善农产品质量检测和质量安全溯源体系。发挥数字平台在农业品牌建设中的作用，健全农产品品牌质量安全体系。推进以"三品一标"（绿色、有机、地理标志和达标农产品）为代表的农产品区域公共品牌建设，深入推进全域品牌创建。

②强化品牌建设人才支撑。打造服务本土农业品牌建设的"智库"，提供战略规划、品牌定位、产品策划、创意设计、教育培训等各方面服务。支持高等院校面向农业品牌强省战略设置学科专业，开设系列"绿色生态"品牌专业课程，培养一批农业品牌建设人才队伍。

③创新品牌营销方式。深入挖掘地方稻作文化、茶文化、莲文化、农耕文化、渔家文化、书院文化、康养文化、红色文化、客家文化等品牌元素，广泛运用于品牌内涵定位、形象标识、包装创意设计。制定农业品牌整体形象宣传方案，打造"安全、优质、绿色"的农业区域形象品牌。构建"互联网＋农业品牌"营销模式，支持企业与阿里巴巴、京东、华润、盒马鲜生等知名大型电商企业合作共建"特色农产品专区"。

10.2　进一步研究展望

本研究结合理论分析与实证检验，在整体上实证考察农业生产性服务对农业高质量发展直接影响的基础上，从农业高质量发展的三个具体方面，揭示了农业生产性服务对农村产业结构升级、种植结构"趋粮化"、农业绿色发展和农民增收的影响及作用路径。进一步，立足小农生产格局、劳动力老龄化加剧以及农业生产性服务业和高标准农田建设快速发展等复合背景，将高标准农田建设、劳动力老龄化、农村劳动力转移纳入农业高质量发展的研究框架中，揭示农业生产性服务的中介作用和调节作用。

本研究基于农业生产性服务业视角，在一定程度上回答了中国农业高质量发展"能不能"和"为什么能"两个重要问题，但在研究视角、研究方法、研究深度和广度上仍存在进一步研究空间，值得深入探究。

首先，在数据基础方面，本研究主要依赖于宏观数据，微观数据的支持相对不足。农业生产性服务作为连接小农户与现代农业发展的桥梁，其作用机制和实际效果可能受到地区、农户类型等多种因素的影响。因此，仅从宏观层面进行研究，难以捕捉到这些非显性的差异，这可能使得研究结果具有一定的局限性和偏差。为了更全面地了解农业生产性服务的影响，未来的研究可以采用问卷调查、实地访谈、案例分析等多种方法，结合宏观数据和微观数据，进行更加全面和深入的研究。此外，还可以对不同地区、不同农户的特点和需求进行详细分析，以揭示农业生产性服务在不同群体中的实际效果。

其次，在定量评估农业生产性服务水平方面，由于统计年鉴没有农业生产性服务指标，因而借鉴相关学者做法，采用了农林牧渔服务业产值作为衡量农业生产性服务水平的指标。然而，这一指标难以完全、准确、真实地反映农业生产性服务的实际水平。农业生产性服务的内涵丰富，涵盖了从种子选择、肥料施用、农机作业到农产品加工、销售等全过程。而农林牧渔服务业产值仅能从一个侧面反映出服务业的整体规模和经济效益。因此，在今后的研究中，可采用微观调研数据，寻求更全面、更准确的指标来衡量农业生产性服务的实际水平。例如，可以引入农业产前、产中、产后各环节作业的农业生产性服务的各项细分指标，包括农业种养业生产服务、农机作业及维修服务、农业科技培训和农技推广服务、农业信息和营销服务、农业绿色生产技术服务、农产品加工服务以及农业金融保险服务等。

最后，在研究方法上，本研究采用了理论与实证相结合的方式。虽然这种方式可以得出一些较为客观的结论，但仍可能忽略某些非量化因素对研究主题的影响。为了更全面地探讨农业生产性服务对农业高质量发展的影响，有必要引入定性分析方法。因此，在未来的研究中，可以借助深入访谈、案例分析等方式，进一步拓宽研究视野，深化研究内容，从而更准确地把握农业生产性服务在推动农业高质量发展中的作用。

主要参考文献

蔡昉，2010. 人口转变、人口红利与刘易斯转折点［J］. 经济研究，45（4）：4-13.

蔡昉，2018. 农业劳动力转移潜力耗尽了吗？［J］. 中国农村经济（9）：2-13.

蔡荣，蔡书凯，2014. 农业生产环节外包实证研究：基于安徽省水稻主产区的调查［J］. 农业技术经济（4）：34-42.

曹铁毅，周佳宁，邹伟，2022. 土地托管与化肥减量化：作用机制与实证检验［J］. 干旱区资源与环境，36（6）：34-40.

畅倩，张聪颖，王林蔚，等，2021. 非农就业对黄河流域中上游地区农户种植结构的影响［J］. 中国农村经济（11）：89-106.

陈超，李寅秋，廖西元，2012. 水稻生产环节外包的生产率效应分析：基于江苏省三县的面板数据［J］. 中国农村经济（2）：86-96.

陈宏伟，穆月英，2019. 农业生产性服务的农户增收效应研究：基于内生转换模型的实证［J］. 农业现代化研究，40（3）：403-411.

陈景帅，韩青，2021. 农业生产性服务对农地抛荒的抑制效应［J］. 华南农业大学学报（社会科学版），20（6）：23-34.

陈锡文，陈昱阳，张建军，2011. 中国农村人口老龄化对农业产出影响的量化研究［J］. 中国人口科学，143（2）：39-46，111.

陈雪，2017. 农村人口老龄化对中国农业经济的影响研究［J］. 农村经济与科技，28（10）：26-27.

陈银娥，陈薇，2018. 农业机械化、产业升级与农业碳排放关系研究：基于动态面板数据模型的经验分析［J］. 农业技术经济（5）：122-133.

陈宇斌，王森，2023. 农业综合开发投资的农业碳减排效果评估：基于高标准基本农田建设政策的事件分析［J］. 农业技术经济（6）：67-80.

程永生，张德元，汪侠，2022. 农业社会化服务的绿色发展效应：基于农户视角［J］. 资源科学，44（9）：1848-1864.

戴浩，李傲波，魏君英，2024. 高标准农田建设政策和农机服务对农户收入的影响［J］. 中国农机化学报（6）：257-263，302.

董欢，郭晓鸣，2014. 生产性服务与传统农业：改造抑或延续：基于四川省501份农户家庭问卷的实证分析［J］. 经济学家（6）：84-90.

杜青林，2006. 强化社会主义新农村建设的产业支撑：以科学发展观为指导，推进现代农业建设［J］. 国家行政学院学报（2）：6-11.

方蕊，安毅，刘文超，2019. "保险＋期货"试点可以提高农户种粮积极性吗？：基于农户参与意愿中介效应与政府补贴满意度调节效应的分析［J］. 中国农村经济（6）：113-

126.

方师乐，卫龙宝，伍骏骞，2017. 农业机械化的空间溢出效应及其分布规律：农机跨区服务的视角 [J]. 管理世界 (11)：65 - 78，187 - 188.

干春晖，郑若谷，余典范，2011. 中国产业结构变迁对经济增长和波动的影响 [J]. 经济研究，46 (5)：4 - 16，31.

高恩凯，朱建军，郑军，2023. 农业社会化服务对化肥减量的影响：基于全国 31 个省区面板数据的双重检验 [J]. 中国生态农业学报 (中英文)，31 (4)：632 - 642.

高帆，2024. 新质生产力与我国农业高质量发展的实现机制 [J]. 农业经济问题 (4)：58 - 67.

高强，2022. 农业高质量发展：内涵特征、障碍因素与路径选择 [J]. 中州学刊 (4)：29 - 35.

葛继红，周曙东，2012. 要素市场扭曲是否激发了农业面源污染：以化肥为例 [J]. 农业经济问题，33 (3)：92 - 98，112.

盖庆恩，程名望，朱喜，等，2020. 土地流转能够影响农地资源配置效率吗？：来自农村固定观察点的证据 [J]. 经济学 (季刊)，20 (5)：321 - 340.

盖庆恩，李承政，张无坷，等，2023. 从小农户经营到规模经营：土地流转与农业生产效率 [J]. 经济研究，58 (5)：135 - 152.

盖庆恩，朱喜，史清华，2014. 劳动力转移对中国农业生产的影响 [J]. 经济学 (季刊)，13 (3)：1147 - 1170.

郭海红，刘新民，2020. 中国农业绿色全要素生产率时空演变 [J]. 中国管理科学，28 (9)：66 - 75.

郭晓鸣，左喆瑜，2015. 基于老龄化视角的传统农区农户生产技术选择与技术效率分析：来自四川省富顺、安岳、中江 3 县的农户微观数据 [J]. 农业技术经济 (1)：42 - 53.

韩杨，陈雨生，陈志敏，2022. 中国高标准农田建设进展与政策完善建议：对照中国农业现代化目标与对比美国、德国、日本经验教训 [J]. 农村经济 (5)：20 - 29.

韩长赋，2018. 大力推进质量兴农绿色兴农加快实现农业高质量发展 [N]. 农民日报，02 - 27 (01).

郝爱民，2013. 农业生产性服务业外溢效应和溢出渠道研究 [J]. 中南财经政法大学学报 (6)：51 - 59.

郝爱民，2015. 农业生产性服务对农业技术进步贡献的影响 [J]. 华南农业大学学报 (社会科学版)，14 (1)：8 - 15.

何蒲明，2020. 农民收入结构变化对农民种粮积极性的影响：基于粮食主产区与主销区的对比分析 [J]. 农业技术经济 (1)：130 - 142.

贺峰，雷海章，2005. 论生态农业与中国农业现代化 [J]. 中国人口·资源与环境 (2)：23 - 26.

侯孟阳，姚顺波，2019. 异质性条件下化肥面源污染排放的 EKC 再检验：基于面板门槛模型的分组 [J]. 农业技术经济 (4)：104 - 118.

胡雯，张锦华，陈昭玖，2019. 小农户与大生产：农地规模与农业资本化：以农机作业服务为例〔J〕. 农业技术经济（6）：82-96.

胡新艳，陈小知，米运生，2018. 农地整合确权政策对农业规模经营发展的影响评估：来自准自然实验的证据〔J〕. 中国农村经济（12）：83-102.

胡雪枝，钟甫宁，2012. 农村人口老龄化对粮食生产的影响：基于农村固定观察点数据的分析〔J〕. 中国农村经济，331（7）：29-39.

胡祎，张正河，2018. 农机服务对小麦生产技术效率有影响吗？〔J〕. 中国农村经济（5）：68-83.

宦梅丽，侯云先，2021. 农机服务、农村劳动力结构变化与中国粮食生产技术效率〔J〕. 华中农业大学学报（社会科学版）（1）：69-80，177.

黄大勇，2020. 农业机械化服务对家庭农场的作用机理：一个理论分析框架〔J〕. 吉首大学学报（社会科学版），41（5）：72-79.

黄季焜，齐亮，陈瑞剑，2008. 技术信息知识、风险偏好与农民施用农药〔J〕. 管理世界（5）：71-76.

黄修杰，蔡勋，储霞玲，等，2020. 我国农业高质量发展评价指标体系构建与评估〔J〕. 中国农业资源与区划，41（4）：124-133.

黄宗智，2012.《中国新时代的小农经济》导言〔J〕. 开放时代（3）：5-9.

姬志恒，2021. 中国农业农村高质量发展的空间差异及驱动机制〔J〕. 数量经济技术经济研究，38（12）：25-44.

吉雪强，刘慧敏，张跃松，2023. 中国农地流转对农业碳排放强度的影响及作用机制研究〔J〕. 中国土地科学，37（2）：51-61.

纪月清，王许沁，陆五一，等，2016. 农业劳动力特征、土地细碎化与农机社会化服务〔J〕. 农业现代化研究（5）：910-916.

冀名峰，2018. 农业生产性服务业：我国农业现代化历史上的第三次动能〔J〕. 农业经济问题（3）：9-15.

冀名峰，李琳，2020. 农业生产托管：农业服务规模经营的主要形式〔J〕. 农业经济问题（1）：68-75.

江艇，2022. 因果推断经验研究中的中介效应与调节效应〔J〕. 中国工业经济（5）：100-120.

姜常宜，张怡，2022. 农村人口老龄化、农业生产性服务与农业技术效率〔J〕. 世界农业（6）：90-100.

姜松，曹峥林，刘晗，2016. 农业社会化服务对土地适度规模经营影响及比较研究：基于CHIP 微观数据的实证〔J〕. 农业技术经济（11）：4-13.

姜松，周洁，邱爽，2021. 适度规模经营是否能抑制农业面源污染：基于动态门槛面板模型的实证〔J〕. 农业技术经济（7）：33-48.

姜长云，2016. 关于发展农业生产性服务业的思考〔J〕. 农业经济问题，37（5）：8-15，110.

姜长云，2020. 科学把握农业生产性服务业发展的历史方位〔J〕. 南京农业大学学报（社会科学版），20（3）：1-14.

姜长云，2020. 中国农业生产性服务业的形成发展及其趋势、模式 [J]. 宏观经济研究
（7）：97-105.

蒋团标，吕丹阳，马国群，2023. 财政偏向、农村劳动力转移与城乡收入差距 [J]. 农林
经济管理学报，22（2）：213-223.

焦琳惠，吕剑平，2021. 甘肃省农业高质量发展水平测度及制约因子研究 [J]. 资源开发
与市场，37（3）：333-339.

金绍荣，王佩佩，2023. 人口老龄化、农地流转与农业绿色全要素生产率 [J]. 宏观经济
研究（1）：101-117.

金书秦，沈贵银，2013. 中国农业面源污染的困境摆脱与绿色转型 [J]. 改革（5）：
79-87.

兰晓红，2015. 农业生产性服务业与农业、农民收入的互动关系研究 [J]. 农业经济（4）：
41-43.

李波，张俊飚，李海鹏，2011. 中国农业碳排放时空特征及影响因素分解 [J]. 中国人
口·资源与环境，21（8）：80-86.

李翠霞，许佳彬，王洋，2021. 农业绿色生产社会化服务能提高农业绿色生产率吗 [J].
农业技术经济（9）：36-49.

李谷成，李烨阳，周晓时，2018. 农业机械化、劳动力转移与农民收入增长：孰因孰果？
[J]. 中国农村经济（11）：112-127.

李昊，银敏华，马彦麟，等，2022. 种植规模与细碎化对小农户耕地质量保护行为的影响：
以蔬菜种植中农药、化肥施用为例 [J]. 中国土地科学，36（7）：74-84.

李虹韦，钟涨宝，2020. 熟人服务：小农户农业生产性服务的优先选择 [J]. 西北农林科
技大学学报（社会科学版），20（1）：121-127.

李俊鹏，冯中朝，吴清华，2018. 劳动力老龄化阻碍了农业生产吗？：基于空间计量模型的
实证分析 [J]. 南京审计大学学报，15（4）：103-111.

李露，徐维祥，2021. 农村人口老龄化效应下农业生态效率的变化 [J]. 华南农业大学学
报（社会科学版），20（2）：14-29.

李旻，赵连阁，2009. 农业劳动力"女性化"现象及其对农业生产的影响：基于辽宁省的
实证分析 [J]. 中国农村经济，30（5）：61-69.

梁伟，2024. 高标准农田建设实践与粮食安全保障路径 [J]. 华南农业大学学报（社会科
学版），23（2）：23-32.

梁志会，张露，张俊飚，2020. 土地转入、地块规模与化肥减量：基于湖北省水稻主产区
的实证分析 [J]. 中国农村观察（5）：73-92.

梁志会，张露，张俊飚，2021. 土地整治与化肥减量：来自中国高标准基本农田建设政策
的准自然实验证据 [J]. 中国农村经济（4）：123-144.

廖红伟，迟也迪，2020. 乡村振兴战略下农村产业结构调整的政策性金融支持 [J]. 理论
学刊（1）：86-96.

廖红伟，张莉，2019. 新消费促进产业结构转型升级 [J]. 人民论坛（26）：86-87.

廖西元，申红芳，王志刚，2011. 中国特色农业规模经营"三步走"战略：从"生产环节

流转"到"经营权流转"再到"承包权流转"[J]. 农业经济问题（12）：15-22.

林毅夫，姜烨，2006. 发展战略、经济结构与银行业结构：来自中国的经验［J］. 管理世界（1）：29-40，171.

林源，马骥，2013. 农户粮食生产中化肥施用的经济水平测算：以华北平原小麦种植户为例［J］. 农业技术经济（1）：25-31.

刘超，朱满德，陈其兰，2018. 农业机械化对我国粮食生产的影响：产出效应、结构效应和外溢效应［J］. 农业现代化研究，39（4）：591-600.

刘承芳，2002. 农户农业生产性投资影响因素研究［J］. 经济研究参考（79）：31-32.

刘浩，韩晓燕，薛莹，等，2022. 农业生产性服务的化肥减量逻辑：替代和匹配：基于东北三省741户玉米种植农户的调研数据［J］. 干旱区资源与环境，36（4）：32-38.

刘华军，鲍振，杨骞，2013. 中国农业碳排放的地区差距及其分布动态演进：基于Dagum基尼系数分解与非参数估计方法的实证研究［J］. 农业技术经济（3）：72-81.

刘莉，刘静，2019. 基于种植结构调整视角的化肥减施对策研究［J］. 中国农业资源与区划，40（1）：17-25.

刘强，杨万江，2016. 农户行为视角下农业生产性服务对土地规模经营的影响［J］. 中国农业大学学报，21（9）：188-197.

刘荣茂，马林靖，2006. 农户农业生产性投资行为的影响因素分析：以南京市五县区为例的实证研究［J］. 农业经济问题（12）：22-26.

刘威，程国平，2021. 面向小农户的农业生产性服务演进脉络及供需复衡路径［J］. 中州学刊（11）：36-42.

刘益诚，时朋飞，张苏梅，等，2023. 中国农业高质量发展水平的测度、空间演化及影响因素研究：基于PROMETHEE法的分析［J］. 资源开发与市场，39（7）：855-864.

刘宇薇，汪红梅，2022. 农业技术进步、劳动力转移与农业高质量发展［J］. 税务与经济（2）：88-97.

卢华，陈仪静，胡浩，等，2021. 农业社会化服务能促进农户采用亲环境农业技术吗［J］. 农业技术经济（3）：36-49.

卢华，胡浩，陈苏，2023. 农业生产性服务提高了粮食产量吗［J］. 江西财经大学学报（1）：102-113.

卢华，胡浩，耿献辉，2020. 农业社会化服务对农业技术效率的影响［J］. 中南财经政法大学学报（6）：69-77.

卢华，周应恒，张培文，2022. 农业社会化服务对耕地撂荒的影响研究：基于中国家庭大数据库的经验证据［J］. 中国土地科学，36（9）：69-78.

芦千文，2019. 中国农业生产性服务业：70年发展回顾、演变逻辑与未来展望［J］. 经济学家（11）：5-13.

芦千文，韩馥冰，2023. 农业生产性服务业：世界历程、前景展望与中国选择［J］. 世界农业（5）：32-43.

芦千文，姜长云，2016. 我国农业生产性服务业的发展历程与经验启示［J］. 南京农业大学学报（社会科学版），16（5）：104-115，157.

鲁钊阳，杜雨潼，2022. 数字经济赋能农业高质量发展的实证研究 ［J］. 中国流通经济，36 (11)：3 - 14.

陆岐楠，张崇尚，仇焕广，2017. 农业劳动力老龄化、非农劳动力兼业化对农业生产环节外包的影响 ［J］. 农业经济问题，38 (10)：27 - 34.

栾健，韩一军，高颖，2022. 农业生产性服务能否保障农民种粮收益 ［J］. 农业技术经济 (5)：35 - 48.

栾江，李婷婷，马凯，2016. 劳动力转移对中国农业化肥面源污染的影响研究 ［J］. 世界农业 (2)：63 - 69，199.

罗必良，2017. 论服务规模经营：从纵向分工到横向分工及连片专业化 ［J］. 中国农村经济 (11)：2 - 16.

罗必良，胡新艳，张露，2021. 为小农户服务：中国现代农业发展的"第三条道路" ［J］. 农村经济 (1)：1 - 10.

罗必良，张露，仇童伟，2018. 小农的种粮逻辑：40 年来中国农业种植结构的转变与未来策略 ［J］. 南方经济 (8)：1 - 28.

罗明忠，魏滨辉，2023. 农业生产性服务的碳减排作用：效应与机制 ［J］. 经济经纬，40 (4)：58 - 68.

罗千峰，赵奇锋，张利庠，2022. 数字技术赋能农业高质量发展的理论框架、增效机制与实现路径 ［J］. 当代经济管理，44 (4)：1 - 10.

罗小锋，向潇潇，李容容，2016. 种植大户最迫切需求的农业社会化服务是什么 ［J］. 农业技术经济 (5)：4 - 12.

吕小刚，2020. 数字农业推动农业高质量发展的思路和对策 ［J］. 农业经济 (9)：15 - 16.

马丽，2021. 新时期农户种粮积极性及其影响因素：基于黑豫鲁晋四省农户调研数据的实证分析 ［J］. 农业经济与管理 (5)：94 - 108.

马楠，2022. 农业生产性服务业政策的效应评估与机制分析 ［J］. 华南农业大学学报（社会科学版），21 (6)：12 - 22.

马轶群，孔婷婷，2019. 农业技术进步、劳动力转移与农民收入差距 ［J］. 华南农业大学学报（社会科学版），18 (6)：35 - 44.

闵继胜，孔祥智，2016. 我国农业面源污染问题的研究进展 ［J］. 华中农业大学学报（社会科学版）(2)：59 - 66，136.

闵锐，李谷成，2013. 环境约束下湖北省粮食生产技术效率研究 ［J］. 统计与决策，393 (21)：90 - 93.

莫怡青，李力行，2022. 零工经济对创业的影响：以外卖平台的兴起为例 ［J］. 管理世界，38 (2)：31 - 45，33.

穆娜娜，孔祥智，钟真，2016. 农业社会化服务模式创新与农民增收的长效机制：基于多个案例的实证分析 ［J］. 江海学刊 (1)：65 - 71.

穆月英，张龙，2022. 我国"藏粮于技"战略的实现路径与对策研究 ［J］. 中州学刊 (12)：40 - 48.

欧名豪，孙涛，郭杰，2022. 成本收益、政策认知与农户种粮意愿研究 ［J］. 干旱区资源与环境，36（12）：1-6.

潘春玲，钱多，胡岳明，等，2024. 农业生产性服务采纳对玉米生产技术效率的影响［J］. 玉米科学，32（2）：183-190.

潘锦云，潘俊安，程勇，2022. 我国农业生产性服务业充分发展水平测度研究［J］. 经济纵横（8）：98-106.

潘正，王晓飞，2011. 农业与生产性服务业互动关系的实证研究：以广东为例［J］. 广东农业科学，38（19）：164-166，180.

彭柳林，池泽新，付江凡，等，2019. 劳动力老龄化背景下农机作业服务与农业科技培训对粮食生产的调节效应研究：基于江西省的微观调查数据［J］. 农业技术经济（9）：91-104.

漆雁斌，韦锋，2020. 农业转型与绿色高质量发展研究［M］. 北京：社会科学文献出版社.

钱龙，杨光，钟钰，2024. 有土斯有粮：高标准农田建设提高了粮食单产吗？［J］. 南京农业大学学报（社会科学版），24（1）：132-143.

邱海兰，唐超，2019. 农业生产性服务能否促进农民收入增长［J］. 广东财经大学学报，34（5）：100-112.

仇童伟，罗必良，2018. 种植结构"趋粮化"的动因何在？：基于农地产权与要素配置的作用机理及实证研究［J］. 中国农村经济（2）：65-80.

仇童伟，罗必良，2020. 从经验积累到分工经济：农业规模报酬递增的演变逻辑［J］. 华中农业大学学报（社会科学版）（6）：9-18，160-161.

邵帅，李宝礼，2020. 农村劳动力转移如何影响农村环境污染？：基于空间面板模型的实证考察［J］. 中国地质大学学报（社会科学版），20（1）：39-55.

申红芳，陈超，廖西元，等，2015. 稻农生产环节外包行为分析：基于7省21县的调查［J］. 中国农村经济（5）：44-57.

沈兴兴，段晋苑，朱守银，2020. 农业绿色生产社会化服务模式探析［J］. 中国农业资源与区划，41（1）：15-20.

石志恒，符越，2022. 农业社会化服务组织、土地规模和农户绿色生产意愿与行为的背离［J］. 中国农业大学学报，27（3）：240-254.

史常亮，李赞，朱俊峰，2016. 劳动力转移、化肥过度使用与面源污染［J］. 中国农业大学学报，21（5）：169-180.

史常亮，占鹏，朱俊峰，2020. 土地流转、要素配置与农业生产效率改进［J］. 中国土地科学，34（3）：49-57.

宋海英，姜长云，2015. 农户对农机社会化服务的选择研究：基于8省份小麦种植户的问卷调查［J］. 农业技术经济（9）：27-36.

宋羽，刘伟平，谢臻，2023. 高标准农田建设政策对种植结构影响的模型评估［J］. 农业工程学报，39（17）：227-235.

孙顶强，卢宇桐，田旭，2016. 生产性服务对中国水稻生产技术效率的影响：基于吉、浙、湘、川4省微观调查数据的实证分析［J］. 中国农村经济（8）：70-81.

孙江超，2019. 我国农业高质量发展导向及政策建议［J］. 管理学刊（6）：28-35.

孙明扬，2020. 中国农村的"老人农业"及其社会功能 [J]. 南京农业大学学报（社会科学版），20（3）：79-89.

孙小燕，刘雍，2019. 土地托管能否带动农户绿色生产？[J]. 中国农村经济（10）：60-80.

孙学涛，张丽娟，王振华，2023. 高标准农田建设对农业生产的影响：基于农业要素弹性与农业全要素生产率的视角 [J]. 中国农村观察（4）：89-108.

孙中义，王力，李兴锋，2022. 人口老龄化、农业社会化服务与农业高质量发展 [J]. 贵州财经大学学报（3）：37-47.

唐林，罗小锋，张俊飚，2021. 购买农业机械服务增加了农户收入吗：基于老龄化视角的检验 [J]. 农业技术经济（1）：46-60.

唐望，周发明，2022. 农业生产性服务对农民收入增长的影响路径与空间溢出 [J]. 湖南人文科技学院学报，39（2）：67-72.

汪伟，姜振茂，2016. 人口老龄化对技术进步的影响研究综述 [J]. 中国人口科学（3）：114-125，128.

汪晓文，李明，胡云龙，2020. 新时代我国农业高质量发展战略论纲 [J]. 改革与战略，36（1）：96-102.

王兴国，曲海燕，2020. 科技创新推动农业高质量发展的思路与建议 [J]. 学习与探索（11）：120-127.

王翌秋，陈玉珠，2016. 劳动力外出务工对农户种植结构的影响研究：基于江苏和河南的调查数据 [J]. 农业经济问题，37（2）：41-48，111.

王玉斌，李乾，2019. 农业生产性服务、粮食增产与农民增收：基于 CHIP 数据的实证分析 [J]. 财经科学（3）：92-104.

王跃梅，姚先国，周明海，2013. 农村劳动力外流、区域差异与粮食生产 [J]. 管理世界（11）：67-76.

王志刚，申红芳，廖西元，2011. 农业规模经营：从生产环节外包开始：以水稻为例 [J]. 中国农村经济（9）：4-12.

魏滨辉，罗明忠，2024. 数字经济对农业生产性服务业的影响：基于非农就业和要素供给视角 [J]. 南京农业大学学报（社会科学版），24（1）：154-166.

魏后凯，苑鹏，芦千文，2020. 中国农业农村发展研究的历史演变与理论创新 [J]. 改革（10）：5-18.

魏君英，夏旺，2018. 农村人口老龄化对我国粮食产量变化的影响：基于粮食主产区面板数据的实证分析 [J]. 农业技术经济，284（12）：41-52.

魏梦升，颜廷武，罗斯炫，2023. 规模经营与技术进步对农业绿色低碳发展的影响：基于设立粮食主产区的准自然实验 [J]. 中国农村经济（2）：41-65.

魏琦，张斌，金书秦，2018. 中国农业绿色发展指数构建及区域比较研究 [J]. 农业经济问题（11）：11-20.

魏修建，李思霖，2015. 我国生产性服务业与农业生产效率提升的关系研究：基于 DEA 和面板数据的实证分析 [J]. 经济纬纬，32（3）：23-27.

温忠麟，叶宝娟，2014. 中介效应分析：方法和模型发展 [J]. 心理科学进展，22 (5)：731 - 745.

吴昊玥，何艳秋，陈文宽，等，2020. 中国农业碳补偿率空间效应及影响因素研究：基于空间 Durbin 模型 [J]. 农业技术经济 (3)：110 - 123.

武舜臣，宦梅丽，马婕，2021. 服务外包程度与粮食生产效率提升：农机作业外包更具优势吗？[J]. 当代经济管理，43 (3)：49 - 56.

夏显力，陈哲，张慧利，等，2019. 农业高质量发展：数字赋能与实现路径 [J]. 中国农村经济 (12)：2 - 15.

肖艳，徐雪娇，孙庆峰，2022. 数字农业高质量发展评价指标体系构建及测度 [J]. 农村经济，481 (11)：19 - 26.

谢小凤，2016. 农业生产性服务业对农业生产的影响研究 [D]. 广州：华南农业大学.

谢晓彤，朱嘉伟，2017. 耕地质量影响因素区域差异分析及提升途径研究：以河南省新郑市为例 [J]. 中国土地科学，31 (6)：70 - 78.

徐大佑，童甜甜，林燕平，2020. 以品牌化建设推进西南山地农业高质量发展：以贵州省为例 [J]. 价格理论与实践 (1)：131 - 134.

徐光平，曲海燕，2021. "十四五"时期我国农业高质量发展的路径研究 [J]. 经济问题 (10)：104 - 110.

徐娜，张莉琴，2014. 劳动力老龄化对我国农业生产效率的影响 [J]. 中国农业大学学报，19 (4)：227 - 233.

徐清华，张广胜，2022. 农业机械化对农业碳排放强度影响的空间溢出效应：基于 282 个城市面板数据的实证 [J]. 中国人口·资源与环境，32 (4)：23 - 33.

徐湘博，李畅，郭建兵，等，2022. 土地转入规模、土地经营规模与全生命周期作物种植碳排放：基于中国农村发展调查的证据 [J]. 中国农村经济 (11)：40 - 58.

许世卫，2019. 农业高质量发展与农业大数据建设探讨 [J]. 农学学报，9 (4)：13 - 17.

薛贺香，2013. 城镇化、农业生产性服务业与农村居民消费互动的实证研究 [J]. 广东商学院学报，28 (6)：81 - 88.

闫阿倩，罗小锋，黄炎忠，2021. 社会化服务对农户农药减量行为的影响研究 [J]. 干旱区资源与环境，35 (10)：91 - 97.

颜华，齐悦，张梅，2023. 农业生产性服务促进粮食绿色生产的效应及作用机制研究 [J]. 中国农业资源与区划，44 (2)：54 - 67.

杨高第，张露，2022. 农业生产性服务对农户耕地质量保护行为的影响：来自江汉平原水稻主产区的证据 [J]. 自然资源学报，37 (7)：1848 - 1864.

杨高第，张露，岳梦，等，2020. 农业社会化服务可否促进农业减量化生产？：基于江汉平原水稻种植农户微观调查数据的实证分析 [J]. 世界农业 (5)：85 - 95.

杨建利，郑文凌，邢娇阳，等，2021. 数字技术赋能农业高质量发展 [J]. 上海经济研究 (7)：81 - 90.

杨进，吴比，金松青，2018. 中国农业机械化发展对粮食播种面积的影响 [J]. 中国农村经济 (3)：89 - 104.

杨进，向春华，张晓波，2019. 中国农业的劳动分工：基于生产服务外包的视角 [J]. 华中科技大学学报（社会科学版），33（2）：45-55.

杨思雨，蔡海龙，2020. 农机社会化服务对小规模农户劳动力转移的影响研究 [J]. 农业现代化研究，41（3）：417-425.

杨文会，2019. 农业劳动力老龄化对农业劳动生产率的影响研究 [D]. 北京：北京交通大学.

杨阳，李治，韩小爽，2022. 农业社会化服务对农地"趋粮化"的门槛效应 [J]. 管理学刊，35（3）：44-54.

杨子，饶芳萍，诸培新，2019. 农业社会化服务对土地规模经营的影响：基于农户土地转入视角的实证分析 [J]. 中国农村经济（3）：82-95.

杨子，张建，诸培新，2019. 农业社会化服务能推动小农对接农业现代化吗：基于技术效率视角 [J]. 农业技术经济（9）：16-26.

姚秋涵，于乐荣，2022. 农业生产性服务何以影响农户收入：对内蒙古赤峰市农户调研数据的分析 [J]. 农业现代化研究，43（6）：995-1006.

叶初升，惠利，2016. 农业财政支出对中国农业绿色生产率的影响 [J]. 武汉大学学报（哲学社会科学版），69（3）：48-55.

叶宇航，2017. 我国农业生产性服务业发展对农民收入影响的实证研究 [D]. 成都：西南交通大学.

应瑞瑶，徐斌，2014. 农户采纳农业社会化服务的示范效应分析：以病虫害统防统治为例 [J]. 中国农村经济（8）：30-41.

于法稳，2018. 新时代农业绿色发展动因、核心及对策研究 [J]. 中国农村经济（5）：19-34.

于法稳，代明慧，林珊，2022. 基于粮食安全底线思维的耕地保护：现状、困境及对策 [J]. 经济纵横（12）：9-16.

于法稳，黄鑫，2019. 新时代农业高质量发展的路径思考 [J]. 中国井冈山干部学院学报，12（6）：128-135.

于婷，于法稳，2021. 基于熵权 TOPSIS 法的农业高质量发展评价及障碍因子诊断 [J]. 云南社会科学（5）：76-83.

于泽，章潇萌，刘凤良，2014. 中国产业结构升级内生动力：需求还是供给 [J]. 经济理论与经济管理（3）：25-35.

虞松波，刘婷，曹宝明，2019. 农业机械化服务对粮食生产成本效率的影响：来自中国小麦主产区的经验证据 [J]. 华中农业大学学报（社会科学版）（4）：81-89，173.

詹绍菓，宦梅丽，2023. 农业社会化服务、作物结构趋粮化与化肥减量施用 [J]. 农村经济（5）：96-105.

张琛，黄斌，钟真，2020. 农业社会化服务半径的决定机制：来自四家农民合作社的证据 [J]. 改革（12）：121-131.

张琛，彭超，毛学峰，2022. 非农就业、农业机械化与农业种植结构调整 [J]. 中国软科学（6）：62-71.

张恒，郭翔宇，2021. 农业生产性服务业发展与农业全要素生产率提升：地区差异性与空间效应［J］. 农业技术经济（5）：93 - 107.

张红宇，2019. 农业生产性服务业的历史机遇［J］. 农业经济问题（6）：4 - 9.

张舰，艾宾斯坦 A，麦克米伦 M，等，2017. 农村劳动力转移、化肥过度使用与环境污染［J］. 经济社会体制比较（3）：149 - 160.

张露，罗必良 2020 . 农业减量化：农户经营的规模逻辑及其证据［J］. 中国农村经济（2）：81 - 99.

张露，罗必良，2018. 小农生产如何融入现代农业发展轨道？：来自中国小麦主产区的经验证据［J］. 经济研究，53（12）：144 - 160.

张露，罗必良，2019. 农业减量化及其路径选择：来自绿能公司的证据［J］. 农村经济（10）：9 - 21.

张露，罗必良，2020. 中国农业的高质量发展：本质规定与策略选择［J］. 天津社会科学（5）：84 - 92.

张露，罗必良，2021. 规模经济抑或分工经济：来自农业家庭经营绩效的证据［J］. 农业技术经济（2）：4 - 17.

张梦玲，陈昭玖，翁贞林，等，2023. 农业社会化服务对化肥减量施用的影响研究：基于要素配置的调节效应分析［J］. 农业技术经济（3）：104 - 123.

张梦玲，童婷，陈昭玖，2023. 农业社会化服务有助于提升农业绿色生产率吗？［J］. 南方经济（1）：135 - 152.

张琦，张艳荣，2023. 以农业社会化服务破解土地撂荒难题［J］. 人民论坛（5）：87 - 92.

张仁慧，马林燕，赵凯，等，2023. 农业生产托管对粮食绿色生产效率的提升作用［J］. 资源科学，45（11）：2248 - 2263.

张天恩，李子杰，费坤，等，2022. 高标准农田建设对耕地质量的影响及灌排指标的贡献［J］. 农业资源与环境学报，39（5）：978 - 989.

张同龙，张俪娜，张林秀，2019. 中国农村劳动力就业调整的微观研究：来自全国代表性农户跟踪调查的经验证据［J］. 中国农村经济（8）：20 - 35.

张五常，1999. 交易费用的范式［J］. 社会科学战线（1）：1 - 9.

张燕媛，张忠军，2016. 农户生产环节外包需求意愿与选择行为的偏差分析：基于江苏、江西两省水稻生产数据的实证［J］. 华中农业大学学报（社会科学版）（2）：9 - 14，134.

张扬，李涵，赵正豪，2023. 中国粮食作物种植变化对省际农业碳排放量的影响研究［J］. 中国农业资源与区划，44（7）：29 - 38.

张忠军，易中懿，2015. 农业生产性服务外包对水稻生产率的影响研究：基于 358 个农户的实证分析［J］. 农业经济问题，36（10）：69 - 76.

赵凯，张仁慧，孙鹏飞，2022. 资本禀赋对农户农业社会化服务采纳行为的影响：基于家庭生命周期视角［J］. 农业现代化研究，43（1）：121 - 133.

赵康杰，景普秋，2019. 要素流动对中国城乡经济一体化发展的非线性效应研究：基于省域面板数据的实证检验［J］. 经济问题探索（10）：1 - 12.

赵培芳，王玉斌，2020. 农户兼业对农业生产环节外包行为的影响：基于湘皖两省水稻种植户的实证研究 [J]. 华中农业大学学报（社会科学版）（1）：38 - 46，163.

赵思诚，许庆，刘进，2020. 劳动力转移、资本深化与农地流转 [J]. 农业技术经济（3）：4 - 19.

赵鑫，张正河，任金政，2021. 农业生产性服务对农户收入有影响吗：基于 800 个行政村的倾向得分匹配模型实证分析 [J]. 农业技术经济（1）：32 - 45.

郑星，张泽荣，路兴涛，2003. 农业现代化要义 [J]. 经济与管理研究（3）：10 - 14.

郑旭媛，林庆林，2021. 生产外包服务发展对农村劳动力非农化配置的影响：基于农户异质性与环节异质性的视角 [J]. 农业技术经济（6）：101 - 114.

钟甫宁，何军，2007. 增加农民收入的关键：扩大非农就业机会 [J]. 农业经济问题（1）：62 - 70，112.

钟甫宁，纪月清，2009. 土地产权、非农就业机会与农户农业生产投资 [J]. 经济研究，44（12）：43 - 51.

钟甫宁，陆五一，徐志刚，2016. 农村劳动力外出务工不利于粮食生产吗？：对农户要素替代与种植结构调整行为及约束条件的解析 [J]. 中国农村经济（7）：36 - 47.

钟漪萍，唐林仁，胡平波，2020. 农旅融合促进农村产业结构优化升级的机理与实证分析：以全国休闲农业与乡村旅游示范县为例 [J]. 中国农村经济（7）：80 - 98.

钟钰，2018. 向高质量发展阶段迈进的农业发展导向 [J]. 中州学刊（5）：40 - 44.

钟钰，巴雪真，2023. 收益视角下调动农民种粮积极性机制构建研究 [J]. 中州学刊（4）：62 - 70.

钟真，蒋维扬，李丁，2021. 社会化服务能推动农业高质量发展吗？：来自第三次全国农业普查中粮食生产的证据 [J]. 中国农村经济（12）：109 - 130.

周鹏飞，沈洋，李爱民，2021. 农旅融合能促进农业高质量发展吗：基于省域面板数据的实证检验 [J]. 宏观经济研究（10）：117 - 130.

周叔莲，王伟光，2001. 科技创新与产业结构优化升级 [J]. 管理世界（5）：70 - 78.

周振，孔祥智，2019. 农业机械化对我国粮食产出的效果评价与政策方向 [J]. 中国软科学（4）：20 - 32.

周振，张琛，彭超，2016. 农业机械化与农民收入：来自农机具购置补贴政策的证据 [J]. 中国农村经济（2）：68 - 82.

朱康文，陈玉成，杨志敏，等，2020. 基于文献定量法的农业面源污染风险评估研究动态 [J]. 生态与农村环境学报，36（4）：425 - 432.

朱满德，张梦瑶，刘超，2021. 农业机械化驱动了种植结构"趋粮化"吗 [J]. 世界农业（2）：27 - 34，44.

庄丽娟，贺梅英，张杰，2011. 农业生产性服务需求意愿及影响因素分析：以广东省 450 户荔枝生产者的调查为例 [J]. 中国农村经济（3）：70 - 78.

ARKHANGELSKY D, ATHEY S, HIRSHBERG D A, et al, 2021. Synthetic difference - in - differences [J]. American economic review, 111（12）：4088 - 4118.

BARON R M, KENNY D A, 1986. The moderator - mediator variable distinction in social psychological research: conceptual, strategic, and statistical considerations [J]. Journal of personality and social psychology, 51 (6): 1173 - 1182.

BATTESE G, COELLI T, 1995. A model for technical inefficiency effects in a stochastic frontier production for panel data [J]. Empirical economics, 20: 325 - 332.

BENIN S, 2015. Impact of Ghana's agricultural mechanization services center program [J]. Agricultural economics, 46: 103 - 117.

CAI B, SHI F, HUANG Y, et al, 2022. The impact of agricultural socialized services to promote the farmland scale management behavior of smallholder farmers: empirical evidence from the rice - growing region of Southern China [J]. Sustainability, 14 (1): 17.

Carter M, Yao Y, 2002. Local versus global separability in agricultural household models: the factor price equalization effect of land transfer rights [J]. American journal of agricultural economics, 84 (3): 702 - 715.

CHANG H, MISHRA A K, 2012. Chemical usage in production agriculture: do crop insurance and off - farm work play a part? [J]. Journal of environmental management, 105 (8): 76 - 82.

CHEN T, RIZWAN M, ABBAS A, 2022. Exploring the role of agricultural services in production efficiency in Chinese agriculture: a case of the socialized agricultural service system [J]. Land, 11 (3): 18.

CHEN X, LIU T, 2023. Can agricultural socialized services promote the reduction in chemical fertilizer?: Analysis based on the moderating effect of farm size [J]. International journal of environmental research and public health, 20 (3): 2323.

CHEN Z, TANG C, LIU B, et al, 2022. Can socialized services reduce agricultural carbon emissions in the context of appropriate scale land management? [J]. Frontiers in environmental science (10).

CHENG C, GAO Q, QIU Y, 2022. Assessing the ability of agricultural socialized services to promote the protection of cultivated land among farmers [J]. Land, 11 (8): 1338.

DA COSTA N B, BALDISSERA T C, PINTO C E, et al, 2019. Public policies for low carbon emission agriculture foster beef cattle production in Southern Brazil [J]. Land Use Policy (80): 269 - 273.

DAGUM C, 1997. A new approach to the decomposition of the Gini income inequality ratio [J]. Empirical economics, 22 (4): 515 - 531.

DENG X, XU D, ZENG M, et al, 2020. Does outsourcing affect agricultural productivity of farmer households? Evidence from China [J]. China agricultural economic review, 12 (4): 673 - 688.

DRENMAN, 1992. Regional economic growth and the producer services [J]. The American economic review (14): 52 - 56.

DU Y, LIU H, HUANG H, et al, 2023. The carbon emission reduction effect of agricultural policy: evidence from China [J]. Journal of cleaner production, 406 (15): 137005.

EANES F, SINGH A, BULLA B, et al, 2019. Crop advisers as conservation intermediaries: perceptions and policy implications for relying on nontraditional partners to increase U. S. farmers' adoption of soil and water conservation practices [J]. Land use policy, 81: 360 - 370.

FISCHER G, WINIWARTER W, ERMOLIEVA T, et al, 2010. Integrated modeling framework for assessment and mitigation of nitrogen pollution from agriculture: concept and case study for China [J]. Agriculture ecosystems and environment, 136 (1/2): 116 - 124.

GALLARDO R K, SAUER J, 2018. Adoption of labor - saving technologies in agriculture [J]. Annual review of resource economics, 10 (1): 185 - 206.

GAO J, SONG G, SUN X Q, 2020. Does labor migration affect rural land transfer?: Evidence from China [J]. Land use policy, 99: 105096.

GE S, Yang D T, 2 014. Changes in China's wage structure [J]. Journal of the European economic association, 12 (2): 300 - 336.

GIDEON D, 2022. Do agricultural extension services promote adoption of soil and water conservation practices?: Evidence from Northern Ghana [J]. Journal of agriculture and food research, 10: 2022.

GUO L, LI H, CAO A, et al, 2022. The effect of rising wages of agricultural labor on pesticide application in China [J]. Environmental impact assessment review, 95: 106809.

HANSEN B, 1999. Threshold effects in non - dynamic panels: estimation, testing, and inference [J]. Journal of econometrics (2): 345 - 368.

HAYES A, PREACHER K, 2014. Statistical mediation analysis with a multicategorical independent variable [J]. The British journal of mathematical and statistical psychology, 67 (3): 451 - 70.

He W, Li E, Cui Z, 2021. Evaluation and influence factor of green efficiency of China's agricultural innovation from the perspective of technical transformation [J]. Chinese geographical science, 31 (2): 313 - 328.

HE Y, FU D, ZHANG H, et al, 2023. Can agricultural production services influence smallholders' willingness to adjust their agriculture production modes?: Evidence from rural China [J]. Agriculture - basel, 13 (3): 19.

HU R, CAI Y, CHEN K Z, et al, 2012. Effects of inclusive public agricultural extension service: Results from a policy reform experiment in western China [J]. China economic review, 23 (4): 962 - 974.

HUAN M, LI Y, CHI L, et al, 2022. The effects of agricultural socialized services on sustainable agricultural practice adoption among smallholder farmers in China [J]. Agronomy, 12 (9): 2198 - 2198.

HUAN M, ZHAN S, 2022. Agricultural production services, farm size and chemical fertilizer use in China's maize production [J]. Land, 11 (11): 11111931.

JI Y，YU X，ZHONG F，2012. Machinery investmentdecision and off‐farm employment in rural China [J]. China economic review，23 (1)：71‐80.

JIANG W，2017. Have instrumental variables brought us closer to the truth [J]. Review of corporate finance studies，6：127‐140.

KHANDKER S R，KOOLWAL G B，2016. How has microcredit supported agriculture?： Evidence using panel data from Bangladesh [J]. Agricultural economics，(2)：157‐168.

KUNG K，2002. Off‐farm labor markets and the emergence of land rental markets in rural China [J]. Journal of comparative economics，30 (2)：395‐414.

LI J，HUANG X，YANG T，et al，2023. Reducing the carbon emission from agricultural production in China：do land transfer and urbanization matter? [J]. Environmental science and pollution research，30 (26)：68339‐68355.

LI R，YU Y，2022. Impacts of green production behaviors on the income effect of rice farmers from the perspective of outsourcing services：evidence from the rice region in northwest China [J]. Agriculture，12 (10)：1682.

LI X，CAI J，WANG Q，et al，2022. Heterogeneous public preferences for controlling agricultural non‐point source pollution based on a choice experiment [J]. Journal of environmental management，305：114413.

LI Y，HUAN M，JIAO X，et al，2023. The impact of labor migration on chemical fertilizer use of wheat smallholders in China：mediation analysis of socialized service [J]. Journal of cleaner production，394：136366.

LI Y，WANG H，DENG Y Q，et al，2023. Applying water environment capacity to assess the non‐point source pollution risks in watersheds [J]. Water Research，240：120092.

LIU D，ZHU X，WANG Y，2021. China's agricultural green total factor productivity based on carbon emission：An analysis of evolution trend and influencing factors [J]. Journal of Cleaner Production，278 (1)：123692.

LIU Y，HEERINK N，LI F，et al，2022. Do agricultural machinery services promote village farmland rental markets?：Theory and evidence from a case study in the North China plain [J]. Land use policy，122 (13)：106388.

LIU Z，YANG D，WEN T，2019. Agricultural production mode transformation and production efficiency：a labor division and cooperation lens [J]. China agricultural economic review，11 (1)：160‐179.

LU H，DUAN N，CHEN Q R，2022. Impact of agricultural production outsourcing services on carbon emissions in China [J]. Environ Sci Pollut Res，30 (13)：35985‐35995.

LU H，XIE H L，2018. Impact of changes in labor resources and transfers of land use rights on agricultural non‐point source pollution in Jiangsu Province，China [J]. Journal of environmental management，207：134‐140.

MA S，LI J，WEI W，2022. The carbon emission reduction effect of digital agriculture in China [J]. Environmental science and pollution research (12).

MA W, LI J, MA L, et al, 2008. Nitrogen flow and use efficiency in production and utilization of wheat, rice, and maize in China [J]. Agricultural systems, 99 (1): 53 - 63.

MI Q, LI X, GAO J, 2020. How to improve the welfare of smallholders through agriculturalproduction outsourcing: evidence from cotton farmers in Xinjiang, Northwest China [J]. Journal of cleaner production, 256 (12): 120636.

MUNYUA B, MAUSCH K, et al, 2017. Welfare impacts of improved chickpea - adoption: a pathway for rural development in Ethiopia [J]. Food policy, 66: 50 - 61.

NGUYEN D, GROTE U, NGUYEN T, 2019. Migration, crop production and non - farm labor diversification in rural Vietnam [J]. Economic analysis and policy, 63: 175 - 187.

PORRECA Z, 2022. Synthetic difference - in - differences estimation with staggered treatment timing [J]. Economics letterst (220): 110874.

QIAN L, LU H, GAO Q, et al, 2022. Household - owned farm machinery vs. outsourced machinery services: the impact of agricultural mechanization on the land leasing behavior of relatively large - scale farmers in China [J]. Land use policy, 115 (11): 106008.

QING C, ZHOU W, SONG J, et al, 2023. Impact of outsourced machinery services on farmers' green production behavior: evidence from Chinese rice farmers [J]. Journal of environmental management, 327 (11): 116843.

RAGASA C, GOLAN J, 2014. The role of rural producer organizations for agricultural service provision in fragile states [J]. Agricultural economics, 45 (5): 537 - 553.

RAGASA C, Mazund J, 2018. The impact of agricultural extension services in the context of a heavily subsidized input system: The case of Malawi [J]. World development (105): 25 - 47.

RAY S, DESLI E, 1997. Productivity growth, technical progress, and efficiency change in industrialized countries: Comment [J]. The American economic review, 87 (5): 1033 - 1039.

REINERT K, 1998. Rural nonfarm development: a trade - theoretic view [J]. Journal of international trade and economic development, 7 (4): 425 - 437.

SHI F, CAI B, MESERETCHANIE A, et al, 2023. Agricultural socialized services to stimulate the green production behavior of smallholder farmers: the case of fertilization of rice production in south China [J]. Frontiers in environmental science (11): 1169753.

SHOU C, DU H, LIU X, 2019. Research progress of source and mechanism of agricultural non - point source pollution in China [J]. Applied ecology and environmental research, 17 (5): 10611 - 10621.

SOME S, ROY J, GHOSE A, 2019. Non - CO2 emission from cropland based agricultural activities in India: a decomposition analysis and policy link [J]. Journal of cleaner production, 225: 637 - 646.

TAKESHIMA H, NIN - PRATT A, DIAO X, 2013. Mechanization and agricultural technology evolution, agricultural intensification in Sub - Saharan Africa: typology of agricultural mechanization in Nigeria [J]. American journal of agricultural economics, 95 (5): 1230 – 1236.

TANG K, MA C B, 2022. The cost – effectiveness of agricultural greenhouse gas reduction under diverse carbon policies in China [J]. China Agricultural economic review, 14 (4): 758 – 773.

TANG L, LIU Q, YANG W, et al, 2018. Do agricultural services contribute to cost saving?: Evidence from Chinese rice farmers [J]. China agricultural economic review, 10 (2): 323 – 337.

TANG Y, CHEN M, 2022. Impact mechanism and effect of agricultural land transfer on agricultural carbon emissions in China: evidence from mediating effect test and panel threshold regression model [J]. Sustainability, 14 (20).

WANG H, FANG L, MAO H, et al, 2022. Can e – commerce alleviate agricultural nonpoint source pollution?: A quasi – natural experiment based on a China's E – Commerce Demonstration City [J]. Science of the total environment, 846: 157423.

WANG S, WANG Y, WANG Y, et al, 2022. 2022. Assessment of influencing factors on non – point source pollution critical source areas in an agricultural watershed [J]. Ecological indicators, 141: 109084.

WANG X, SHAO S, LI L, 2019. Agricultural inputs, urbanization, and urban – rural income disparity: evidence from China [J]. China economic review, 55: 67 – 84.

WANG X, YAMAUCHI F, HUANG J, 2016. Rising wages, mechanization, and the substitution between capital and labor: evidence from small scale farm system in China [J]. Agricultural economics, 47 (3): 309 – 317.

XIE W, ZHU A F, ALI T, et al, 2023. Crop switching can enhance environmental sustainability andfarmer incomes in China [J]. Nature, 616: 300 – 305.

XIE Y, JIANG Q B, 2016. Land arrangements for rural – urban migrant workers in China: findings from Jiangsu Province [J]. Land use policy, 50: 262 – 267.

XIN L, LI X, TAN M, 2012. Temporal and regional variations of China's fertilizer consumption by crops during 1998 – 2008 [J]. Journal of geographical sciences, 22 (4): 643 – 652.

XU B, LIN B, 2017. Factors affecting CO_2 emissions in China's agriculture sector: evidence from geographically weighted regression model [J]. Energy policy, 104: 404 – 414.

XUE L, HOU P, Zhang Z, et al, 2020. Application of systematic strategy for agricultural non – point source pollution control in Yangtze River basin, China [J]. Agriculture ecosystems & environment, 304: 107148.

YANF C, ZENG H, ZHANG Y, 2022. Are socialized services of agricultural green production conducive to the reduction in fertilizer input?: Empirical evidence from rural China [J]. International journal of environmental research and public health, 19 (22): 14856.

YANG C, ZENG H, ZHANG Y, 2022. Are Socialized services of agricultural green production conducive to the reduction in fertilizer input?: Empirical evidence from rural China [J]. International journal of environmental research and public health, 19 (22): 16.

YANG H, WANG X X, BIN P, 2022. Agriculture carbon - emission reduction and changing factors behind agricultural eco - efficiency growth in China [J]. J Clean prod (334): 130193.

YANG J, HUANG J, ZHANG X, et al, 2013. The rapid rise of cross - regional agricultural mechanization services in China [J]. American journal of agricultural economics, 95 (5): 1245 - 1251.

YI Y J, GU C, 2022. Impact of structure and organization of smallholders on agricultural carbon emissions [J]. Frontiers in Environmental Science, 10 (13): 1032863.

ZANG L, WANG Y, KE J, et al, 2022. What drives smallholders to utilize socialized agricultural services for farmland scale management?: Insights from the perspective of collective action [J]. Land, 11 (6): 25.

ZHANG F, WANG F, HAO R, et al, 2022. Agricultural science and technology innovation, spatial spillover and agricultural green development: taking 30 provinces in China as the research object [J]. Applied sciences; 12 (2): 845.

ZHANG X, YANG J, THOMAS R. Mechanization outsourcing clusters and division of labor in Chinese agriculture [J]. China Economic Review, 2017 (43): 184 - 195.

ZHANG Y, LONG H, LI Y, et al, 2020. How does off - farm work affect chemical fertilizer application?: evidence from China's mountainous and plain areas [J]. Land use policy, 99: 104848.

ZHANG Y, LONG H, LI Y, et al, 2021. Non - point source pollution in response to rural transformation development: a comprehensive analysis of China's traditional farming area [J]. Journal of rural studies, 83: 165 - 176.

ZHOU L, LI, L, HUANG J, 2021. The river chief system and agricultural non - point source water pollution control in China [J]. Journal of integrative agriculture, 20 (5): 1382 - 1395.

ZHU Y, DENG J, WANG M, et al, 2022. Can agricultural productive services promote agricultural environmental efficiency in China? [J]. International journal of environmental research and public health, 19 (15): 9339.